나만
이상한
걸까?

"지붕이 새면 좀 어때.
그 틈새로 별을 바라볼 수 있잖아."

나만
이상한
걸까?

크리스티나 피서 지음 · 박성원 옮김

율리시즈

차례

정상이 아닌 게 정상이야!

2002년, 오버팔츠 지역 학교 운동장. 친구와 함께 햇빛을 받으며 앉아 있다. 친구가 우리 반 아이들에 관해 농담을 하다가 나를 쳐다보며 이렇게 말한다. "크리스티나, 나는 우리 반에서 우리 둘만 유일하게 정상이라는 생각이 가끔씩 들어."

그로부터 15년이 흘렀지만, 그 당시 친구의 말을 들었을 때 머릿속을 스쳐간 생각이 지금까지도 남아 있다. '우리가 정말로 정상일까?' 어쩌면 이상한 건 다른 아이들이 아니라 우리가 아닐까? 당시 열다섯 살 소녀의 생각은 자신의 정체성을 찾으려는 사춘기의 전형적인 특성을 나타내지만, 여기에는 다음과 같은 중요한 물음이 내포되어 있다.

'도대체 무엇이 정상적인 것일까?'

그동안 살아오면서 나는 여러 가지 경험을 했다. 대학에서 심리학을 전공하고, 5년 동안 행동치료사 과정을 거쳐 자격증을 취득했다. 다수의 심리클리닉에서 환자 상대로 개별 상담과 그룹 상담을 해왔으며, 현재 개업한 심리상담센터에서도 상담 활동을 지속하고 있다. 하지만 '무엇이 정상적인 것일까?'라는 질문에 대한 대답을 찾는 데에는 그다지 진전이 없다.

어쩌면 우리가 이 의문에 대한 대답을 함께 찾아낼 수도 있을 것이다. 다음의 사례를 살펴보자.

사브리나는 감자칩 중독이다. 감자칩으로 가득 찬 팽팽한 봉지의 바스락거리는 소리가 너무나 좋다. 짭짤한 감자칩의 바삭함도 좋다. 물결무늬의 표면이 혀에 스치듯 닿는 감촉도 좋다. 매일 감자칩을 먹으면 건강에 좋지 않다는 것을 알기에, 그녀는 목요일 저녁 〈독일의 차세대 모델Germany's Next Topmodel〉이라는 서바이벌 프로그램을 시청할 때만 감자칩을 한 봉지씩 먹는다. 기다리는 기쁨을 만끽하기 위해 목요일에 먹을 감자칩을 화요일에 미리 사둔다. 이따금씩은 수요일에 모두 먹어치우고 목요일에 먹을 요량으로 한 봉지 다시 사놓기도 한다.

페터는 일상이 지루하다. 다만 일요일은 지루하지 않다. 주말도 그렇다. 평일 사무실에 있는 것이 지루하다. 사무실에서 별로 할 일이 없다. 벌써 오래전부터 그래왔다. 정확히 말하자면 3년 전부터다. 처음에는 이에 대해 얘기할 엄두가 나지 않았다. 어찌 됐든 지금은 시기를 놓친 것 같다. 사무실 책상에 앉아 앞을 응시할 때마다, 자신이 창문 밖으로 뛰어내리고 땅바닥에 떨어져 피투성이가 되는 장면이 머릿속에 그려진다. 자신을 괴롭히는 지루함에 대해 동료들과 이야기해보았다. 동료들은 지루하다고 생각하지만 말고, 마음 편히 시간을 보내라고 한다.

안나는 곧 결혼한다. 결혼식 날은 일생 중 가장 아름다운 날이 되어야 한다. 따라서 그녀는 어느 때보다 더 아름다워질 참이다. 즉 어느 때보다 가장 날씬해지려는 것이다. 폭풍 다이어트가 별다른 성과가 없어 4주 전부터 변비약을 복용한다. 약은 효과가 좋다. 결혼식 날, 평소보다 한 사이즈 작게 주문한 드레스가 안나의 몸에 딱 맞는다. 모두들 안나에게 눈부시게 아름답다고 한다. 정말로 그녀의 일생에서 가장 아름다운 날이다.

율리안은 아내와 한 침대에서 잠을 자지 못한다. 아내가 심하게 뒤척여서가 아니다. 코를 고는 것도 아니다. 오래전부터 심적으로 멀어진 것도 아니다. 그렇다. 율리안은 그저 혼자 자는 것을 좋아할 뿐이다. 하지만 아내는 이를 이해하지 못한다. "누군가를 정말 사랑하면, 당연히 그 사람과 한 침대에서 자고 싶잖아." 아내가 그에게 말한다. "제발 심리 상담이라도 받고 당신 문제를 해결해봐."

클라우디아의 남편 토마스는 5년 전 사고로 세상을 떠났다. 그녀는 당시 사고 현장에 있었지만 남편을 구하지 못했다. 자녀 둘을 사고 이후 클라우디아 혼자서 키웠다. 항상 남편이 도맡아왔던 세금 문제도 이제 혼자서 처리한다. 이따금씩 그녀는 혼자 숲에 가서 나무들을 향해 소리친다. 토마스가 너무나도 그리워서다. 클라우디아는 일요일이면 침대 속에서 울고만 있다.

자, 이제 중요한 질문을 해보자. 사브리나와 페터, 안나, 율리안, 클라우디아는 정상인가? 아니면 어딘가가 비정상인가? 대답하기 난감하다. 그렇지 않은가?

심리학에서는 '정상'이라는 주제에 관해 어떻게 설명하는지 살펴보자. 놀랍게도 심리학 또한 이 문제에 대해선 두 갈래로 나뉜다. 한편으로 우리 심리학자들은 '정상'이라는 주제에 관해서는 매우 정확하다. 우리는 국제질병분류 ICD 목록에 어떤 이가 더 이상 '정상'이 아니고 심리적 질환에 해당하는지 구분하는 기준을 매우 정확하게 수록해놓았다. 해당 목록은 체크리스트와 비슷한 형태로 되어 있다. 또한 요즈음 심리학에서는 학술과 연구 분야에서 정규분포 곡선을 매우 자주 사용한다. 이는 가우스의 종 모양 곡선으로도 알려져 있는데, 우리는 흔히 정규분포 곡선의 평균을 기준으로 ±1 표준편차의 범위를 '정상'이라고 간주한다. 다소 복잡하게 들리긴 하지만, 이에 따르면 모든 사람 중 68퍼센트가 '정상'으로 간주되고 나머지는 정상이 아니라고 간주된다. 그렇다면 나머지는 정말로 모두 제정신이 아닌 사람인가? 정말로? 그렇다면 이른바 정상인 사람들은 어떠한가? 그들은 정말 모두 '정상'인가? 만약 공동체에서 유일하게 정상인 사람이 실상은 정상이 아니라면 전체 시스템은 와해될까?

다른 한편, 상담할 때 우리 심리학자들은 '정상' 등의 용어를 사용하지 않는다. 나는 상담을 받으러 온 환자에게 절대로 "지금 그렇게 생각하는 것이 과연 정상일까요?"라고 묻지 않는다. 그보다는 환자 스스로가 다음과 같이 질문하도록 유도한다. '이런 생각이 바람직한가?' '이것이 의미가 있을까?' '내가 원하는 것이 이런 것인가?'

'정상'이라는 용어가 분명히 맹점을 지니고 있음에도 불구하고 사람들은 (특히 심리적 건강과 관련하여) 이 세상과 사람들을 '정상'과 '비정상'으로 분류하기를 좋아한다. 사람들은 공동체 안에서 어울리는 것, 방해되지 않는 것, 스트레스를 유발하지 않는 것을 정상이라고 여긴다. 그리고 일반적인 관습에 상응하지 않는 것을 '정상이 아니다'라고, 심리적으로 병들었다고 여긴다.

스무 살 먹은 남자가 아직 여자 친구가 없다고? 마더 콤플렉스인가? 언제라도 살인 광란을 벌일 수 있는 걸어다니는 시한폭탄일지도?

어떤 남자가 자기감정을 이야기하지 못하고 모든 것을 혼자서 삭힌다고? 그런 사람은 분명 상담을 받아야 해. '이제 제발 전문가한테 좀 가보란 말이야!'

다섯 살이나 된 아이가 아직까지 바지에 오줌을 싼다고? 분명히 트라우마가 있을 거야. 성폭력을 당했나? 아니면 정신지체장애가 있나?

이러한 모든 한탄과 비방 뒤에는 다음과 같은 조용한 호소가 숨어 있다. 내 아이, 내 남자친구, 내 가족이 제대로 작동하지 않으니 제발 좀 수리해주세요!

그런데 실제로 내 주변의 매우 많은 사람들이 어쩌면 자신이 완전히 정상이 아닐 수 있다는 두려움을 지니고 있다. 이들은 내게 묻는다. "심리학자로서 이걸 어떻게 생각해?" "혹시 지금 내 심리를 분석하고 있는 거야?" "~하는 것이 정상인지 말 좀 해봐." "나한테 이런 문제가 있어⋯⋯." "분명히 너한테는 우습게 들리겠지만, 가끔씩 ~일 때가 있어." 많은 사람에게는, 아니 어쩌면 거의 모든 사람에게는 자신이 정상이 아니고 다른 사람과 다를지 모른다는 두려움이 내재한다.

실제로 나는 (직업적 일상이 아닌) 일상에서 정말로 제정신이 아닌 사람을 상당히 많이 보았다.

부득이한 상황도 아닌데 얼굴색 하나 변하지 않고 예사롭게 터무니없는 이야기를 지어내는 악명 높은 거짓말쟁이도 보았다.

수시로 돈이 없다고 앓는 소리를 하면서도 "최소한 이 정도는 입어줘야지⋯⋯"라며 명품 브랜드 옷만 입고 다니는 동료도 보았다.

신호등 앞에 잔소리쟁이로 보이는 할머니가 서 있으면 차 안에서 음악 볼륨도 마음껏 높이지 못하면서 "마약은 한 번쯤 맛보고 싶어. 어쩐지 흥분이 될 것 같아"라는 여자 친구도 보았다.

나 자신도 별반 다르지 않다. 이 책 3장에서 나는 오래전 담배 광고에 등장했던, 사소한 일에도 계속 발끈하던 남성 캐릭터에 대해 이야기할 것이다. 사실 이 대목에 내가 직접 등장해도 될 만큼 나 또한 화를 잘 낸다. 적어도 테니스 시합을 할 때는 그렇다. 테니스를 할 때마다 승부욕이 엄청나게 발동하고 벌컥 화를 내곤 한다. 제 스윙을 하지 못하면 나 자신에게 화가 나서 종종 라켓이 날아가거나 경기를 중단해야 할 때도 있다. 내가 시합에 나가지 않는 것도 이 때문이다. 이렇듯 심리학자들 역시 다른 사람들보다 자신을 더 잘 통제하는 것도 아니다.

이처럼 인간의 머리에는 누구나 약간 이상한 부분이 있다. 여기에서 조금만 더 나아가 경계를 넘어가면 질환의 영역에 속한다. 간혹 누군가를 볼 때 농료 심리전문가에게 치료를 의뢰해야 할지 고민할 때가 있다.

예컨대 유산을 겪고 나서 정신적으로 회복하지 못하는 친구라든가, 스트레스로 인한 장질환으로 반복 치료를 받아야 하는 친척, 과도한 질투로 행복한 남녀관계를 위험에 빠뜨리는 동료를 볼 때도 그러하다.

도대체 무엇이 정상이고, 무엇이 비정상일까? 이런 모든 사례는 정상이 아닌 것이 정상이라는 사실을 보여준다. 정상과 비정상은 서로 자연스럽게 넘나든다. 우리 중 많은 이들은 질투나 증오로 가득하고, 지쳐 있으며, 외로움을 떨쳐내지 못하고, 완벽을 추구하며 다른 무언가를 찾아 헤맨다. 우리는 자꾸 문젯거리를 만들고 화를 내고 괴로워한다. 나는 이처럼 우리 머리에서 약간 이상한 부분, 그리고 이러한 범위를 넘어가는 증상에 관해 이야기하려고 한다. 이는 전혀 부끄러워할 문제가 아니다. 다음과 같은 이유에서 그러하다.

- 당신에게는 별난 구석이 있을 수 있지만, 그렇다 해서 정신질환자
  는 아니다.

우리가 크고 작은 유별남을 지니고 있더라도, 대개 별다른 문제없
이 잘살 수 있다. 즉, 여기에서 중요한 것은 머리에서 약간 이상한
부분을 고칠 게 아니라, 우리를 개성 있게 만들어주는 작은 특별함
을 인지하고 이를 보다 잘 잘 관리하는 것이다.

자동차를 운전하려면 면허증이 필요한 반면, 감정과 관련하여 우리
는 삶의 초반에 아무런 실제적 도움 없이(모든 부모는 실수한다. 그
들을 비난할 생각은 전혀 없다) 홀로 남겨진다. 이 책의 목적은 당신
이 자신, 그리고 자신의 이상한 생각과 혼란스러운 감정을 좀 더 잘
이해하도록 돕는 것이다.

- 아무런 정신질환이 없더라도, 심리치료사가 제시하는 소소한 팁이
  삶에 도움이 될 수 있다.

이 책에서 나는 다양한 훈련법을 소개할 텐데, 이는 내가 환자를 치
료할 때에도 사용하는 방법이다. 혹시 기차가 이미 떠나버렸을지도
모른다 싶은가? 걱정 말라! 인간의 뇌는 계속 변화할 수 있어서 80
대에도 심리적 개입이 변화를 일으킨다. 물론 80대가 바뀌려면 18
세 청년보다는 당연히 더 많은 반복적인 연습이 필요하다.

- 어쩌면 정말로 다른 사람들이 정상일 수도 있다.

그렇다 해도 이는 전혀 나쁜 일이 아니다. 그러므로 다른 사람을 바
꾸고 특정한 모양으로 빚어내려 하지 말고, 자신과의 문제를 해결

하라. 그러면 이 세상을 다시 한 번 다른 눈으로 볼 수 있다. 그와 관련해 이 책이 도움이 될 것이다.

하지만 '실제' 상담이 어떻게 진행되는지 궁금한 분을 위해 각 장 끝부분에 가장 중요한 질문들을 수록해놓았다. 예컨대 사람들이 심리학자인 내게 가장 자주 하는 질문은 이러하다. 그냥 간단히 약을 복용하면 좋아지지 않을까? 누구든 한 번쯤 상담받는 게 좋지 않을까? 어떤 시점이 오면 정말로 전문 상담가의 도움을 받아야 하는 거야?

그렇다면 사브리나와 페터, 안나, 율리안, 클라우디아의 상태는 어떠한가? 나로서는 이렇게 대답할 수밖에 없다. '단언하기는 힘들고, 각 상황에 따라 다르다.'

감자칩을 즐겨 먹는 사브리나는 실제 중독 징후를 보이지만 자신과 주변 사람 누구에게도 해를 끼치지 않는 한, 상담 필요성을 거론할 정도는 아니다. 직장에서 줄곧 지루해하는 페터는 우울증으로 이어질 가능성이 매우 크다. 페터는 새로운 직장을 구함으로써 아주 간단히 스스로 늪에서 빠져나올 수 있을 것이다. 살을 빼려고 변비약을 복용하는 안나의 경우 충동적인 폭식증세가 있고, 자신의 외모가 마음에 들지 않아 자존감이 저하될 경우 심리 전문가는 이를 거식증이라고 진단할 것이다. 반면 율리안은 질환과 거리가 멀다. 다만 율리안은 아내로 하여금 부부가 한 침대에서 자야 한다는 관습적 기대에서 벗어나도록 도와주어야 한다. 클라우디아는 몇 년이 지난 후에도 남편의 죽음을 마음 편히 슬퍼하고, 일요일 날 하루 종일 침대에서 실컷 울어도 된다. 그녀에게 침대란 마음 놓고 남편을 떠올릴 수 있는 장소다. 온종일 상심에 잠겨 있지 않는 한, '그 일을 완전히 떨쳐버려야 할' 필요는 없다.

상심과 고통, 걱정, 그리고 매우 일상적인 크고 작은 약점은 삶의 일부인데, 우리는 바로 이 같은 사실을 잊고 있다. 어쩌면 너무 성급하게 '무언가 정상이 아니다'라는 꼬리표를 붙이려 드는 것도 그 때문일 수 있다. 하지만 '바른 것'과 '잘못된 것'이 존재하지 않는 것과 마찬가지로, '정상적인 것'과 '비정상적인 것' 역시 존재하지 않는다. 따라서 나는 무엇이 정상인지를 찾아 나서지는 않으련다. 그보다는 무엇이 '바른 것'으로 느껴지고, 무엇이 '잘못된 것'으로 느껴지는가에 집중할 것이다. 때로는 가장 극심한 슬픔도 바른 것으로 느껴질 때가 있다.

이제 우리 머리에서 어느 부분이 약간 이상한지 찾아보자. 그렇지만 그 부분을 수리할 필요는 없다. '지붕에 이상이 있으면 그 틈새로 별을 바라볼 수 있다'라는 멋진 말도 있지 않은가.

1장
도대체 나는 누구일까?

정체성을 찾아서

　　도대체 내가 누구인지 정말로 알 수 없게 되는 삶의 분기점. 우리 모두는 잘 알고 있다. 졸업 후 학창시절 맡았던 명백한 역할이 효력을 잃었을 때, 우리는 삶의 분기점에 이른다. 솔로인 친구들 사이에서 여전히 파티 퀸의 역할을 포기할 수 없는 젊은 엄마는 첫 아이를 출산하며 새로운 현실 과제를 인식하게 된다. 낯선 도시로 이사 와 완전히 다른 환경에서 자기 입지를 확보해야 할 때, 우등 졸업생이 취업 후 빛나는 성적표가 직장생활에 별 도움이 못 된다는 사실을 깨달았을 때, 몇 년간 간병해온 노모가 세상을 떠나 갑자기 넘치는 자유가 주어졌을 때, 독립하겠다며 집을 나서는 자녀의 모습을 볼 때, 첫 연금을 수령할 때, 중병에 걸려 활력을 잃었을 때…….

모두 우리 정체성의 일부가 한순간에 뜯겨나가는 상황이다. 이런 상황은 때로는 예측 가능하지만, 흔히 생각지도 못한 순간에 갑자기 찾아온다. 모두 다음과 같은 공통점이 있다. 주변 환경이 한순간에 바뀌고, 종전까지 버팀목이 되어주던 사회적 여건이 변한다. 외부 환경과 나의 내면이 더 이상 어우러지지 않고, 이정표가 되어온 기준과 안정적인 지지대가 사라진다. 하지만 우리 인간들은 이러한 일에 대처할 수 있다. 그 방법은 완전히 생소한 역할을 찾는 것이 아니라, 여태껏 가치와 의미를 입증했던 모든 것을 바탕으로 새로운 방향을 설정하는 것이다.

이를 일종의 배낭이라고 상상해볼 수 있다. 배낭에는 우리가 살아오면서 습득한 모든 확신과 역할이 가득 차 있다. 이 중 일부는 어릴 때 저절로 주어졌고, 예컨대 우리 스스로가 이롭지 않은 인간관계를 통해 고통스럽게 얻어낸 것도 있다.

이런 배낭을 정확히 들여다보자. 그 안에는 무엇보다 '나는 부모님을 사랑해'와 '나는 착한 사람이야' 등의 확신이 들어 있다. 그런데 아버지가 뇌졸중으로 쓰러져 타인의 돌봄에 의존할 수밖에 없게 되면 어떻게 될까? 부모님을 사랑하는 착한 자식인 내가 아버지를 요양시설에 맡겨도 될까? 집에서 아버지를 헌신적으로 돌봐야 하는 건 아닐까? 만약 아버지를 요양시설에 보내겠다고 결정하면, 지금까지 짊어져온 '배낭'을 던져버리고 '아버지가 어찌 되든 상관없어'와 '나는 이기적인 사람이야'라는 생각이 든 새 배낭을 구입해야 할까? 물론 그렇지 않다! 그건 뇌에 부담이 될 뿐만 아니라 잘못된 것이기 때문이다. 여기서 관건은 내 역할을 조정해나가는 것이다. 예전 배낭에 '나는 부모님을 사랑하는 착한 자식'이라는 믿음이 들어 있었다면, 이제는 '나는 선한 사람이고, 부모님을 사랑해. 하지만 내가 지키고 싶은 경계 또한 분명히 있어'가 들어 있는 것이다.

이처럼 배낭을 다시 꾸리려면 당연히 시간과 에너지가 든다. 자녀가 독립해 나간 후 부모가 다시 자신과 자기 관심사에 집중하기까지 오랜 시간이 필요한 것도 바로 이 때문이다.

선택지가 많아 괴로워

'반응적 정체성장애', 즉 특정 위기 사건에 대한 반응 장애가 오래도록 끝없이 계속되면 문제가 된다. 우리가 사는 현대사회에서는 바로 이런 장애가 점점 더 자주 발생한다.

이러한 장애의 원인은 유아기까지 거슬러 올라가는데, 이 시기에 건강한 근원적-정체성을 발달시키지 못한 것이 원인이다. 우리는 어릴 때 주변 사람과 관계를 맺으며, 일반적으로는 특히 부모와 가장 중요한 관계를 맺는데, 가장 이상적인 것은 이때 이들과의 관계에서 믿음과 신뢰와 존중을 체험하는 것이다. 애착이론에서는 이를 '안정된 애착'이라고도 부른다. 특히 생후 처음 몇 년간 이러한 안정된 애착은 이 세상에 안착해 환영받고 있다는 확신의 토대로 작용한다. 안정된 애착관계가 형성된 아이는 훗날 건강한 자의식을 지니고 세상 안에서 제자리를 찾아간다. 그러지 못한 사람은 세상에 적응하는 것이 쉽지 않다. 이들의 삶에는 방향성이 실종돼 있으며, 다수의 정체성이 조화롭게 어우러지지 않고 흩어져 있다. 특히 위기상황이 닥쳐오면 본래부터 불안정했던 정체성 구조가 덜컹거리기 시작한다.

조화로운 정체성을 확립하는 데 방해가 되는 또 다른 요인을 찾자면, 오늘날은 선택권이 매우 다양하다는 점이다. 다양한 선택권이 주어질수록, 삶과 조화롭게 어우러지는 정확한 역할을 찾기란 점점 더 어려워진다. 어느 순간 누구나 모든 것이 될 수 있다면 얼마나 복잡해지겠는가? 많은 선택권이 주어질수록, 한 가지를 선택하기는 더 힘들어진다. 지금 이것을 고르면 이보다 더 좋은 것을 놓칠 수도 있다는 위험이 항상 도사리고 있으니 말이다.

이를 매우 명백히 시사해주는 실험이 시행된 바 있는데, 이 실험은 슈퍼마켓 운영자에게도 생각해볼 거리를 준다. 이른바 '과일잼 실험'으로, 슈퍼마켓의 시식대에 서로 다른 종류의 과일잼 6가지를 선보이고, 다른 시식대에는 24가지 종류의 잼을 배치해놓았다. 그 결과 선택권이 더 많은 시식대에 명백히 더 많은 사람들이 잼을 시식했지만, 최종적으로 잼을 구입한 사람의 수는 더 적었다(6가지가 놓인 시식대에서는 시식자의 12퍼센트가 잼을 구입한 반면, 24가지 쪽 시식대의 경우 구입률이 2퍼센트에 불과했다).

그렇다면 딸기잼 외에 체리 잼과 들장미 잼밖에 없었던 옛날이 지금보다 살기가 더 좋았을까? 대학입학시험이라는 선택 자체가 없고, 사진작가, 조종사 혹은 의상디자이너 등 모든 유별난 직업을 고를 기회조차 없었던 옛날이 지금보다 더 나은 시절이었을까? 적어도 특정한 분야에서는 여러 가능성을 고려할 필요조차 없었기에 어떤 결정을 내리기가 좀 더 수월했다. 예컨대 우리 조부모님은 호주로 워킹홀리데이를 떠난 적도 없었고, 카페에서 수많은 커피 종류 중 무엇을 선택해야 할지 고민할 필요도 없었다. 그 시절은 분명 지금보다 확실히 긴장이 덜했을 것이다. 다른 한편으로 오늘날은 여러 가지 유용한 기회와 다양한 삶의 방식을 제공하며, 우리 중 누구도 이를 놓치고 싶어 하지 않는다. 예컨대 동성애자들, 특이한 사고방식을 지닌 이들, 창의적인 삶을 원하는 이들에게 지금 세상은 다양한 선택권을 제공한다.

그럼에도 불구하고 과거 젊은이들이 진로와 관련한 중대 결정을 내리기 전에 충분히 숙고할 시간을 누렸던 것은 분명 장점이었다. 독일 인문계 중등고등과정이 9년에서 8년으로 축소되고 학사제도가 도입되면서, 그간 이러한 변화를 재촉해온 기업들은 미성숙한 졸업자를 신입사원으로 채용해 빈번히 애를 먹고, 젊은이들은 매우 이른 시기에 수많은 가능성 중 하나를 선택하도록 종용받는다. 이런 관점에서 인문계 중등고등과정을 다시 9년 과정으로 복귀시키는 것은 기업의 입장을 떠나 의미 있는 사안이다. 또한 청년에게 독일연방군 복무 의무가 없어진 것도 그 자체로는 나쁜 일이 아니지만, 이로 인해 선택이 수월해졌다고도 할 수 없다. 결과적으로 수많은 젊은이들이 자발적으로 1년간 사회공익요원으로 일하거나 세상을 여행하며 진로를 생각할 시간을 가지려 하지만 이 또한 쉽진 않다. 남아 있는 사람들은 사회생활을 처음 시작하는 순간부터 소외된 자아와 투쟁을 벌여야 한다.

이처럼 과다한 삶의 선택권이 그릇된 의미의 자유와 연계될 때, 전체 상황이 나아지는 것은 아니다. 젊은 여성들은 더 이상 어머니와 사랑스런 아내의 역할에 매여 있지 않다. 오늘날 여성에게는 모든 문이 활짝 열려 있다고 한다. 정말로 그러한가? 근본적으로 이들이 수행할 역할의 수가 배가되었을 뿐이다. 이들은 이제 어머니인 동시에 커리어 우먼이어야 한다. 이 둘을 병행하는 곡예에 성공하지 못하면 기회를 충분히 활용하지 못한 사람이 되고 만다. 청년들의 상황도 별반 낫지 않다. 남성으로서의 역할을 선택할 수 있게 된 후 이들에게는 안정된 발판이 없어져버렸다. 고전적인 남성 역할은 더 이상 쓸모가 없다. 집안일에 손 하나 까딱하지 않고 자기감정을 드러내지 못하는 마초를 도대체 누가 원하겠는가? 하지만 남성이 새로운 역할을 수용한다 한들, 고맙다는 인사와 칭찬이 쏟아지는 것도 아니다. 오히려 정반대다. 관련 연구결과에 따르면 남편이 시간제 근무로 일하고 집에 있는 시간이 많으면 상대적으로 이혼율이 높다고 한다. 여성이 자신의 고유영역을 침범당했다고 느끼기 때문이다. 다른 한편으로 우리 사회는 가정에서 유일하게 돈을 버는 사람으로서 남성의 매력적인 이미지가 여전히 유효한데, 이러한 상황의 남성은 전통적으로 매력적인 이미지를 더 이상 충족시키지 못하기 때문에 이혼율이 높은 것이다. 이런 경우에는 당사자가 삶에서 자신의 조화로운 역할을 찾아내야 한다.

여긴 어디? 나는 누구?

이런 모든 변화로 인해 삶에서 어우러지는 역할을 찾지 못하는 사람이 점점 더 많아지고 있다. '도대체 나는 누구인가?'라는 질문에 대답하지 못하는 사람은 극히 다양한 모습으로 답을 찾으러 나선다.

어떤 이는 우울증이 걸릴 정도로 은둔해 산다. 어떤 이는 익스트림 스포츠 종류를 하나씩 섭렵한다. 또 어떤 이는 건강한 식단을 숭배하여 하루는 베지테리언, 다음 날에는 모든 동물성 단백질을 배제하는 비건을 자처하고, 그 다음 날에는 구석기 시대 식이요법을 선택한다.

어떤 이는 사람과의 관계에서 드디어 자신을 찾았다고 여기며 마치 흥미로운 옷을 걸치듯 낯선 관심거리를 추가하고 결국은 자신의 모습을 상실한다. 오해를 피하고자 한 마디 덧붙이면, 우리는 누구나 새로운 관계에서 활기찬 자극을 얻을 수 있으며, 자신에게서 완전히 새로운 면과 새로운 역할을 발견할 수도 있다. 그런데 해가 바뀔 때마다 완전히 다른 자신을 새롭게 발견하고, 새로운 관계를 맺을 때마다 얼마 전에 발견했던 자기 모습을 미련 없이 처분하는 사람은 엄밀히 따지자면 조화로운 정체성을 갈구하는 사람이다.

또 다른 이는 주위 사람을 본보기로 삼는다. 이른바 '또래집단'이라 부르는 동년배들은 삶에 방향을 제시해줄 수 있다. 특히 사춘기 때 친구들은 조화로운 정체성을 찾는 과정에 매우 중요한 닻이다. 단, 타인의 역할이 방향성 제시에 그치지 않고 스스로를 가늠하는 유일한 척도로 작용한다면 모든 것은 당연히 압력으로 변질될 수도 있다. 무엇보다도 시간이 흐른 후 교육문제와 파트너 찾기, 자녀 갖기, 보금자리 꾸미기 등 굵직한 주제와 관련하여 타인의 영향력이 압력으로 작용할 가능성이 더욱 커진다.

나는 얼마 전 동성애자인 친구와 나눈 대화를 통해 자신만의 정체성을 간직하는 과정에서 때로는 또래집단과 거리를 두는 것이 얼마나 중요한지를 알게 됐다. 우리가 만난 주말의 그날은 '크리스토퍼 스트리트 데이'라 불리는 게이 퍼레이드가 진행되는 날이기도 했다. 친구는 이미 여러 동성애자에게서 퍼레이드에 참석하느냐는 질문을 받았다고 했다. 참석하지 않을 것이고, 지금까지 한번도 참석한 적이 없다고 대답했더니, 모두 깜짝 놀라며 이렇게 말하더란다. "동성애자라면 당연히 그런 자리에 참석해야지. 우리 사회에 평등을 증진시키기 위한 행사잖아." 친구는 내게 말했다. "내 생각에 크리스토퍼 스트리트 데이는 평등을 위한 행사가 아니야. 그들은 눈에 띄는 모습을 하고 퍼레이드에서 어슬렁거리는 것이 동성애를 의미한다고 생각하지만 내게 동성애란 내가 남자를 사랑한다는 것을 의미해. 내가 동성애자라고 해서 나의 성 정체성을 사람들에게 의식적으로 떠벌릴 필요는 없어."

그의 행동에 동조할 수도, 아닐 수도 있다. 하지만 내가 이 대화를 전달하며 이야기하려는 것은, 정체성을 찾으려 할 때 중요한 것은 외부에서 안겨준 역할을 떠맡는 것이 아니라, 삶에서 자신만의 조화로운 역할을 찾는 것이라는 점이다.

그렇다면 어떻게 하면 될까? 우리 배낭에 무엇을 넣고, 무엇을 넣지 말아야 할까?

나만의 배낭에 넣어야 할 것들

자기 정체성에 의문을 던지는 것만으로도 중요한 첫 걸음을 내디딘 것이다. 나를 찾아오는 환자의 대부분은 자신이 자아와 내면에 모순되는 역할에 갇혀 있다는 사실을 인식하는 데만도 오랜 시간이 걸린다. 이들은 감당할 수 없거나 정말로 원하지 않는 역할을 이행하려 애를 쓴다. 운이 좋으면 타인이 설계한 삶을 별 문제없이 살면서, 삶의 설계자가 자신이 아니라는 사실조차 인식하지 못한다. 그러다가 우울증, 거식증 혹은 공황장애 등 심리적 증상이 발생하면서 자기 정체성과의 내면적 갈등을 의식하게 된다. 물론 무언가를 변화시키겠다는 절박한 소망만 품더라도 삶의 방향을 돌리는 데에 정말 도움이 될 수 있다. 그렇다고 해서 배낭에 들어 있던 모든 가치와 자원을 무턱대고 내던져버려서는 안 된다. 왜냐하면 그러다간 불안과 무력감만 더 커지기 때문이다.

그럼에도 불구하고 불안과 무력감 같은 감정이 드는 것을 완전히 막을 수는 없다. 심리치료의 주요 부작용 중 하나는 흔히 치료 초기에 상태가 일시적으로 다소 악화되는 것이다. 간단히 말하자면 이는 환자 당사자가 처음으로 삶의 문제와 직면하기 때문이다. 또 다른 이유를 들자면, 환자의 주변 사람들이 심리치료 행위가 목표하는 행동과 퍼스널리티의 변화에 적응하지 못하기 때문이다. 최악의 경우, 주변 사람들이 환자의 변화를 수용하지 못해 종래의 중요한 관계가 깨어지기도 한다. 예컨대 심리치료를 받고 자신감을 얻어 주변 사람들에게 자신이 원치 않는 것에 분명한 의사표시를 할 경우 관계가 깨지는 것이다. 다만 주변 사람이 과격한 반응을 보이는 경우는 흔치 않다. 환자의 친구, 파트너, 친지들 대부분은 사랑하는 이의 긍정적인 변화를 기뻐하며 변화한 행동에 점차 자신을 맞추어 간다. 그럼에도 불구하고 모든 환자는 각자 치료 초기에 분명히 의식해야 한다. 심리치료는 게임이 아니라 삶에 구체적 영향을 미치는 행위라는 것을.

그러면 배낭은 어떻게 꾸려야 할까? 여기서 중요한 것은 자신에 대해 집중 고민하고, 이런 과정을 통해 자신이 선택한 길에 대해서도 '이 길이 정말로 나와 어울리는 길일까?'라고 자꾸 되묻는 것이다. 나는 환자와의 첫 대화에서 흔히 "왜 상담받으러 오셨습니까?"라고 묻는다. 당신도 단순한 호기심으로 이 책을 집어든 것이 아니라면 스스로에게 '나는 왜 이 책을 구입했나?' 혹은 좀 더 구체적으로 '삶에서 맡은 역할에 나는 얼마나 만족하고 있는가?'라고 질문해보시라. 대답하기 어려운가? 그렇다면 이렇게 해보라. 빈 종이에 현재 삶에서 이행해야 하는 모든 역할을 적어본다. 아버지로서, 형으로서, 동료로서, 어머니로서, 상사로서, 딸로서, 아내로서의 역할을 적는다. 그러고 나서 현재 우선적으로 이행해야 하는 역할에 동그라미를 쳐보라. 그리고 당신이 우선 하고 싶은 역할에 다른 색으로 동그라미를 쳐보라. 어떻게 하면 이 소망을 실행할 수 있을까? 해당 역할과 연관된 사람과 함께 해법을 찾아본다. 친구들과 더 많은 시간을 보내고 싶은가? 당신의 파트너가 어떻게 하면 이를 도와줄 수 있을까? 배우자와의 관계가 불만인가? 일주일에 두 번씩 배우자와 의식적으로 함께 저녁시간을 보내면 도움이 될까?

당신의 삶이 현재 어디를 향하고 있는지 알고 싶을 때도 이 방법이 도움이 될 것이다. 삶에서 추구하고자 하는 몇 가지 가치를 적은 옆 쪽의 메모를 살펴보라.

이 중에서 당신의 상황과 어울리는 것을 12개 골라보라. 그런 다음 그중 당신에게 그다지 중요하지 않다고 여겨지는 항목을 6개 제외한다. 남아 있는 6개 중 당신에게 가장 중요한 3개를 선택하라. 이 3개 항목이 현재 당신의 삶이 어디를 향해 있는지 보여준다. 만족스러운가? 이 중 무엇을 바꾸고 싶은가? 어떤 방법을 취하면 될까?

혹은 이러한 과정을 거꾸로 접근할 수도 있다. 삶에서 더 이상 원하지 않는 것을 모두 적어본다. 예컨대 '이제 더 이상 저녁마다 혼자서 소파에 앉아 있지 않을 것이다'라고 적는다. 이렇게 적어 내려간 목록을 하나씩 살펴보며 원하는 것이 무엇인지 돌아본다. 예컨대 '일주일에 두 번 저녁에 무언가 특별한 일 하기'를 원한다면, 그 배후에 어떤 욕구가 숨어 있는지 살펴보라. '이것을 왜 원하

가정 돌보기　　**자녀들의 롤 모델 역할**

창의적으로 살기　　가정의 결속 다지기　　**성공하기**

편안하고 아름다운 집 가꾸기

영성 발전시키기　　파트너 혹은 배우자와의 애정관계 돌보기

자녀에게 개성을 발휘할 기회 주기

자녀가 나를 필요로 할 때 곁에 있어주기

남에게 가까이 다가가기　　시야 확장

세상사에 관한 정보 수집　　동료, 상사와 원만하게 지내기

자연과 조화를 이루며 살기　　건강한 식단으로 건강 돌보기

적절한 휴식　　　　　　규칙적인 운동

공동체의 중요한 사안에 참여하기

– 벵엔로트Wengenroth의 수용 및 헌신 치료 툴 [ACT Beltz, 2012]

는가? 내가 바라는 것은 무얼까?' 예컨대 '다른 사람과의 교제'를 원한다면 그 목표를 이루기 위한 첫걸음은 무엇이 될까? 오랫동안 소원했던 옛 친구에게 전화를 걸어보면 어떨까? 혹은 시민대학 강좌를 듣거나 스포츠클럽에 가입하는 것은?

이 모든 훈련의 핵심은 당신이 다음의 질문과 씨름하는 것이다. 삶에서 내가 원하는 것은 무엇인가? 원하지 않는 것은 무엇인가? 나는 진정 누구인가?

이 길을 가는 사람은 몇 가지 방해요인과 싸워야 할지도 모른다. 예컨대 안락한 구역을 떠나는 것에 대한 두려움을 진정시키고 기존 역할을 갑자기 되돌아보기 시작할 때, 이를 반기지 않는 주변의

반응과 맞서고 특정한 목표의 달성을 재정적으로 힘겹게 만드는 제반조건과 맞붙어 싸워야 할 수도 있다.

때때로 시간이 걸릴 수 있지만 그럼에도 변화는 가능하다. 진정으로 원하는 것을 찾아내는 것이 절대 간단하지는 않다는 사실을 나는 물론 잘 안다. 심리치료사도 자체교육 차원에서 자기 체험과 개별 지도를 거치고 나서야 비로소 자기 욕구에 집중적으로 몰두하는 법을 배운다. 여기에서 핵심은 기존의 것을 재건하는 것이다. 즉 핵심 관건은 모든 것을 뒤집어엎거나, 직장에 사표를 내던지거나, 세상 어디선가에서 '완전히 새로운 삶'을 시작하는 것이 아니다. 경솔하게 새로운 시도만 갈구할 경우, 사실상의 핵심은 또다시 정체성 문제일 확률이 크기 때문이다. 변화는 나쁜 것이 아니며 끊임없이 변해가는 삶의 일부지만, 원시림의 나무를 뿌리째 뽑아내야만 변할 수 있는 것은 아니다. 보다 중요한 관건은 자신을 인식하는 능력인데, 이러한 자기 인식 능력을 실천할 때 어린 자녀에게도 본보기가 될 수 있다. 물론 여기에는 자녀가 수많은 선택지 앞에서 길을 잃지 않기를 바라는 부모의 희망이 담겨 있다.

치료 시점은 언제가 적절할까?

미국에서는 심리치료사를 찾아가는 것이 지극히 일상적이다. 독일도 심리치료를 받는 사람들이 증가하고 있다. 응급 심리치료의 경우 의료보험이 치료 가능 건수를 제한하고 있지만, 해당 치료에 대한 수요는 꾸준히 증가하는 추세다.

그런데 심리치료를 받아야 할 적기는 언제일까? 이런 질문을 해본다. 단지 기분이 저조한 걸까, 아니면 이미 우울증에 가까운가? 심리치료사 겸 작가인 로즈마리 피온텍Rosemarie Piontek은 《변화를 향한 용기Mut zur Veärnderung》에 심리치료라는 결정적 조치를 취할 시점이 궁금한 사람들을 위해 광범위한 질문 목록을 수록해놓았다. 물론 이 목록은 상담이나 치료를 대체해주지는 않는다.

- 일상적인 일을 수행하기가 매우 힘겨운가?
- 항상 걱정하고 자주 두려운 생각이 드는가?
- 신체적 고통에 시달리고 있는가?
- 스스로가 공격적이고, 증오로 가득 차 있고, 예민하다고 느끼는가?

혹은 참을성이 매우 부족한가?

- 자살 충동이 드는가?
- 이 같은 증상이 3개월 이상 지속되어 왔는가?

이 질문에 '그렇다'라는 대답이 많을수록 심리치료가 필요할 확률이 더 높다. 하지만 삶에서 더 이상 무엇 하나 원만히 돌아가는 것이 없고 외부 도움이 필요하다는 사실을 인식한 사람도, 치료를 받겠다고 나서기란 쉽지 않다. 여기에서 중요한 것은 사람들이 낙인효과를 두려워한다는 점이다. 하지만 이에 대해서는 그다지 우려하지 않아도 좋은 것이, 심리치료를 받는다는 사실을 아무에게도 말할 필요가 없기 때문이다. 심리치료사 또한 의사와 마찬가지로 환자의 비밀을 지킬 의무가 있으며, 환자의 파트너나 친척과 접촉해서는 안 된다.

사람들이 심리치료를 꺼리는 또 다른 이유는 경제적 혹은 직업적으로 부정적인 영향이 초래될 것을 우려하기 때문이다. 유감스럽지만 내가 이런 우려를 완전히 불식시킬 수는 없다. 사실상 심리적 문제를 지닌 사람은, 예컨대 흔히 공무원이 되기가 힘들 수 있다. 이 밖에도 '우울증에 해당하는 사례'는 직업수행 능력이 없다고 확정받을 경우 심각한 (재정적) 불이익을 초래할 수도 있다. 이런 경우라면 심리적 건강이 얼마나 중요한지를 신중히 고려하고 최종 결정을 내려야 한다.

일단 정신병원에 들어가고 나면 '다시는 밖으로 나올 수 없다'는 두려움은 이보다 훨씬 막연하지만, 더욱 압도적이다. 정신병원의 캄캄한 독방에서 이른바 식물처럼 목숨을 이어간다는 사람들에 관한 끔찍한 이야기를 생각해보면 더욱이 그러하다.

이와 관련해 안심되도록 한 마디 한다면, 어느 누구도 심리질환자를 마음대로 감금해둘 수 없으며, 또한 이 같은 일을 의도하는 사람도 없다. 단지 이들을 돕기 위해 가장 좋은 길을 모색하는 것뿐이다. 때로는 입원이 불가피한 경우도 있다. 그럼에도 불구하고 모든 심리질환자는, 예컨대 본인이 위급 상황에서 어찌할 바를 몰라 정신병동에 입원할 것을 일단 동의했다 하더라도, 병동 밖으로 나갈 권리가 있다. 단, 자신 혹은 제3자에게 위협이 될 수 있다고 판단되는 경우, 의사가 법원의 결정을 근거로 입원을 지시할 수 있다. 하지만 이 결정 또한 재차 검토되어야 한다.

그런데 당사자가 아닌 주변 사람이 심리치료의 도움이 필요한지를 판단하기란 더욱 어렵다. 여기에는 명확한 지침이 적용된다. 누군가 자살을 거론하면 단 며칠이라도 지체해서는 안 된다. 이를 당사자에게 말하고, 함께 정신병원이나 의사에게 가라. 의사와 동행하고 병원 문 앞에서 되돌아갈 기회를 주지 말라. 의사가 환자 상태를 상세하게 문진한 후, 실제로 자살 위험이 있는지를 결정할 것이다. 쉽지는 않겠지만, 항상 전문가에게 책임을 이양하라.

당사자가 의사를 만나기 싫어하면, 좀 더 정확히 질문하고 실제로 얼마나 자살 위험이 높은지 판단할 필요가 있다. 자살 의사를 버리지 않고 자발적으로 의사에게 가기를 거부하면, 마지막 수단으로 경찰을 불러야 한다. 하지만 이는 정말 최악의 시나리오다. 대개는 함께 전문가를 찾아가보자고 권하는 것으로 충분하다. 그

밖에 제3자에 대한 위협과 관련해서도 동일한 사항이 적용된다. 이웃에게 해를 가하겠다고 위협하는 사람은 즉시 전문가와 대화해야 한다(11장 참조).

이상으로 심리치료와 정신병원의 극단적 사례를 살펴보았다. 대부분 상태 개선을 위해 중요한 첫걸음은 지극히 일반적인 응급치료를 받는 것이다. 전문가의 도움이 필요하다는 생각이 들면 이런 식으로 첫 조치를 취하라. 이는 전혀 부끄러워할 일이 아니다.

2장
내일은 내일의 태양이 뜬다

고질적인 미루기 습관

등산하는 것을 상상해보자. 신발 끈을 단단히 매고, 먹을 것을 챙겨 배낭에 넣는다. 네 시간이면 정상까지 올라갈 수 있다고 확신한다. 컨디션이 좋으면 심지어 세 시간 반 만에 올라갈 수도 있다.

햇살이 환하게 비추고 컨디션이 좋아 앞으로 쑥쑥 나아간다. 그런데 갑자기 길이 험해지고 가파른 오르막이 시작된다. 돌이 많고, 좁고, 험한 산길이다. 정확히 어느 쪽으로 가야 할지도 모르겠다. 마음을 다잡고 힘을 내기 위해 우선 잠시 휴식을 취한다. 아직 시간은 충분하다.

배낭에 넣어온 치즈 샌드위치를 한 입 베어 물고 주변을 둘러본다. 바닥에 진흙덩이가 달라붙어 딱딱하게 굳은 등산화가 문득 눈

에 들어온다. 산에 오르기 쉽게 등산화를 씻으러 시냇가로 간다. 신발 바닥에 나 있는 홈이 선명하게 드러나야 미끄러지지 않고 안정적으로 걸을 수 있다. 시냇물이 평화롭게 흐르는 모습을 보니, 어쩌면 잠깐 낮잠을 자고 체력을 회복하는 편이 등반에 도움이 될 수도 있겠다는 생각이 든다. 당신은 햇볕을 쬐며 바닥에 누워 잠이 든다.

한 시간쯤 지나 잠에서 깨니 배가 몹시 고프다. 고된 등반을 앞두고 다시 한 번 힘을 내기 위해, 남은 식량을 모두 먹어치우기로 결정한다. 그때 먼발치에서 한 무리의 영양이 시야에 들어온다. 이런 장면은 새로 산 카메라로 반드시 포착해두어야 한다. 왜냐하면 이번 산행은 최대한 빨리 정상에 도달하기 위해서가 아니라 여정을 즐기기 위해서니까.

사진을 몇 장 찍고 나니 주변이 어둑어둑해진다. 산에서는 해가 무척 빨리 떨어진다. 계속해서 산을 오르는 것은 무리일 것 같다. 그런데 내려가는 길도 거리가 만만치 않다. 자포자기 심정으로 대피소를 찾는 동안, 다음과 같은 생각이 스친다. '오늘 마음만 먹었더라면 산 정상까지 세 시간이면 충분했을 거야. 하지만 따스한 햇볕에 자꾸 나른해져서 어쩔 수 없었어.'

우리는 누구나 이런 상황을 잘 알고 있다. 예컨대 특별히 험난한 등반 같은 불편한 과제를 마지막 순간까지 미루고 싶어 하는 내적 충동 같은 것 말이다. 물론 정상의 문턱에서 이런 충동에 굴복하는 사람은 많지 않을 것이다. 여기서 우리의 일상을 한번 들여다보자.

내일, 내일, 오늘 말고……

　　해야 할 일을 미루는 것과 관련하여 가장 좋은 예는 알람의 스누즈 기능이다. 물론 첫 번째 알람이 울리자마자 침대에서 벌떡 일어나는 것이 가장 바람직하긴 하다. 어차피 일어나야 하니까. 하지만 우리는 단 몇 분 만이라도 침대 속에 머물기 위해, 일어나는 시간을 조금씩 뒤로 미룬다. 관청에 전화를 하는 것이나, 세금신고 하는 것이나, 오랫동안 미뤄둔 메일 답장을 쓸 때도 마찬가지다. 간단한 수리작업도 우리는 자꾸만 뒤로 미룬다. 내일이 있으니까.

　　이처럼 할 일을 미루려는 충동이 가장 분명히 나타나는 곳은 학교와 직장일 것이다. 학교나 직장에서 우리는 내키지 않는 과제를

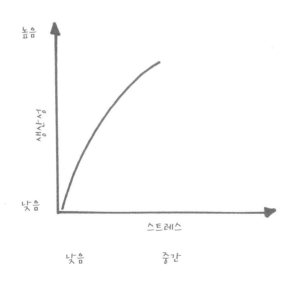

더 이상 미룰 수 없을 때까지 미룬다. 그렇다면 문제는 어디에 있을까? 알려진 바와 같이 인간은 약간의 스트레스를 받을 때 가장 효율적으로 일한다. 여키스-도슨 곡선은 이것을 아주 분명히 보여준다. 미국의 심리학자 로버트 여키스Robert Yerkes와 존 도슨John D. Dodson은 긴장 수준에 따른 인지능력의 변화를 설명했다. 해당 곡선을 살펴보면 긴장 수준이 상승할수록 생산성이 높아진다.

그렇다면 성가신 과제를 최대한 뒤로 미루다가, 스트레스의 상승으로 작업능력이 최대치에 도달할 때 과제를 수행하는 것이 바람직하지 않을까?

이에 대한 답을 찾기 위해서는 전체 곡선을 들여다보아야 한다. 전체 곡선을 살펴보면 이것이 그리 간단한 문제가 아니라는 것을 확실히 알 수 있다. 전체 곡선에는 우리가 이미 경험을 통해 알고

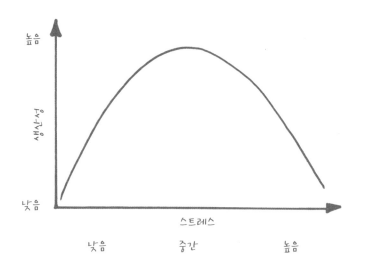

있는 사실이 잘 나타나 있다. 즉, 시험 전에 적당히 긴장하면 최고의 능력을 발휘할 수 있다. 단, 지나치게 긴장하면 능력이 발휘되지 않으며 최악의 경우 머릿속이 온통 캄캄해지는 블랙아웃 현상이 발생하기도 한다.

할 일을 차일피일 미루는 행동에 대해서도 일반적으로 다음의 사실이 적용된다. 성가신 과제를 두고 늑장을 부리다가 최후의 순간에 처리하는 것은 그다지 나쁘지 않다. 심지어 여유 있고 자유로운 사람이라는 인상을 주기도 한다. 누군들 '융통성 없는 노력파'라는 소리를 듣고 싶어 하겠는가? 단, 이 미루는 습관 때문에 삶이 실제로 힘들어지기 시작하면 문제가 된다. 부모님에게 생활비를 받으면서 시험 당일 결석이 잦아 입학 동기들보다 10학기나 뒤에 졸업하는 것은 문제다. 맡은 프로젝트를 마감 시간에 촉박하게 끝내거나 혹은 기한을 넘겨 상사에게 경고나 엄중한 조치를 당하는 것은 문제다. 잦은 세금 체납으로 세무서로부터 벌금 청구서를 받는 것 역시 문제다.

일을 미룰 때의 성향을 보면, 자신은 어떤 유형인지 좀 더 정확히 파악할 수 있을 것이다. 다음 항목을 살펴보자.

- 나는 항상 더 이상 미룰 수 없을 때까지 버티다 중요한 과제를 시작한다.
- 수행해야 할 주요 과제를 평소에 생각하지 않으려 애쓴다.
- 중요한 과제를 시작하려고 할 때마다 갑자기 다른 일이 하고 싶어진다.

- 나는 항상 '마지막 순간'이 돼 시간이 빠듯해야 비로소 중요한 과제를 해내거나, 종종 마감시간이 지나도 과제를 끝내지 못할 때가 있다.
- 중요한 일을 시작하기 싫어서 평상시 좀처럼 하지 않던 일까지 붙잡으면서도 정작 해야 할 일은 미룬다.
- 중요한 과제를 자주 미루는 습관이 무척 불편하고 신경 쓰인다.

이 중 해당 항목이 있는가? 몇 가지가 해당된다고 해서 당신을 '고질적인 미루기 대장'이라고 단정할 수는 없다. 왜냐하면 할 일을 미루는 행위는 단순히 게으르고 칠칠치 못해서가 아니라, 흔히 우울증, ADHD, 불안장애 등 심각한 심리장애를 동반하기 때문이다. 이와 관련하여 학자들은 할 일을 미루는 행위가 예컨대 우울증의 결과인지 혹은 원인인지를 아직까지 밝혀내지 못했다. 한마디로, 나는 우울증 때문에 아무것도 잘 해내지 못하는 것일까? 아니면 아무것도 잘 해내지 못해서 우울한 것일까?

확실한 사실은 이러한 심리적 장애가 발생하는 데는 여러 원인이 있다는 것이다. 심리학의 많은 분야와 마찬가지로 여기에도 복합적 요인이 적용된다. 복합요인모델에 따르면 어떤 심리장애가 발생할 때 일반적으로 한 가지 요인만 유의미한 것이 아니라, 다수의 다양한 요인이 영향을 미칠 수 있다. 예컨대 특정 기질이 질환의 형태로 발현되려면 기질 하나만으로는 충분하지 않고 주변 환경이 나머지 역할을 한다는 것이다. 두 사람이 거의 동일한 전제조건을 지니고 있어도, 두 사람에게서 동일한 심리장애가 발생하는 것은 아니라는 의미다.

　미루는 성향은 어떻게 형성될까? 이는 긍정적 본보기와 부정적 본보기를 통해 설명할 수 있다. 예를 들어 직장인, 주부, 어머니, 학부모회 회장으로서 맡은 과제와 의무를 멋지게 수행했지만 모성애가 부족한 어머니를 둔 사람은 성인이 된 후 할 일을 미루는 성향을 보일 수 있다. 초등학교 때 수업시간마다 진도를 끝내지 못했지만 항상 유머가 넘치고 학생과 공감해준 선생님과, 매번 정확히 진도를 나갔지만 지루하고 엄했던 선생님이 있을 경우, 두 선생님 모두에게 수업을 받은 학생은 전자를 본보기로 삼을 확률이 크다.

　할 일을 미루는 성향은 부분적으로는 예컨대 전두엽의 병적 기형 등 생물학적 요인에 의해서도 형성된다. 이 밖에 동시에 여러 가지에 관심을 쏟는 개인적 특성 혹은 보상을 미루는 선천적 능력도 미루는 성향 형성에 영향을 미친다. 이 중 전자는 창의력 증진에 기여하기도 하지만, 집중력 결핍과도 긴밀하게 연관돼 있다. 후자에 관해서는 빈 태생의 미국의 성격심리학자 월터 미셸Walter Mischel이 유명한 마시멜로 실험을 통해 매우 일목요연하게 규명한 바 있다. 해당 실험에서 아이들은 빈 공간에서 마시멜로를 눈앞에 두고 일정한 시간을 보내야 했다. 정해진 시간 동안 마시멜로를 먹지 않고 있으면 보상으로 마시멜로를 하나 더 얻게 되는 실험이었다. 장기간 추적연구 결과 마시멜로를 먹지 않고 기다려 보상을 얻은 아이들은 마시멜로를 먹어버린 아이들보다 훗날 사회적 능력이 더 우월했고, 절망적 상황을 더 잘 견뎠고, 더 큰 성공을 거두었다. 이들은 즉흥적 충동에 휩쓸리지 않는 법을 학습한 상태였고, 이로 인해 장기적으로 볼 때 더 행복한 삶을 살았다.

또한 미루는 성향의 사람들은 무언가를 기피할 때 다른 사람들보다 훨씬 치밀한 전략을 보인다. 다른 사람들이 마음이 불편해서 조바심을 내는 반면, 할 일을 습관적으로 미루어온 사람들은 과제에 대한 생각을 상당히 잘 떨쳐버린다. 이 과정에서 '합리화'라는 수단의 도움으로 자신의 행위를 정당화시킨다. '일을 시작하는 적절한 타이밍을 기다릴 뿐이야', '아직 시간은 충분해.' 이들은 자신의 행위를 외부 상황 탓으로 돌리기도 한다. '우선 도서관에서 중요한 책을 빌려서 분석해야지 글쓰기 숙제의 의미가 있어.' '새 직장에 입사원서를 내기 전에 우선 영어 점수부터 올려야 해.' 더욱이 자신의 행위를 근본적으로 실현 불가능한 조건과 결부시키는 것은 흥미롭다. '지금과 같은 급여를 받으면서 주 25시간만 일해도 되는 일자리가 나타나면, 그 자리는 꼭 놓치지 않을 거야.'

할 일을 뒤로 미루는 사람에게 작동하는 또 다른 인지적 메커니즘은 핸디캡핑, 즉 스스로 방해물을 찾는 것이다. 이룰 수 없는 목표라고 생각되면, 방해요인을 찾아 실패의 원인과 구실로 삼는 것이다. '어차피 이 신발을 신고서는 제 시간에 정상까지 오를 수 없었어.'

그런데 이런 사람들의 성취욕은 전혀 낮지 않으며, 심지어 남달리 높은 경우도 많다. 과제 이행 시점까지 시간이 충분히 남아 있으면, 이들의 계획은 흔히 비교집단의 계획보다 훨씬 더 야심차다. 이들의 행위를 어느 정도까지 '자발적인 태업'이라 평가해야 할지에 관해서는 의견이 분분하다. 이들은 어차피 달성할 수 없을 만큼 목표를 무의식적으로 매우 높게 설정하기도 한다. 하지만 진짜 문제는 미루는 행위 자체에서 발생한다. 근본적으로 이러한 현상 전체를 가위에 비유할 수 있다. 가위의 한쪽 날은 존재의 상태, 예컨대 당사자가 얼마나 많은 학습을 했는지를 상징한다. 다른 날은 당위의 상태, 즉, 당사자가 학습했어야 하는 분량을 상징한다. 학습이라는 과제를 할당받는 순간, 당사자의 가위는 두 날이 맞물려 있다. 다시 말해 존재의 상태와 당위의 상태가 아직까진 매우 근접해 있다. 이제 당사자가 한 걸음씩 나아가 조금씩 학습을 진전시켜 당위적 학습량을 채워나가면 아무 문제도 없을 것이다. 하지만 유감스럽게도 미루는 사람은 한 걸음씩 앞으로 나아가지 못한다. 즉, 할 일을 미루는 사람의 가위는 점점 사이가 벌어지고, 과제를 해내기는 점점 더 어려워진다.

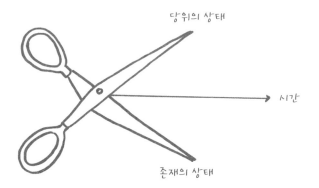

일단 루비콘 강부터 건너

심리학자 하인츠 헥하우젠Heinz Heckhausen과 페터 골비처 Peter M. Gollwitzer는 동기심리학적 루비콘 모델에서 행위의 발생부터 실천까지의 시간을 4단계로 구분한다. 실질적으로 행위가 시작되면 루비콘 강을 일단 건넌 것이지만, 할 일을 미루는 사람은 모든 단계에서, 특히 한 단계에서 다음 단계로 넘어갈 때 문제가 생겨날 수 있다.

1단계: 저울질하기

본래 목표한 행동이 아닌 대안적 행동이 나타난다('잠깐 컴퓨터를 하면서 긴장을 푸는 것도 괜찮을 것 같아'). 본래의 목표에 대한 생각이 매우 불명료하다. 저울질 단계에서는 '이리저리 표류하는' 상태가 지속된다.

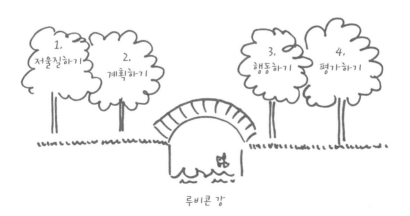

루비콘 강

2단계: 계획하고 행동할 준비

행동 계획이 지나치게 빈약하거나 지나치게 장황하고 상세하여 계획 자체가 대안 활동이 되어버린다. 또한 (배고픔, 목마름 등) 내적 방해요인과 (핸드폰, 페이스북 등) 외적 방해요인을 감안하지 않고, 과제 이행에 소요되는 시간과 에너지를 잘못 예측하고, 과제의 난이도 자체를 잘못 예측한다.

3단계: 행동 이행하기

쉽게 포기하거나 중단하기를 반복한다.

4단계: 행동하기와 평가하기

평가할 때 성과를 높이려 사실을 왜곡하려 든다. 흔히 과제 마감 전 며칠간의 성과를 사실보다 높게 평가하려 엄청나게 애를 쓴다.

전형적으로 미루는 사람의 문제가 제3자에게는 상대적으로 분명히 보이지만, 당사자에게 이 사실을 관철시키기는 어렵다. 친구나 가족이 이제 제발 할 일을 시작하라고 다그치는 것은 해당 과제에 대한 반감을 높일 뿐이며, 과제를 시작할 마음조차 없애버린다. 장기적으로 가장 바람직한 것은 부모가 자녀에게 긍정적 본보기를 보이고, 과제 해결을 위한 다양한 접근방식을 보여주는 것이다.

물론 미루는 정도가 심각한 경우라면 이런 기본적인 방법들도 별 소용이 없다. 이런 경우에는 실제로 심리치료를 받는 것이 올바른 조치다.

미루는 행위는 흔히 실패에 대한 두려움과 밀접하게 연관돼 있지만, 일반적으로 환자를 치료할 때는 그런 두려움 해소에 초점을 맞추지는 않는다. 결국 여기에서 환자의 두려움은 '내 과제는 정말 중요해. 여기서 실패하면 결과는 심각할 거야'라는 생각과 연관되어 있다. 따라서 할 일을 과도하게 뒤로 미루는 환자는 두려움을 없애주기보다는, 두려움에 맞서고 우려 대상인 과제에 접근하도록 이끌어주는 것이 관건이다.

동기유발 장치 심어두기

행동치료는 자기관리, 활동의 계획과 시작을 최우선적으로 중시한다. 심리치료사는 환자의 행동에 상응하여 적절한 치료를 진행하며, 과거보다는 미래 지향적으로 치료한다. 전반적인 과정은 심리 코칭과도 다소 유사한데, 바로 이런 점 때문에 모든 사람이 일상적으로 겪는 여러 상황에도 무난히 적용할 수 있다.

치료의 첫 출발은 무엇보다도 동기를 유발하는 것이다. 동기유발에는 여러 가지가 있는데, 그중에서 최선은 당사자가 어떤 과제를 멋지고, 재미있고, 흥미롭다고 여길 때 내면에서 우러나오는 '내적 동기'를 끌어내는 것이다. 다시 말해 그 일을 그저 좋아서 하게 만드는 것이다. 유감스럽게도 이는 일상에서의 활동과는 거리가 멀다. 하지만 그다지 내키지 않는 과제도 반드시 수행해야 할 때가 있기 마련이다. 이럴 경우, 예를 들면 돈이나 초콜릿 등 다양한 형태의 보상이 '외적 동기' 유발 수단이 된다. 그런데 미국의 심리학자 마크 레퍼Mark R. Lepper, 데이비드 그린David Greene, 리처드 니스벳Richard E. Nisbett이 1973년 아이들을 대상으로 실시한 흥미로운 현장연구는 외적 동기유발이 항상 의미 있지는 않다는 것을 보여준다.

실험에서는 아이들에게 연필과 종이를 주고 각자 원하는 것을 그리도록 했다. 그러고 나서 그림 그리기가 재미있었는지 물어본 다음, 그렇다고 대답한 아이들만을 대상으로 계속 실험을 진행했다. 이제 아이들을 세 그룹으로 나눈 다음, 첫 번째 그룹은 그저 계속 그림을 그리도록 했고, 두 번째 그룹에게는 그림을 그리고 나면 상을 받게 될 거라 미리 말해주었다. 세 번째 그룹에게는 계속 그림을 그리도록 한 후, 아무 예고 없이 상을 주었다. 그 결과 첫 번째와 세 번째 그룹 아이들은 그림 그리기를 계속 재미있다고 여긴 반면, 상을 미리 예고받은 아이들은 그리기에 대한 재미가 실험 전보다 줄어들었다. 간단히 설명하자면 '어떤 행위에 대해 보상을 받으면, 그 행위 자체가 그다지 멋질 수는 없다'라는 것이다. 두 번째 그룹 아이들은 돈으로 '매수'된 것이고, 심리학자들은 이를 매수효과, 이른바 '과잉정당화Overjustification 효과'라고 명명했다.

보상과 외부 자극의 형태로 행해지는 외적 동기유발은 바로 여기에 문제가 있다. 다른 한편 대다수의 경우, 예컨대 납세신고 등 내키지 않는 행위를 할 때, 감가상각 혹은 세금공제라는 지루한 주제에 대해서도 내적 동기를 유지하기란 쉽지 않다.

여기에서의 해법은 이른바 '적절한 중간지점'을 찾는 것이다. 이른바 '부분적－내적 동기'라고 부를 수 있다. 심리치료사는 환자로 하여금 한 가지 목표를 생생하게 시각화시키고, 그 목표를 이룬다면 어떤 기분이 들까를 상상하도록 유도한다. 당사자가 이 목표를 명백하게 염두에 두고 있는 한, 동기가 상승한다. 이러한 방법을 통해 환자의 시선을 '지금 당장 먹어치울 수 있는 눈앞의 마시멜로'에서 '미래에 얻게 될 두 개의 마시멜로'로 옮겨가는 것이다.

다만 환자와 목표를 설정할 때, '이것만 해내면 끔찍한 일이 드디어 끝나는 거야'라는 식의 '부정적인 것을 기피하는' 형태보다는 '이것만 해내면 아마 세금환급을 받게 될 거야'라는 식으로 '긍정적인 것에 접근하는' 형태로 목표를 표현하는 것이 바람직하다. 단, 이런 거대 목표에 도달할 가능성을 최대한 높이기 위해서는 계속 추가할 중간목표를 정해두는 것이 유용하다. 예로, 컴퓨터게임은 이러한 장치의 좋은 사례다. 게임을 시작하자마자 최고보스가 화면에 등장하는 것이 아니라, 여러 스테이지를 클리어해야만 보스와 대면할 수 있다. 즉, 컴퓨터게임에도 동기를 유발하는 작은 성공이 사이사이에 삽입돼 있는 셈이다.

이 밖에 자기 보상이라는 수단 또한 중요한 몫을 한다. 무언가를 해냈으면, 마음 편히 무언가를 즐길 수 있어야 한다. 학습자의 경우 최고 보상은 예컨대 책을 멀리 치워버리고 (심리학에서는 이처럼 부정적인 요소를 사라지게 하는 것을 '부정적 강화'라 부른다) 친구를 만나는 등 긍정적인 강화를 체험하는 것이다.

종착지를 향한 눈물겨운 노력

　　일단 목표를 정했으면 끝까지 가야 한다. 여기서의 핵심은 실제로 정확한 시점에 시작하는 것이다. 이때 10분을 미루든 3시간을 미루든, 결과는 마찬가지다. 왜냐하면 10분은 또다시 10분이 되고, 결국 3시간이 되기 때문이다. 피터 유스티노프_{Peter Ustinov}는 이렇게 말했다. "오늘 할 일을 내일로 미루는 사람은 이미 어제부터 오늘로 미룬 사람이다." 즉, 이 문제에서 우선적으로 중요한 것은 적어도 일단 시작한 다음, 일정한 시간을 버티는 것이다.

　구체적으로 말하자면 '10시에 시작한다'라고 정확한 시간을 확정하는 것이다. 그런 다음 어떻게 하면 이 시각을 기억할 수 있을지 방안을 강구한다. 알람을 맞춰놓거나 쪽지를 붙여두는 것도 방법이다. 그리고 행동 개시 15분 전에 일종의 의식을 끼워넣는데 '한없이 늘어질 수 있는' 행위는 작업을 시작하는 의식으로는 적합지 않다. 이메일 확인하기 등의 활동은 지양해야 하며, 차 끓여 마시기 혹은 특정한 노래 한 곡 듣기 등이 의식으로 적절하다.

　다음 조치는 스스로 동기를 부여하기 위해 자신에게 해줄 말을 생각해보는 것이다. 예컨대 '지금 공부를 해두면 나중에 좋을 거야' 혹은 '오늘 공부를 끝내면……' 등의 말을 스스로 되뇌어본다. 이때 '20분은 쉬지 않고 공부할 거야' 등 현실적으로 지속할 수 있는 최소 작업시간을 정해두는 것도 중요하다. 이는 '적절한 시점이 오면 시작할 거야' 혹은 '3시간 동안 내리 공부하지 않으면 아무런 소용이 없어. 그럴 바에는 차라리 의자에 앉지도 않는 편이 나아'

같은 인지적 오류를 배제하기 위해서도 중요하다.

그 다음에 취할 조치는 현실적인 계획을 세우는 것이다. 이때 이미 언급한 바와 같이 계획 세우기 자체가 목표를 대체하는 활동이 되지 않도록 유의해야 한다. 따라서 계획에도 시간제한을 두어야 한다. 처음에는 대략적인 목표 하나와 하위목표 여러 개를 설정하고, 각 작업 단위를 설계하는 것이 유용하다. 이러한 과정은 현실적인 계획에서 벗어나지 않도록 해주는데, 미루는 게 습관인 사람이 반드시 배워야 할 부분이다. 다음 질문을 계획 단계에서 스스로에게 던져보고 답을 적어보자.

- 이 단위로 얼마나 오랫동안 작업할 참인가?
  이때는 작업 난이도와 할당 시간에 유의하는 것이 중요하다.
- 이 시간 동안 달성하려는 바는 무엇인가?
- 어떤 단계로 진행할 생각인가?
- 휴식시간은 언제이며 얼마나 되는가?

자신의 집중능력에 따라 시험 삼아 휴식을 취해볼 필요도 있다. 예컨대 30분 작업 후 5분간 휴식을 취할 수도 있다. 덧붙여 말하자면 사람들은 대부분 자기 능력을 과대평가해 휴식시간을 지나치게 짧게 잡는 경향이 있다. 45분 이상 작업하고 나면 5분 내지 10분을 쉬고, 3시간 작업 후에는 이보다 긴 휴식을 취할 필요가 있다. 그렇지 않으면 자동적으로 능률이 떨어진다. 한 번의 긴 휴식과 여러 번의 짧은 휴식시간이 있었던 학창시절을 기준으로 삼을 수도 있다.

계속해서 다음 질문에 답해보자.

- 작업을 진행할 때 유의하려는 사항은 정확히 무엇인가?
  여기서는 세부사항에 지나치게 집착하지 말라는 명백한 지시를 자신에게 주문할 수 있다.

실제 치료에서는 앞에서 언급한 초기 조치, 즉 '현실적인 계획 세우기'와 '정시에 시작하기'를 결합해 실천하는 것이 좋다.

이 두 가지 조치 외에 별도로 작업시간을 제한하는 방안을 사용할 수 있다. 작업이 허용되지 않는 '시간블록'을 정하고, 작업이 허용되는 시간을 빠듯하게 정하는 것이다. 효율이 상승한 다음이어야 비로소 추가 작업시간을 '획득'할 수 있다. 아니, 더 많이 일하기 위해 애를 쓴다고? 정확히 그렇다. 이러한 조치는 여러 가지 심리적 효과를 근간으로 하는데, 그중에서도 이른바 '힘들게 - 얻는 - 것의 - 효과', 즉 어느 요소가 부족할 때 주관적 매력이 상승하는 효과를 이용할 수 있다. 예를 들자면 평소에 인기 없던 학교식당이 문을 닫는다는 공지가 뜨면 갑자기 인기가 높아지는 현상이다. 이 같은 효과를 이용하여 우리는 '일을 해야 한다'라는 생각을 '일을 할 수 있다'라는 생각으로 바꿀 수 있다.

다음과 같이 진행해본다.

- 작업은 두 개의 '작업시간블록' 동안만 이행된다. 작업시간블록의

시작 시점은 항상 동일하며, 끝나는 시점은 능률을 감안해 매주 늦추어간다. 작업시간블록을 처음 이행할 때 지속시간은 20분이다.

- 작업시간은 작업효율에 따라 늘릴 수 있다. 작업효율이 51~75퍼센트이면(즉, 해당 작업시간 동안 계획한 작업을 절반 내지 4분의 3 이행했으면), 다음 주 작업시간을 25퍼센트 늘릴 수 있다. 효율이 76~100퍼센트이면, 작업시간을 50퍼센트 늘리고, 그만큼의 작업을 추가로 계획해도 된다. 하지만 51퍼센트 미만이면 작업시간을 종전대로 유지한다. 이와 같은 방식으로 진행할 때, 해당 시간블록에 계획한 작업을 예상시간 내에 이행하는 것이 중요하며, 그렇지 못한 경우라면 해당 작업은 실패다. 이러한 방식으로 '현실적인 계획세우기'를 날마다 배워나간다.

미하엘의 사례를 살펴보자. 미하엘은 시험 준비로 전공서적을 읽을 참이다. 첫 작업 단위 목표는 제1장을 끝까지 읽는 것이다. 20분 단위로 시작하고 그 시간이 종료되면 얼마나 읽었는지를 체크한다. 제1장의 51~75퍼센트를 읽었으면, 다음 단위를 5분(25퍼센트) 늘린다. 즉, 다음의 작업 단위는 25분이다. 75퍼센트 이상을 달성했다면 다음 작업은 10분(50퍼센트) 길어진다. 즉, 다음 번 작업 단위는 30분으로 늘어나 목표한 작업을 30분간 진행할 수 있다.

단 여기서 소홀히 해서는 안 되는 것이 있다. 예를 들면 작업 장소 등의 환경요인이다. 우리는 심리적 요인을 이용하여 (예컨대 자기 방 책상 혹은 대학도서관 등) 항상 동일한 장소에서 시행함으로써 작업 분위기를 조성할 수 있다. 이런 장소에는 작업에 필요한 물건만 둔다. 장소는 빛과 움직일 공간이 충분하며 의자가 편안하고 쾌적해야 한다. 딴 짓을 유발할 수 있는 모든 것, 즉, 핸드폰과 태블릿 PC, 책, 잡지, 달력, 사진 등은 책상에서 치운다. 컴퓨터 앞에 앉아서 작업할 사람은 무선랜선을 차단하는 것도 바람직하다. 그러면 페이스북 등에 연결돼 시간을 허비하는 것을 방지할 수 있다. 작업에 인터넷이 필요한 경우, 최소한 메일이라도 닫아놓으면 끊임없이 울려대는 메일 도착음으로 방해받지 않아도 된다.

전반적으로 모든 방해요인을 차단하는 것이 중요하다. 우선 외부 요인인 핸드폰을 끄고, 초인종 소리를 줄이고, 귀마개를 사용하고, 텔레비전과 라디오를 꺼두라. 다음과 같은 내적 요인도 사전에 차단한다. 배가 고프거나 목이 마르고 화장실에 가고 싶다면? 신체적 욕구를 신속하게 해소하고 작업 재개 시점을 정한다. 자꾸 딴 생각이 든다고? 그럼 5분간 짬을 내 잡생각을 모두 적어보고 다시 작업을 재개한다.

자기통제력 연마

이런 모든 방법과 지침을 이행할 때, 장기적으로 중요한 것은 자기통제력을 높이는 것이다. 자기통제는 더 이상 단기자극으로 유도해선 안 되며, 장기적 목표에 시선을 두어야 한다. 또한 내키지 않는 과제도 쉽게 수용하는 법을 배워야 한다. 해야 할 과제를 제대로 수행해내야 비로소 진정한 보상이 이루어지기 때문이다.

목표로 삼은 산에 오르는 당신에게 해주고 싶은 말은 이렇다. 배낭에 넣어온 치즈 샌드위치는 정말 배고플 때만 꺼내 먹고, 중간에 쓸데없이 등산화를 씻으러 가거나 낮잠은 자지 말라. 이상적인 경로를 찾기 위해 지도를 꺼내 여러 가지 현실적인 이행단계를 확정하라. 시선을 산 정상에 두고, 정상에 올랐을 때 누리게 될 기분을 떠올려보라. 하지만 정상으로 향하는 도중에도 즐거운 중간 목표를 정해둘 수 있다. 만년설과 경계를 이루는 산장에서의 따뜻한 컵라면 한 사발은 어떨까? 가파른 험로를 오른 후 15분간 햇볕을 쬐는 건?

지혜로운 등반가는 항상 주머니에 초콜릿을 갖고 다니다 정상에 이르면 친구들과 나누어 먹는다. 이 또한 동기를 유발하는 멋진 광경 아닐까?

3장
누가 나 좀 말려줘!

끓어오르는 감정

     사랑, 슬픔, 기쁨, 미움 등의 감정은 심리학의 핵심적인 주제다. 심리치료는 근본적으로 이러한 감정을 다룬다. 나를 찾아오는 이들의 문제는 십중팔구 자기 생각 때문이 아니라, 생각과 연관된 감정 때문에 발생한다.

    물론 나는 치료자로서 "왜 그렇게 생각하시죠? 이 생각이 이성적일까요?"라고 물으며 환자의 사고 패턴도 변화시키려 노력하지만, 장기적인 목표는 그의 감정에 영향을 주는 것이다. 만약 끊임없이 '나는 행복해'라고 생각하더라도 실상 감정에 전혀 변화가 없다면 무슨 소용이 있겠는가? 우선 본인 스스로가 만족스러운 감정을 지녀야 비로소 삶에서 정말 무언가가 긍정적인 방향으로 변화가 이루어진다.

내 일은 언제나 감정과 연관되어 있다. 하지만 감정이라는 주제를 한 장에서 다루기는 너무 광범위하다. 따라서 여기에서는 아주 특별한 감정만 다뤄볼까 한다. '분기탱천해 폭발 직전인 사람은 누구일까?'라는 우스꽝스러운 질문은 내가 여기에서 다루려는 감정을 정확히 나타낸다. 이 질문은 담배 광고에 등장하는데, 해당 광고에서 다혈질의 애니메이션 주인공은 파리 한 마리를 잡느라 머리끝까지 화가 나서 거실 전체를 초토화시킨다. 이 책 서두에서 내 테니스 경기를 언급한 것도 동일한 연장선상에 있다. 이 장에서 다루려는 것은 불편한 감정과 상황에 어울리지 않는 과도한 감정이다. 업무 실적이 좀 부진하다고 해서 직장에서 하루 종일 의기소침하고, 배우자가 소홀히 대한다고 발작에 가까울 정도로 분노하고 광적으로 질투하고, 인간관계에서 마음의 상처를 입으면 슬퍼하는 것이 아니라 수치스러워하거나 분노하는 경우가 이에 해당한다.

지금까지 언급한 사례는 모두 '부정적인' 감정이라는 걸 알 수 있을 것이다. 살다 보면 누구나 사랑의 슬픔도 기쁨도 겪기 마련이지만 보통 우리는 이런 감정을 잘 넘기며 사는데, 우리 심리학자들은 바로 이 부분에 관심을 갖고 있다. 여기서 다루는 것은 '부정적인' 감정이지만, 나는 이를 '불편한' 감정이라 표현하려 한다. '부정적'이란 말은 쓸모없고 나쁜 것이니 허용해서는 안 된다는 인상을 주는데, '부정적' 감정을 허용해서는 안 된다는 법은 없기 때문이다. 우리의 모든 감정은 우리에게, 그리고 각자의 삶에 저마다 동등하게 중요하다.

그게 그렇게 화날 일이야?

비언어적 의사소통에 관한 연구로 유명한 미국의 인류학자이자 심리학자 폴 에크만Paul Ekman을 비롯한 학자들은 일반적으로 여섯 가지 감정을 인간의 기본감정으로 꼽는다. 두려움, 분노, 혐오, 기쁨, 놀람, 슬픔이 그것인데 간혹 '경멸'이 일곱 번째 감정으로 추가되기도 한다. 이 감정들이 기본으로 꼽히는 이유는 에스키모든, 중국인이든, 모든 건강한 인간은 표정을 통해 감정을 표현하며, 다른 사람의 표정에서 이 감정들을 인식할 수 있기 때문이다. 그것도 성인이 되고 나서가 아니라 아주 어린 아기 때부터.

이 기본감정 중 다수는 본능과도 매우 밀접한 관계가 있다. 예컨대 석기시대 사람들도 '혐오'라는 감정을 이미 알고 있었다. 이는 분명 편안한 감정은 아니지만 절대적으로 의미 있는 감정이다. '혐오'란 우리로 하여금 최소한 위장장애를 일으키거나 최악의 경우

급속한 사망을 유발할 수 있는 물질을 먹지 못하게 막아주기 때문이다.

그런데 어린아이의 혐오 대상은 어른과 같지 않으며, 아시아 혹은 남아메리카인과 평범한 유럽인의 혐오 대상은 완전히 다른 것일 수도 있다. 내 친구 안니는 안데스 산맥에서의 체험을 들려주었다. 그녀는 안데스 산맥에서 치차Chicha를 처음 삼켰을 때 무척 애를 먹었다고 한다. 그도 그럴 것이 치차는 일종의 맥주인데, 침으로 발효시켜 만드는 것이기 때문이다. 짐작컨대 이 이야기에 당신도 역겨움을 느꼈을 테지만, 안니를 초대한 집주인은 손님인 안니에게 해당 음료의 우수한 품질을 강조했다고 한다. "여기엔 우리 할머니 침이 들어갔어요. 할머니 침이 들어가면 발효가 아주 잘 되거든요!" 이처럼 인간의 기본감정은 타고난 것이지만, 발달과정에는 사회적 요인이 개입한다.

그렇다면 '두려움'이란 감정은 어떨까? 단지 우리를 비겁한 겁쟁이로 만들어버리지 않나? 하지만 상당히 위험해질 상황에 처해 있다면, 무언가를 두려워하고 겁내는 것은 매우 올바른 것일 수 있다. 마찬가지로 '분노' 역시 화를 쉽게 돋우기만 하는 감정이 아니라, 우리 내면의 상태가 어떤지 가늠하도록 도와주는 감정이기도 하다. 예를 들어 평소에 늘 얄밉게 굴던 남동생이지만 누군가에게 놀림 당하는 것을 보고 나도 모르게 분노할 때, 그제야 비로소 동생이 매우 소중한 존재라는 것을 알게 되는 원리다.

이처럼 감정은 육체적, 정신적 생존을 위해 없어서는 안 되는 존재다. 불편한 감정이 없다면 우리는 살아남을 수 없다. 단, 이 불편한 감정이 해당 감정을 유발하는 요인과 전혀 어울리지 않거나 과도할 때는 문제가 된다.

예컨대 감정조절장애가 주요 증상인 경계선 성격장애 환자들은 불편한 감정이 병적으로 과도하다. 이들은 정상적인 감정조절 능력을 지닌 사람들보다 몇 배 더 강력하게 감정을 감지한다. 감정을 유발하는 극도로 작은 요인조차 이들에게는 무언가를 잃을지도 모른다는 어마어마한 두려움을 야기할 수 있다. 예를 들어 심리치료사의 휴가도 그러하다. 이미 휴가 예정일 몇 주 전부터 대화에 심각한 주제가 될 수 있으며, 이는 환자에게 커다란 도전이 될 것이다. 예컨대 친구와의 약속이 갑자기 일방적으로 취소될 때에도 경계선 성격장애 환자는 '과도하게' 반응할 수 있다. 이러한 취소는 단순히 기분 나쁜 일에 그치지 않고, 관계를 완전히 단절하고 오랫동안 친구를 비난할 이유가 될 수 있는데, 물론 상대방은 이러한 반응을 완전히 이해하지는 못한다.

경계선 성격장애 환자들은 감정으로 인해 스스로도 괴로워하지만 아무 대책이 없으며, 끝없이 이어지는 긴장 상태를 완화하기 위해 흔히 자해를 시도한다. 칼로 신체를 긋는 전형적인 행태뿐만 아니라, 음주, 약물, 낯선 이와의 위험한 섹스 혹은 위험한 질주 등이 그런 예다.

이 정도로 심각한 사람은 드물긴 하다(만약 있다면 즉시 치료를 받아야 한다). 하지만 우리는 누구나 어떤 상황에서, 지나고 나면 자신도 이해하지 못할 반응을 보이는 경우가 있다. 왜 나는 특정 상황에서 그토록 분노할까? 왜 나는 어머니와 통화만 하고 나면 항상 소리 내어 울고 싶을까? 왜 내게는 여자친구의 무심한 행동이 이토록 상처가 될까? 왜 나는 때때로 나 자신이 한없이 부끄러울까?

널뛰는 감정선

감정이라는 무대 뒤편을 들여다보면, 이 같은 상황에 처할 때 머리와 몸 전체에서 무슨 일이 벌어지는지 좀 더 정확히 설명할 수 있을 것이다. 이와 관련하여 정신과전문의 마르틴 보후스Martin Bohus와 심리치료사 마르티나 볼프 - 아레훌트Martina Wolf-Arehult의 책《경계선 성격장애 환자를 위한 상호작용 기술훈련법 Interaktives Skillstraining für Borderline-Patienten》을 인용해본다.

맨 처음, 우리가 어떤 감정을 감지하기도 전에, 그 감정을 일으키는 '유발요인'이 존재한다. 예컨대 직장 상사가 다가와 "밀러, 오늘까지 프로젝트를 완성해야 하니 오늘은 야근이야"라고 말한다. 이런 말에는 당연히 반응이 뒤따른다. 이 말에 어떤 반응을 보일지는 '감정 민감도'에 달려 있다. 어쩌면 공교롭게도 이 날 감기기운이 있어서 오후 5시에 일찍 퇴근하고 침대에 누워 푹 쉬려고 했을 수도 있다. 혹은 늦잠을 자는 바람에 아침도 거르고, 성가신 직장 동료에게 짜증나는 말을 듣고…… 아침부터 하루 종일 재수 없는 날이었을 수도 있다. 이런 날은 당연히 감정 민감도가 다른 날보다 높다. 이러한 민감도를 바탕으로 유발요인에 대한 당사자의 '해석'

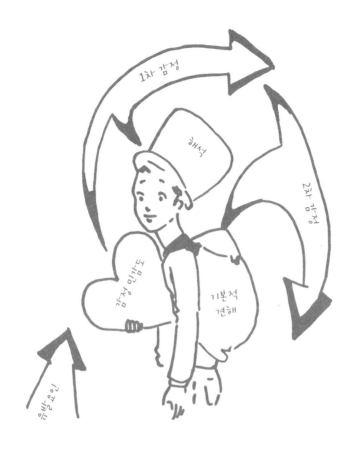

이 이루어진다. 즉, 유발요인에 대한 첫 생각, 첫 평가가 저절로 진
행돼, 예컨대 '좋아, 드디어 실력 발휘할 기회야' 혹은 '안 돼, 난 침
대에 들어가 쉬고 싶다고'라는 생각이 든다. 앞서 예를 든 발언의
경우에는 후자의 반응이 나오기가 쉽다.

유발요인, 감정 민감도, 해석이 상호작용하여 1차 감정이 발생한
다. 1차 감정이란 동일한 상황에서 동일한 감정 민감도를 지니고
동일하게 해석한 사람들 대다수가 가질 만한 적절한 감정을 말한

다. 사람들은 동일한 상황에서 항상 여러 유형의 적절한 감정을 느낄 수 있다. 앞서 살펴본 사례에서 당사자는 한편으로는 낙담하거나 다소 화가 날 수 있고, 다른 한편으로 주어진 과제를 도전으로 여긴다면 자부심을 느낄지도 모른다. 이러한 여러 반응은 매우 다양할지라도 모두 적절하며, 동일한 유발요인에 어떤 반응을 보일지는 당사자의 해석이 좌우한다.

당사자의 생각, 신체반응과 감지양상, 행위적 충동은 당사자의 감정을 나타낸다. 예컨대 상사로부터 야근하라는 말을 듣고 '다소 화가 난' 경우라면, '저 멍청한 놈'이라는 생각을 하고, 신체반응으로 혈압과 맥박이 상승하고, 배가 약간 당기는 것을 느낄 수 있다. 당사자의 감지양상 또한 변화하여 말 그대로 '주변이 온통 검은색으로 보인다.' 즉, 갑자기 주변의 모든 것을 종래와는 완전히 다른 시각으로 감지하는 것이다. 예컨대 퇴근시간이 가까워지면서 직장 동료의 웃음소리가 갑자기 평소보다 훨씬 거슬리고, 야근 신세인 자신의 처지를 비웃는 것 같은 느낌이 든다. 이에 상응하는 행위적 충동은 자리를 박차고 일어나 상사에게 자기 의견을 조목조목 말하는 것이다. 이러한 각 요소가 강력할수록 감정도 분명해진다. 단, 여기에서 감정이란 동일한 환경에 놓인 대부분의 사람들이 가질 만한 감정, 즉 1차 감정을 말한다. 그런데 이것이 끝이 아니다. 인간에게는 2차 감정이라는 것도 있다.

2차 감정은 인간의 '기본적 견해', 즉, 앞서 언급한 '배낭' 속에 지니고 다니는 기본 견해에 의해 유발된다. 앞서 살펴본 사례에서 당사자는 '나는 항상 불이익을 당해'라고 생각할 수 있다. 이 경우 그는 분명 격노한다. 혹은 '나는 루저야'라고 생각할 수도 있다. 이 경우라면 분노보다는 자격지심이 들 것이다. 이러한 기본적 견해는 모두의 내면에 확실하게 뿌리내리고 있으면서 우리로 하여금 일정한 유발요인에 대해 적절한 1차 감정이 아닌, 과도하거나 무의미한 2차 감정으로써 반응하게 만든다.

2차 감정은 1차 감정과 마찬가지로 당사자의 생각과 신체반응, 감지, 행위적 충동이라는 요소로 구성된다. 한 가지 덧붙이자면, 이때 행위적 충동을 느끼는 것과 해당 행위를 이행하는 것은 별개다. 우리는 특정 행위에 대한 충동에 자신을 내맡기지 않고, 의식적으로 결정을 내릴 수 있다. 앞선 사례의 경우는 특정한 기본 견해가 활성화되었음을 인식하고, 해당 (2차) 감정이 자신에게 아무 도움도 안 된다는 것을 인식하는 훈련을 할 수도 있다. 이를 통해 예컨대 상사에게 분노를 터뜨리거나 의기소침해 있지 않는 것이 바람직하다.

도화선은 과거에

그렇다면 이처럼 과도하거나 부적절한 반응을 초래할 수 있는 '기본적 견해'는 어디에서 생성될까? 이와 관련해서는 자기감정에 대한 과도한 민감성(이에 대해서는 이미 복합요인모델에서 보았다) 등 유전적 요인 외에 무엇보다 개인적인 과거가 중요한 역할을 한다. 인간의 기본적 견해는 발달과정에서의 체험을 통해 습득되고 확고하게 내면화된다. 경계선 성격장애 환자가 그릇된 견해를 지니게 되는 주요 원인은 '폭력적' 환경일 수 있다. 즉, 돌보는 사람이나 가족 구성원이 언어나 행동으로 무시하거나 처벌함으로써 '폭력적으로' 행동하는 것이다. 심지어 이러한 폭력이 한두 번에 그치지 않고, 오랜 동안 일관적으로 자행된다. 예를 들어 낮은 성적을 받아올 때마다 엄마가 아이를 무시하거나 애정을 주지 않음으로써 벌주는 것도 이런 '폭력적 환경'에 해당한다. 겁 많은 아이를 체벌하거나, 두려움에 떠는 아이를 홀로 남겨둘 때도 마찬가지다.

심리적으로 병약한 사람뿐만 아니라 우리 모두는 저마다 발달 과정을 거치면서 기본적 견해를 형성하며, 이는 누구도 막을 수 없는 자연스러운 현상이다. 예를 들어 내 친구 하나는 오랫동안 중병을 앓았는데, 그 영향으로 그녀의 아이들은 '나는 강한 사람이어야 해', '나는 슬퍼하면 안 돼(그렇지 않으면 엄마나 아빠가 더 걱정하실 테니까)', '나는 항상 곁에서 엄마를 돌봐드려야 해'라는 식의 기본적 견해를 형성했을 수도 있다.

그러면 이런 견해를 어떻게 식별할 수 있을까? 기본적 견해는 매우 자주 작동하는 지뢰와도 같다. 사람들의 기본적 견해를 활성화시키고 이로써 과도한 2차 감정을 마치 도미노 블록처럼 차례차례 발동시키는 유발요인과 생각의 패턴은 항상 유사하다. 정신만 바짝 차리면 이러한 유발요인과 생각을 식별할 수 있지만, 대부분은 한 차례 2차 감정이 휘몰아치고 나서야 이를 유발한 요인과 생각을 식별하기 마련이다.

기본적 견해는 흔히 유아기나 청소년기에 형성되기 때문에, 위급 상황에서의 감정이 기본적 견해로 인한 과도하거나 의미 없는 2차 감정인지 신속하게 식별하려면 이렇게 해볼 수 있다. 만약 기본적 견해가 발동하여 생긴 감정이라면 그것을 느낀 순간 당사자는 자기 나이가 실제보다 어린 것 같은 기분이 든다. 어떤 감정이 기본적 견해로 인한 2차 감정인지 알아보려면 '지금 나는 몇 살 같은가? 현재의 나는 55세 성인인가 아니면 여덟 살짜리 어린아이인가?'라고 자문해본다. 다소 우스꽝스럽게 들릴 수 있지만, 자신의 내면을 찬찬히 감지해보라. 내게 치료를 받는 대부분의 환자들도 이런 식으로 자신의 내면을 감지해낸다.

　어떤 감정이 기본적 견해로 인한 2차 감정인지 식별해내는 두 번째 방법은 잠깐 동안 탐정 역할을 해보는 것이다. 자기감정과 관련해 반복되는 패턴을 찾아내보라. 어떤 상황을 돌이켜볼 때 적절하지 못한 반응을 보였다고 판단되는가? 그 상황에서 당신은 어떤 특정한 기본적 견해를 지니고 있다고 유추할 수 있는가? 당신은 마음의 상처를 자주 받는 사람인가? 그렇다면 '나는 중요한 사람이 아니야'라는 기본적 견해를 품고 있을 수 있다. 돌이켜보면 별 것도 아닌 상황에서 자격지심과 자기증오를 느낀다면 '나는 쓸모없는 사람'이라는 기본적 견해를 품고 있을 수 있다. 또는, 매번 과도한 불신이 섞인 반응을 보인다면 당신의 기본 견해는 '세상은 악하다'일 수 있다.

너 설마 우는 건 아니지?

　　삶을 힘들게 만드는 요인으로 특정한 기본적 견해 외에 또 다른 요인이 있다. 감정 통제에 문제가 있는 경우, 당사자의 사회화 과정을 살펴보는 것도 실마리가 될 수 있다.

　자기감정을 잘 다루고 처리하는 것은 쉽지 않다. 그런데 최근 들어 과거와는 확연히 구별되는 매우 긍정적인 추세가 눈에 띈다. 즉, 아버지들이 너그러워졌고, 가족 간에 서로의 감정을 토로하는 경우가 많아졌다. 하지만 아직도 많은 문제가 남아 있는데, 예컨대 특정한 감정은 사회에서 여전히 수용되지 않는다. 이 때문에 많은 남성들은 축구장에서 응원하는 팀이 패배해도 눈물을 애서 삼키고 옆 친구를 부둥켜안는 것으로 마음을 달래고 만다. 자녀들이 항상 기분 좋기를 기대하는 것도 마찬가지다. 즉, 우리는 기쁨 외에 다른 감정은 성가시다고만 여긴다. "기분이 좋아지면 다시 와"라고 말함으로써 자녀들에게 불편한 감정은 환영받지 못하는 '부정적인 것'이라는 사실을 은연중에 심어준다. 어른들은 흔히 아이들에게 "용감한 인디언은 아파하지 않는단다"라고 말하곤 하는데, 이는 아픔을 호소하는 아이를 달래는 것이 귀찮고, 달래는 데 필요한 시간이 아까워서 하는 말이다. 이는 아이들이 흔히 중심이 되고 모든 것이 아이들 위주로 돌아가는 요즘 추세와는 모순된 것 같지만 이면을 살펴보면 별반 다르지 않다. 왜냐하면 사회에서 '우대받는' 아이들에게 요구되는 것 또한 오직 한 가지, 즉 '아무 문제없이 자신이 맡은 역할을 잘하는 것'이기 때문이다.

그런데 자녀들에게만 '부정적인' 감정을 통제해주기를 바라는 것은 아니다. 기분 나쁜 일이 있어서 손으로 탁자를 내려치는 여성은 '여자답지 못하다'거나 '히스테릭하다', '다루기 힘든 스타일이다'라는 평을 듣는다. 일반적으로 우리는 주변 사람들이 슬퍼하거나 분노하거나 의기소침할 때, 어떻게 반응해야 할지 몰라 당혹스러워하며, 사실상 별다른 관심도 없다. 직장동료가 속마음을 털어놓는 경우, 나를 신뢰하는 것 같아 기분이 좋은 한편으로 왠지 모르게 그런 상황 자체가 '어색하게' 느껴진다. 가까운 이의 죽음을 애도하는 사람에게도 비슷하다. 1주 혹은 2주 정도 슬퍼하는 것까지는 이해하지만, 그 이후에는 그만 정신 차리고 일상으로 돌아올 것을 기대하며, 그렇지 못한 사람에게는 "그렇게 힘들면 심리치료를 받아"라고 말한다. 그리고 1년이 지나면 무슨 일이 있어도 세상을 떠난 사람을 잊고 마음에서 떨쳐버려야 한다고 여긴다(12장 참조).

이런 사회적인 통념 때문에 우리는 감정을 억압하고 차곡차곡 눌러놓을 수밖에 없는데, 그러다 보면 억눌려 있던 감정이 어느 순간 아무도 이해하지 못할 정도로 폭발하고 만다. 분노와 화를 마음껏 표현하지 못하고, 이를 표출하는 순간 수치심을 감내해야 하는 사회에서 발생하는 일이다. 이성적으로 감정을 통제하지 못하는 부모는 당연히 자녀에게도 지혜롭게 감정에 접근하는 방식을 가르칠 수 없다.

그렇다면 우리가 해야 할 일은 무엇일까?

펑펑 울고, 깔깔깔 웃고, 감정에 충실하게 살기!

감정을 느끼는 법을 새로 배워야 한다. 내가 무엇을 느끼는지 감지해야 하며, 내 감정에 충실하게 살아야 한다. 그렇다해서 매순간 단순히 충동적으로 행동하라는 말은 아니다. 앞에서 설명했듯이 행위적 충동과 실제 행위 사이에는 차이가 있다. 이제 우리는 다양한 감정을 억압하고, 과도한 2차 감정에 휘둘리는 것을 멈춰야 한다. 그리고 1차 감정을 잘 조절된 상태로 방출하려 노력해야 한다.

그런데 이 모든 것을 위해서는 우선 자기감정을 좀 더 잘 파악할 필요가 있다. 우리는 내면 상태를 '나 잘 지내', '별로 못 지내' 혹은 사투리로 '개안타, 마'라고 단순화시켜 표현하는 경향이 있다. 그런데 이는 정확히 어떤 상태를 의미할까? 다음에 나올 별 모양의 '감정모형'은 할리히 슈타브만 Harlich Stavemann 박사가 고안한 것으로, 인간의 다양한 감정을 정확한 단어로 표현함으로써 자기감정을 잘 파악하게끔 도와준다. 지금 나는 마음을 졸이고 있는가? 혹은 스스로 무력하다고 느끼는가? 무언가가 부끄러운가? 혹은 굴욕을 당한 기분인가?

다음 모형을 보면서 자신의 감정 상태를 이야기해보자! 오늘 당신 기분은 어땠는가? 자기감정을 명확한 단어로 표현해보라. 이것이 그다지 쉬운 일은 아니겠지만.

감정을 좀 더 확실히 표현하는 훈련을 위해서는 일상에서도 감

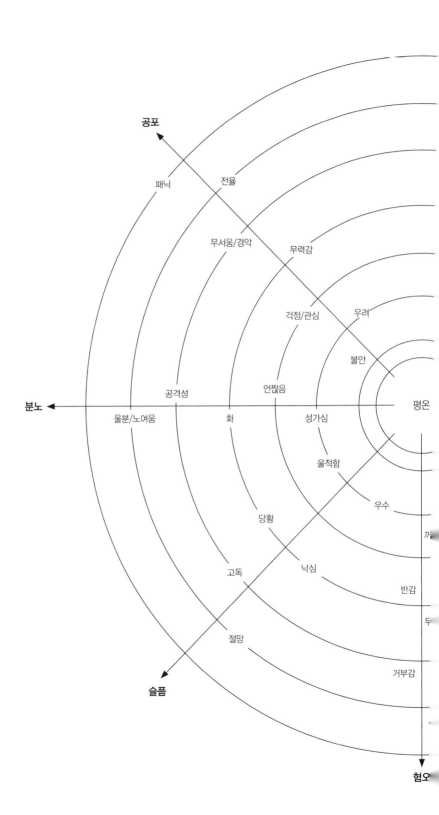

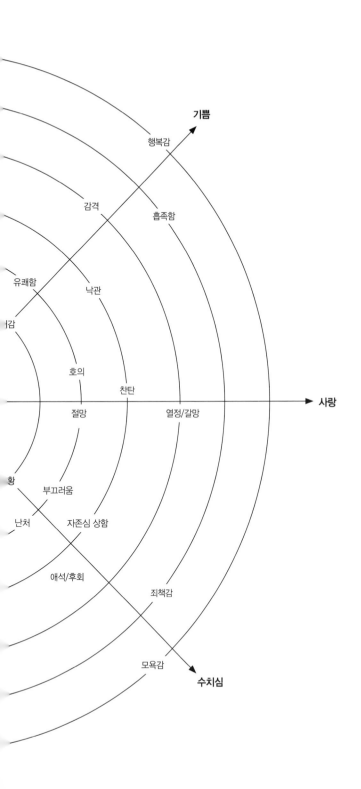

정에 좀 더 가치를 부여할 필요가 있다. 예를 들면 감정 일기를 작성하여 하루 동안 특정한 상황에서 어떤 기분을 느꼈는지 묘사해 보는 것이다.

그날 감정을 반드시 저녁 때 기록할 필요는 없다. 잠깐씩 자주 시간을 내어 감정을 살펴볼 수도 있다. 내 환자 중에는 운전 중 차가 막힐 때마다 그 시간을 이용한다는 이도 있다. 당신이 인식한 감정을 즉시 기록할 필요도 없다. 중요한 것은 자신을 마치 탐정처럼 정확히 관찰하는 것이다. 이건 무슨 감정일까? 적절한 것일까? 왜 적절한가? 적절하지 못한 이유는 무엇인가? 감정을 관찰하다 보면, 강도가 강렬할수록 그 감정이 정말 적절한 것인지 분류하기 어렵다는 사실을 깨닫게 된다. 그럼에도 불구하고 기록을 계속하라.

조만간 두 가지 변화가 일어날 것이다. 첫째, 자기감정을 명확히 표현하는 법을 배우게 된다. 마치 단어를 습득하는 것과 유사하다. 자기감정에 해당하는 단어를 구사하면, 이에 관해 다른 사람들과 이야기를 나눌 수도 있다. "난 그거 별로야"라는 말보다는 "네가 ~하면, 내가 슬퍼져"라는 말이 훨씬 구체적이다.

이 밖에도 감정을 말로 표현하다 보면 좀 더 확실해지므로 예기치 않게 감정이 폭발하는 경우도 줄어든다. 직장 동료가 또다시 무례한 말을 해서 몇 시간이 지나도 마음이 무거울 때, 이것을 정확히 규정할 수 있다면 조금은 마음이 가벼워질 수 있다. '저 사람에게 화가 나지만, 내 생각을 솔직히 말하는 건 겁이 나.' 감정을 정확히 규정한다고 해서 갑자기 마음이 편안해지지는 않겠지만, 정확히 감정을 인식하는 것은 문제를 분석하는 것과 마찬가지로 무엇보다 중요한 작업이다. 화재 진압에 나선 소방관도 무턱대고 호스를 갖다대는 것이 아니라 우선 상황을 전체적으로 파악한다. 물론 진화작업 자체도 전체적인 상황파악만큼이나 중요하다.

다음에 소개할 훈련법은 과도하거나 부적절한 감정을 다루는 방법인데, 불같이 일어난 감정을 진화하는 과정을 잘 보여준다. 이는 마르틴 보후스Martin Bohus와 마르티나 볼프 – 아레훌트Martina Wolf-Arehult가 경계성 성격장애 환자들을 위해 고안한 감정 훈련법을 토대로 하지만, 이러한 증상이 없는 사람에게도 도움이 될 수 있다.

이 훈련법에서 가장 먼저 할 일은 감정을 완전히 가치중립적으로 호명하는 것이다. 앞서 이미 해본 바와 같다. 이처럼 감정을 호명하면 의문이 생겨난다. 이 감정은 적절한가? 또 이것의 강도는 적절한가? 이에 대해서도 이미 살펴봤고, 우린 자기감정을 파악하는 '탐정' 역할을 수행한 바 있다. 이 밖에도 다음과 같은 질문을 던져볼 수 있다. 에르나 이모가 나와 같은 상황에 처한다면 이모도 이렇게 반응할까? 동일한 상황에서 경리부 직원은 어떻게 반응할까? 나의 절친은 또 어떤 반응을 보일까? 당신과 동일한 상황에 처한 사람 중 90퍼센트 정도, 즉 대다수가 당신과 동일한 감정으로, 동일한 강도로 반응할 것 같은가? 이 질문에 대한 대답이 '아니요'라면, 당신이 해당 상황에서 느끼는 감정은 부적절한 2차 감정일 확률이 높다. 그렇다면 다음에 취할 조치는 그 감정을 약화시키는 것이다. 다음과 같은 단계로 진행해본다.

- 누그러뜨리고 싶은 부적절한 감정과 반대되는 자세를 취해보자. 울화가 차오르고 있다면? 등받이에 편안히 몸을 기대고 긴장한 근육을 이완시켜보라. 나 자신이 부끄럽다면? 자세를 똑바로 하고 어깨를 쭉 펴고 이마를 앞으로 내밀어본다.

- 그리고 나서 부적절한 감정과 반대되는 행위를 해보자. 이미 살펴본 바와 같이 충동과 행동 자체는 별개다. 내 부적절한 감정과 반대되는 행위를 하라. 과도하다 싶게 (비이성적인) 두려움이 몰려들면 도망치고 싶어질 것이다. 이때 감정과 반대되는 행위는 그 자리에 머물러 자신과 직면하고 자신을 당당하게 드러내는 행위일 것이다.

- 이번엔 부적절한 감정과 반대되는 생각을 할 차례다. '나는 멍청해. 아무 가치도 없는 사람이야'라는 감정이 들 때면, 예컨대 나의 자질 중 내가 좋아하는 부분('나는 무척 이성적인 사람이야')을 떠올리는 것이다.

- 그리고 나서는 부적절한 감정과 반대되는 것을 감지하려 노력해본다. 무력감이 느껴질 때 사람들은 자신이 변화시킬 수 없는 것을 평소보다 더 민감하게 감지하고, 자신을 무력하게 만드는 것을 더욱 집중해 감지하는 경향이 있다. 바로 이런 순간, 매우 사소한 것이라 해도 내가 결정할 수 있는 것에 집중해보자. 예컨대 잠시 후에 있을 저녁식사 혹은 언제라도 통화할 수 있는 친구와의 대화에 집중해보는 것이다.

이처럼 자세와 행위, 생각, 감지를 변화시키면 감정도 긍정적으로 변한다. 이는 사회심리학자 프리츠 슈트락Fritz Strack의 유명한 실험의 작동원리이기도 하다. 해당 실험에서 피실험자들은 만화를 보는 동안 아랫니와 윗니로 연필을 물고 있도록 요청받았다. 이들은 치아로 연필을 물고 있으므로 저절로 웃는 표정을 지을 수밖에 없었다. 해당 피실험자들은 아랫입술과 윗입술을 앞으로 비죽 내밀어 연필을 받치고 있어야 했던 비교집단보다 동일한 만화를 훨씬 재미있다고 평가했다. 왜냐하면 전자의 뇌에는 '여기 무언가 웃을 일이 있나 봐. 그러니 기분이 좋을 수밖에 없어'라는 신호가 전달되었기 때문이다. 즉, 이들의 뇌에는 '기분 - 좋은 - 모드'가 즉각 가동된 것이다. 반면 부득이하게 슬픈 표정을 지어야 했던 후자의 경우, 전자보다 웃을 거리가 적었다. 때때로 우리의 감정은 이처럼 쉽게 변하기도 한다.

단, 앞에서 언급한 네 가지 요소를 한꺼번에 변화시키기는 어려울 수 있다. 그래도 전혀 문제될 것이 없다. 넷 중 무엇을 가장 먼저 변화시키든 상관없다. 이 중 무엇이든 더 많이 변화시킬수록, 부적절한 감정은 그만큼 더 약화된다. 어떤 것을 먼저 작동시키든, 변화의 순서는 상관없다.

감정을 정확히 분석하고 이를 토대로 긍정적으로 변화시키는 작업을 하고 난 다음에는 내가 처하게 될 상황을 예상해본다. 앞서 예를 들었던 것처럼 성가신 동료에게 이야기를 나누자고 청해볼 수도 있고, 또다시 무례하게 굴 경우를 대비해 재치 있게 받아칠 대답을 준비해둘 수도 있다.

오해가 없도록 한 마디 덧붙이자면, 적절한 감정이 들 때는 (남을 해치려는 것이 아닌 한) 그에 따라 행동해도 좋다. 무언가로 인해 화가 나거나 슬퍼질 때는 그 무언가에게 말을 걸어보라. 무언가로 인해 창피할 때는 자신과 이야기를 나누어보라. 그러면 감정을 억누를 필요가 없으며, 부적절한 2차 감정이 엉뚱한 이에게 발산될 우려도 불식시킬 수 있다.

마지막으로 하나 더 실험해볼 의향이 있는가? 앞서 자기감정을 호명하는 법을 익혔으니, 이제 이를 소리 내어 말해보면 어떨까? 조용한 방 안에서 혼잣말하는 것이 아니라, 타인과 대화를 나눌 때 자기감정을 소리 내어 말해보는 것이다. "~라서 기쁘네요", "~라서 슬퍼요" 혹은 "~때문에 화가 납니다"라고 표현한다. 처음에는 편안한 감정에 대해서부터 시작하자. 이 또한 그다지 쉬운 일은 아니지만, 몇 주간 지속하다 보면 나 혹은 내 주변 사람에게서 일정한 변화가 눈에 띌 것이다.

4장
일! 일! 넌더리나!!

번아웃, 지루함, 꿈의 직장

　　　　　　'절망을 극복하는 최고의 방법은 일하는 것이다.'
아서 코난 도일Arthur Conan Doyle은 이렇게 주장했다. 하지만 주위 사
람들의 책장에 꽂힌 책의 제목들을 보면 코난 도일의 말과는 상당
히 다르다는 인상을 받게 된다.《내 상사는 나쁜 놈》《동료 직원을
미워해야 할 111가지 이유》《상사를 미워해야 할 111가지 이유》
《당신 똥은 직접 치우시죠》…… 일하는 게 행복해지는 방법이라
고? 현실은 이와는 완전 다르며, 우리는 인생의 절반을 일하며 보
낸다. 연금 수령 전까지 45년간 꼬박 일해온 사람이라면 무려 8만
여 시간을 일한 셈이다. 그나마 여기에는 청소, 다림질, 잔디 깎기
등은 포함시키지도 않았다. 최근 다수의 연구결과에 따르면 우리
사회의 직업 만족도가 상승하는 것으로 나타나 이와 관련해 낙관

론이 대두되고 있지만, 일상에서 접하는 많은 이들은 직무로 인해 스트레스를 받고, 우울해하고, 불만을 느낀다. 그리고 불만은 이미 익히 알려져 있듯이 사람들을 병들게 만들며, 그 범위는 심장이나 어깨에 그치지 않고 머릿속까지 이른다. 1997년 심리질환으로 병가를 낸 직장인의 숫자가 50명당 1명에 불과했던 반면, 2012년에는 20명당 1명으로 증가했는데, 그 원인은 심리질환에 대한 의사들의 의식이 확연하게 변했기 때문이다. 이 밖에 심리질환으로 인한 결근 일수도 증가해 지난 40년간 5배가 상승했다.

번아웃 증후군

일이란 '절망을 극복하는 방법'일 수도 있고, 성취감과는 완전히 거리가 먼 것일 수도 있다. '실존하는' 심리질환을 살펴보면 극히 '정상적인' 직무 피로에 대처할 방안을 강구하는 데 분명 도움이 될 것이다.

직무 피로라는 주제와 관련해 많은 이들이 가장 먼저 떠올릴 심리질환은 번아웃 증후군이다. 그런데 엄밀히 따지자면 번아웃 증후군은 완전한 심리질환이 아니라, 건강한 상태와 질환의 경계선에 위치한다. 아직까지는 주요 심리질환 범주에 속하지 않지만 번아웃 증후군을 살펴보기로 하자. 사람들은 이 증상에 정의를 내리려 시도해왔다. 2010년 이후 심리학자와 의사들은 다음 세 가지를 번아웃 증후군의 특징으로 간주한다.

- 정서적 탈진 : 여기에는 신체적 무력감이 동반됨
- 비인격화 : 직업상 연관된 이들에게 무감정, 무감각한 반응을 보이는데, 이들과 거리를 두기 위한 반응으로 추측됨
- 개인적 성취감 감소 : 자신이 패배자라는 감정, 본인 능력에 대한 신뢰 감소

번아웃 증후군의 부가적 특징으로는 수면장애를 동반한 신체적 탈진과 피로, 공감능력 저하, 욕구불만, 의욕상실, 패배주의 등을 들 수 있다. 항상 우울증을 동반하지는 않지만 중증인 경우엔 우울증을 유발할 수 있으며 자살로 이어지기도 한다.

번아웃 증후군의 발전 단계를 살펴보면, 번아웃 증후군이라고 해서 모두 다 같은 것이 아니라는 걸 알 수 있다. 초기에는 흔히 업무에 대한 열정이 과도하고, 업무와 관련하여 자신을 대체불가의 존재로 느낀다. '다른 일을 할 시간이 없다'라는 이유로 자신의 욕구를 제쳐둔다. 그런데 이 같은 활동은 성취감을 주지 않고 오히려 피로감이 동반된다.

이때부터 서서히 상황이 바뀌기 시작한다. 업무에 대한 열정이 감소하고 이어 죄책감과 책임을 전가하려는 마음이 생기고, 공격적인 행동까지 나타난다. 모든 분야에서 성과가 저하되며 인지능력과 창의력, 객관적 사고능력이 큰 폭으로 떨어진다. 의욕 또한 감소하고 '매뉴얼에 의한 업무'가 표준이 된다. 최종적으로 사회적, 정서적, 정신적 침체현상이 일어나고 의학적 우울증으로 이어지기도 한다. 동시에 면역체계가 만성적으로 약화되면서 초기 신

체적 이상 증상이 나타난다.

스트레스의 작동 방식

오스트리아 출생 캐나다 의학자 한스 셀리에Hans Selye의
스트레스 모델은 일반적인 스트레스 반응을 나타낸다. 이 모델에
서는 스트레스에 대한 인간의 반응을 세 단계로 구분한다.

인간이 힘을 가동시켜야 할 위험 상황을 만날 때 스트레스 반응
이 시작된다. 셀리에는 이러한 첫 단계를 경고반응단계라 부른다.
이 단계에서는 자율신경계에 속하는 교감신경과 부신수질이 활
성화되고 아드레날린이 분비된다. 그리고 뇌와 근육, 심장의 혈류
가 증가한다. 그런데 문제 해결의 주체는 뇌인데, 왜 뇌뿐만 아니
라 근육과 심장까지 혈류가 증가할까? 대답은 간단하다. 과거의 인
간에게 스트레스 상황이란 위험에서 빨리 벗어나야 하는 것을 의
미했다. 예컨대 검치호랑이saber-toothed tiger(포유류 식육목 고양이과
의 한 속. 신생대 제4기 플라이스토세에 북아메리카 지역에서 번성했던
맹수로 스밀로돈이라고도 부른다 – 편집자)를 만났을 때는 최대한 빨
리 도망치는 것이 관건이었다. 그리고 이를 위해서는 근육의 혈류
가 제대로 순환할 필요가 있었던 것이다.

경고반응단계는 이른바 저항단계로 이행된다. 이 단계에서 인간
의 몸은 혈액순환이 개선되고 아드레날린이 분비돼 스트레스 상
황에 완벽하게 적응한 상태다. 스트레스 상황에 처한 인간이 가동

한 힘이 상황 극복에 미치지 못한다면 검치호랑이에게 잡아먹히고 만다.

스트레스를 극복하지 못한 채 상황을 계속 견디고만 있으면, 어느 순간 소진단계에 진입한다. 소진단계에서 사람들은 힘이 고갈되고 에너지가 부족하고 몸은 완전히 과부하 상태가 된다. 검치호랑이에게 잡아먹히지는 않았더라도 굶주린 맹수에게 반나절 동안 쫓겨 도망다녔으면 분명 기력이 없을 것이다. 그리고 분명히 매우 고단해질 것이다.

과잉자극이 발생하는 경고반응단계에선 아직 구체적인 증상이 나타나지 않지만, 저항단계에 접어들면 천식, 두통, 고혈압 등 심신 상관성 증상이 나타난다. 셀리에는 소진단계를 감염률 상승, 조기 노화, 우울증, 공황 상태와 결부시켰다.

덧붙이자면, 과거에는 과도한 스트레스가 직접 위궤양을 유발한다는 견해가 일반적이었는데, 근래에 학자들은 이러한 견해를 정정했다. 위궤양과 관련해선 헬리코박터 파이로리, 즉 위점막염과 위궤양을 유발하는 전염성 세균이 주요 원인으로 규명되었기 때문이다. 알려진 바로는 전 세계인의 약 50퍼센트가 이 세균에 감염돼 있다고 한다. 독일의 경우 헬리코박터 보균자의 10~20퍼센트에게서 실제로 위궤양이 발병한다. 이 세균의 전파 경로는 배설물로 오염된 식료품이나 물이라고 추측한다. 흡연, 과음, 면역체계의 약화 또한 위궤양의 부가적 유발요인이다. 이 대목에서 다시 스트레스를 거론하게 되는데, 스트레스 반응의 제3단계인 소진단계에서 감염에 대한 취약성이 증가하여 헬리코박터가 활동하기 쉬워지기 때문이다. 이런 맥락에서 보면 스트레스로 인한 위궤양도 일정 부분 존재한다.

유스트레스 vs 디스트레스

반면 인간의 몸에 과도한 부담을 주는 스트레스를 가늠하는 '불변의' 척도란 존재하지 않는다. 스트레스는 매우 주관적이다. 이런 경험을 한 적이 있지 않은가? 어떤 날은 동기 부여가 넘쳐나 업무를 멋지게 완수하겠노라 정신적, 신체적으로 어떠한 번거로움도 감수할 태세지만, 바로 다음 날 업무를 가중시키는 내용의 메일을 받고는 속이 상해 울먹거렸던 그런 경험.

미국의 심리학자 리처드 라자루스Richard Lazarus는 상호작용적 스트레스 모델을 통해 이미 1974년도에 이러한 현상을 설명한 바 있다. 그에 따르면 스트레스는 상황과 사람 간의 복잡한 상호작용의 결과다.

이를 단순화시키면 이렇게 상상해볼 수 있다. 수많은 스트레스 요인이 날마다 나를 향해 날아온다. 나는 인지적 평가를 통해 이런 수많은 스트레스 요인들을 분류한다. 이 중 일부는 '장을 보러 가야 해'처럼 그다지 중요하지 않으며, 다른 기타 요인은 결혼식 준비('내 평생 가장 멋진 날이 되어야 해') 혹은 준비를 마쳐놓은 시험('내 능력을 보여줄 좋은 기회야')처럼 긍정적으로 평가된다. 다만 이러한 인지적 평가는 항상 주관적이며 그날의 컨디션에 따라 달라

진다. 결혼식 준비는 어떤 이에게는 긍정적인 스트레스다. 이렇게 좋은 스트레스는 유스트레스Eustress라고도 불리며 인간의 몸에도 긍정적인 영향을 미친다. 이처럼 사람들에게는 능력을 발휘할 도전 과제가 필요하다. 그런가 하면 누군가에게 결혼식 준비는 부정적인 것, 부담스러운 상황일 수도 있다. 어떤 스트레스 요인을 '위험하다' 혹은 '부담스럽다'라고 평가할 때, 즉 어떤 요인 때문에 무언가를 상실할 우려가 있거나 힘든 도전 혹은 위협이 발생할 때는 문제가 된다. 이 경우에는 스트레스 요인을 평가할 두 번째 기준이 필요하다. 즉, 이제는 각자가 지닌 '자원'을 검토할 차례다.

여기에서 자원을 검토한다는 건 지갑을 들여다보는 것과 유사하다. 지갑 속에 돈이 충분한가? 완벽하군. 그럼 나는 무언가를 실제로 '내 것으로 취할' 수 있다. 여기에서도 가장 먼저 '경고반응'이 일어나 집중력이 높아지고 아드레날린이 분비되며 혈액순환이 빨라지고 (내 지갑에) 무리가 가지 않는 범위에서 성취욕이 최고조에 이른다. 내 자원이 충분하여 능력을 발휘할 수 있는 도전 과제가 충족감을 부여하고 적당한 빈도로 주어진다면, 여기에서도 유스트레스를 느낄 수 있다.

반면 자원이 충분치 않으면, 나쁜 스트레스인 디스트레스Disstress가 가동해 셀리에가 설명한 모든 부정적 결과가 나타난다. 이 상태에서는 빚을 질 수밖에 없고 최악의 경우 파산에 이른다.

심리치료사로 활동을 시작하던 무렵, 이처럼 스트레스 요인과 자원이 전혀 들어맞지 않은 경우를 본 적이 있다. 바로 동료 여의사였는데, 그녀는 누구에게도 "아니요"라고 말하지 못하는 사람이었다. 심지어 업무를 보조하는 여직원에게 같은 시각에 두 환자의 진료를 접수해선 안 된다는 사실조차 분명히 말하지 못했다. 그게 다가 아니었다. 그녀는 점심시간까지 진료예약이 차 있어서 식사도 제대로 하지 못했다. 감당해야 할 스트레스가 그녀가 지닌 자원보다 과도했기에, 만성 스트레스 상태가 되었고 그 결과 자주 병이나 결근을 했다.

이타주의자는 번아웃에 취약하다

스트레스 감지는 지극히 주관적이지만, 이러한 의사의 사례는 어떤 이들이 전형적으로 번아웃이 되는지를 잘 보여준다. 번아웃 증후군에 특별히 취약한 이들은 흔히 '높은 사회적 참여도'를 요구하는 직업군에 속해 있다. 즉, 교사와 보육교사, 의사와 간병인 등이다. 응급실에 관한 연구결과에 따르면 의사와 간병인의 30~50퍼센트에게서 번아웃 수치가 높게 나타난다.

또한 타인의 이익을 자신의 이익보다 우위에 두는 사람들은 최고로 취약하다. 타인의 이익을 중시하는 것은 본래 긍정적인 성격의 특징이다. 바로 이 때문에 번아웃이라 진단받는 것을 그다지 싫어하지 않는다. 나는 환자들이 "그 당시 저는 번아웃 때문에 병원에 다녔어요"라고 말하는 것을 수시로 듣는다. 지인들도 이렇게 말한다. "맞아. 나 몇 년 전까지 완전히 번아웃 상태였어." 이러한 현상은 도대체 무엇을 의미할까? 이처럼 많은 사람들이 자신이 번아웃이라고 말하지만 이런 진단이 모두 실제로 전문의에 의해 내려진 것은 아니다. 사람들은 자신에게 심각한 비이성적 불안증 혹은 자살충동이 있다고 말하는 것은 꺼리지만, 번아웃 증상이 있다고 말하는 것은 별로 개의치 않는다.

번아웃을 일으키는 요인은 과도한 업무 부담 외에도 매우 다양하다. 사적인 영역에서는 파트너와의 불화 혹은 삶에서 겪는 충격적인 사건을 예로 들 수 있다. 출산은 물론 긍정적인 사건이지만, 산모에게 많은 변화를 초래하며 많은 과제도 부여하기에 번아웃 증후군을 유발할 수 있다. 시간 부족으로 과도한 압박감을 체험하거나, 두세 가지 일을 한꺼번에 해내야 할 때(인간이 멀티태스킹 능력을 지속할 수 있는 시간은 길지 않으며, 멀티태스킹 시에는 실수가 쉽게 발생한다), 보수를 제대로 지급받지 못하거나, 주변 사람들로부터 인정받지 못하고, 자신의 일에 피드백이 없을 때도 번아웃 증후군이 발생할 수 있다. 설사 부정적인 피드백이라도, 전혀 무반응인 것보다는 당사자로선 실제로 더 낫다. 내가 지금 제대로 일하고 있는지, 상대방이 나를 어떻게 평가하고 있는지 몰라 막막한 것보다 더 큰 상처는 없기 때문이다.

번아웃 증상을 일으킬 수 있는 또 다른 요인은 무력감이다. 직장에서 동료에게 따돌림을 당할 때, 내가 맡은 프로젝트를 제대로 수행하지 못할 때, 혹은 다혈질 상사가 종잡을 수 없는 행태를 드러낼 때 우리는 무력감을 느낀다.

번아웃 증후군이 심각하게 진행되지 않은 상태에서 나타나는 초기 징후들이 있다. 번아웃 증후군에 관심 있다면 자기 내면을 찬찬히 들여다보고 이 중 해당 항목을 찾아보는 것도 방법이다.

- 최근 들어 몸과 마음이 완전히 탈진 상태다.
- 일상 혹은 업무상 해야 할 일을 감당할 능력이 없다고 느껴진다.
- 내 일의 가치를 충분히 인정받지 못하고 있는 것 같다.
- 자꾸만 불만이 생기고 의욕이 없어진다.
- 사소한 일에 공격적으로 반응한다.
- 일하러 가기 싫다.

- 내 상황에 변화의 여지가 없다고 느껴진다.
- 하고 싶은 일을 할 시간이 없다.
- 일과를 마치고 나면 온종일 짓누른 압박감에서 벗어나기 위해 술을 마신다.

많은 항목이 해당되는가? 그렇다면 전문가의 상담을 받아볼 시점이 된 것인지 모른다. 우울증을 동반한 번아웃 증상은 절대 가볍게 여겨서는 안 될 심각한 단계다. 어떤 질환이든 마찬가지지만, 심리질환을 지니고 있으면서 아무 조치 없이 시간만 보내서는 절대 안 된다. 특히 외부 요인에 아무 변화도 없는 경우, 심리질환을 방치하면 증세가 완화되기보다 심해질 확률이 크다.

번아웃 증상 중 일부에 해당하더라도 당신에게 도움이 될 만한 전략을 하나 알려주고 싶다. 그것은 바로 자신의 일을 부담으로 여기지 말고, 능력을 발휘할 수 있는 도전 과제로 삼는 것이다.

스트레스 대처전략

스트레스 상황에 대처하기 위한 본질적인 출발은 스트레스 대처전략을 수정하는 것이다.

여기서 다시 한 번 리처드 라자루스의 이론으로 돌아가보자. 라자루스의 이론에는 스트레스 요인과 자원 간의 조정 외에도 살펴볼 필요가 있는 것들이 많다. 지금 해야 할 일이 능력을 넘어선 수

준이어서 디스트레스가 발생하고 있음을 깨닫는 순간, 당신에게는 이러한 상황에 대처하기 위한 다양한 선택권이 주어진다. 우리 심리학자들은 이를 '대처Coping'전략이라 부른다.

문제지향적 대처전략은 어떤 문제나 상황을 자신이 감당할 수 있는 형태로 변화시키는 것이다. 이 전략의 중요한 출발점은 스트레스 요인을 줄이는 것이다. 이를 위해 최우선적으로 할 일은 '아니요'라고 말하는 법을 배우는 것이다. 어쩌면 당신은 '그게 말처럼 쉬운 게 아냐'라고 생각할 수도 있다. 하지만 자전거 타는 법을 배우듯 '아니요'라고 말하는 법 또한 배울 수 있다. 내가 진행하는 집단치료에서는 처음에 환자들을 둘씩 짝을 지어주고, 한 사람은 '네'라고, 다른 사람은 '아니요'라고 말하도록 한다. 먼저 전자가 말을 시작하여 '네'라는 단어를 때로는 크게, 때로는 작게, 때로는 사정하는 어조로, 때로는 단호하게 다양한 방식으로 말한다. 그러면 이 환자와 짝이 된 사람은 짝꿍의 '네'와 동일한 어조로 '아니요'라는 말을 해야 한다. 이 훈련법을 통해 환자들은 '아니요'라는 단어를 한결 수월하게 소리 내어 말하는 법을 익힌다.

이 훈련법은 '네'라고 말하는 짝 없이 혼자서도 실천할 수 있다. 거울 앞에 서서 최대한 다양한 어조로 '아니요'라고 말하는 연습을 해보는 거다. 때로는 크게, 때로는 작게, 때로는 사정하는 어조로, 때로는 단호하게 '아니요'라고. 원한다면 이 훈련법에 '체화전략'를 부가적으로 활용해볼 수도 있다. 즉, '아니요'라고 말할 때의 자세가 감정에 어떤 영향을 미치는지 실험해보는 것이다. '아니요'라고 말하면서 고개를 숙여 발끝 쪽 바닥을 내려다본다. 그러고 나

서 다시 '아니요'라고 말하면서 고개를 들고 앞쪽을 바라보라. '아니요'라고 하면서 양쪽 어깨를 축 늘어뜨렸다가, 다시 '아니요'라고 말하면서 어깨를 똑바로 쫙 펴본다. 이러한 훈련을 하다 보면, 자신의 여러 모습을 발견하고 분명한 차이를 느끼게 될 것이다. 처음에는 이런 훈련을 하는 스스로가 어쩐지 우스워 보일 수도 있다. 그렇지만 분명 시도해볼 만한 가치가 있다. '예스'와 '노' 사이에서 분명한 선을 긋지 못해 어려움을 겪은 내 동료의 사례를 떠올려보라. 어쩌면 그녀도 이같이 간단한 훈련을 했더라면 '아니요'라고 분명히 말할 수 있었을지도 모른다.

그런데 당신이 '아니요'라 말하지 못하는 것은 어쩌면 날마다 부여되는 과제가 유감스럽게도 협상의 여지가 없는 일이기 때문일

과제의 중요도

과제의 시급성

수도 있다. 이 경우에는 게르트 칼루자Gert Kaluza가 시간의 유용한 사용을 위해 고안한 방법이 도움이 될 수도 있다.

좌표계를 설정해보라. X축은 과제의 시급성을 표시하고 Y축은 중요도를 표시한다.

당신의 여러 과제를 좌표계의 사분면에 각각 기입한다. 오른쪽 맨 위에는 매우 중요하면서도 시급한 항목을 쓰는데, 이 과제는 최우선적으로 처리되어야 한다. 왼쪽 아래에는 그다지 중요하지도, 시급하지도 않은 과제를 쓴다. 이는 타인에게 위임할 수 있는 일이다. 팀원들이 함께 사용하는 프린터 토너를 당신이 정말 직접 교체해야 할까? 물론 당신이 신속하게 교체할 수 있다면 그것도 무방하다. 하지만 사내에 별도로 기술지원팀이 있다면 이 일은 담당자에게 위임하는 것이 좋다. 그러면 당신에게 본연의 과제를 수행할 시간도 더 많아진다.

시간을 가장 효율적으로 사용하는 것 이상으로 중요한 것은 업무를 정확히 계획하는 것이다. 계획을 세우면 다음 단계를 끊임없이 생각할 필요가 없으므로 뇌는 부담을 덜고 안정된다. 계획을 정확히 세우면 동일한 업무를 쓸데없이 반복하는 것을 방지할 수 있고, 내가 목표를 달성했는지 스스로 확인할 수 있다. 중요한 것은 계획과 관련된 모든 것을 실제로 기록하는 것이다. 그래야만 당신과 당신의 뇌가 안심하고 편안하게 일할 수 있다. 해야 할 일의 목록을 작성하든, 상세한 일정표를 작성하든, 그것은 당신이 선택할 일이다. 그러니 해야 할 일을 미루어버릇한 이들이여, 계획을 세우느라 미적거리지 말고 제발 루비콘 강을 건너시라. 즉, 계획만 세우지 말고 실행에 옮기시란 말이다!

그럼에도 이상의 모든 조치가 무용지물이라면, 스트레스 요인을 조금이라도 줄이기 위해 상사와 대화해보는 것도 도움이 될 수 있다. 대화를 통해 사업장의 구조나 전반적인 분위기를 대폭 변화시키기는 힘들겠지만, 상황에 영향을 미칠 수 있는 방법은 여러 가지다. 예컨대 지금 제대로 일하고 있는지 몰라서 마치 '안개 속을 헤매는 것' 같은 느낌이라면 피드백을 요청하는 거다. 할당 과제가 당신 생각과 다르면 이에 관해 상사에게 말해보라. 이는 당신이 일을 덜 하고 싶어 한다는 의미가 아니라, 당신이란 자원에 좀 더 어울리는 일을 하고 싶어 한다는 의미다. "아니, 나보고 그런 말을 상사한테 하라고?" 분명 이렇게 되묻고 싶을 것이다. "그럼 나를 열정이 부족한 사람이라고 생각할 거 아냐?" 맞다. 분명 그럴 수도 있다. 하지만 당신에게 번아웃 증상이 찾아와도 상사는 분명 그렇게 생각할 것이다. 그러므로 상황이 심각해지기 전에 어떻게든 무언가를 변화시켜야 한다.

스스로를 다독이는 법

감정지향적 대처전략은 문제지향적 대처전략과는 달리 어떤 (강력한) 감정을 내적으로 조절하는 것이 목표다. 이와 관련된 많은 것은 이미 앞에서 설명했다. 즉, 부적절한 감정에 대해서는 반대되는 생각과 행동을 하고, 반대되는 몸의 자세를 취하는 것 말이다. 이 밖에도 '나중에 생각하기' 혹은 '잠시 미루어두기' 또한 단기적으로 의미 있는 감정지향적 전략일 수 있다. 여기에서 또 하나의 방법은 자기위로다. 과거의 나는 모든 돌발사태에 해법을 확보해두는 것을 무척 중요하게 여겼고, 이로 인해 나 자신을 맹목적인 행동주의자로 만들어버렸다. 그 후 인생을 조금 경험하고 나니 이제는 더 이상 스트레스 상황에서 신경과민 증상을 보이면서 휘둘리지는 않게 되었다. 과거와 동일한 스트레스 상황에서 이제는 스스로를 이렇게 다독인다. '지금까지 항상 잘 해결됐어. 이번에도 어떻게든 잘 해결될 거야.' 이러한 과정을 통해 새로운 관점을 지니게 되자 거대한 산 같았던 문제가 사실은 작은 동산에 불과하다는 사실을 인식할 수 있게 되었다.

　세 번째 형태의 대처법은 평가지향적 대처전략이다. 이는 어떤 상황을 처음 판단보다 덜 위험하다고 간주하는 것이다. 예를 들면 해당 사안을 내게 주어진 도전과제라 여기고, 위험도를 평가절하하는 것도 방법이다. 이런 경우 '긍정적인 순간'을 모아두는 유리병 활용도 도움이 된다. 내 경우, 멋진 사건이 있거나 어떤 일을 잘 해냈을 때는 그것이 아무리 사소한 것이라도 그 자리에서 혹은 하루를 마감할 때 이를 기록해 잼 병에 넣어둔다. 그리고 감당하기 힘든 일을 만났다고 느껴질 때, 병을 열어 그간 모아둔 쪽지를 전부 읽어본다. 그러면 난감한 상황이라고 오판했던 것을 완전히 다른 시각으로 바라볼 힘이 생겨난다.

　또한 어떤 사안에 평소보다 덜 완벽주의적인 관점으로 접근하

고, 가끔은 100퍼센트 완벽하지는 않게 일을 처리해보는 것도 도움이 된다. 때로는 내가 세웠던 높은 잣대 아래를 당당하게 통과해보라. 이 또한 훈련을 통해 습득할 수 있다. 우선 자신을 긍정하는 연습을 해보자. 무언가를 실패했다고 여겨질 때, 자기긍정적 생각을 떠올려 속으로 되뇌어본다. '한 번쯤 실수한다고 해도 사람 목숨이 달린 문제가 아니라면 괜찮아'라고 되뇌어보라. 또한 일상에서 어떤 것을 의도적으로 완벽하지 않게 처리함으로써 자신에 대해 융통성과 관용을 품는 연습을 해볼 수도 있다. 이를 위해 적합한 연습대상이 무엇인지는 조금만 생각해보면 분명 떠오를 것이다.

내 삶의 욕조 채우기

스트레스 상황에 좀 더 잘 대처하기 위한 또 다른 방법은 내가 가진 자원을 강화하는 것이다. 이는 삶에서 중요하고 힘을 주는 것들을 통해 실현된다. 삶이 커다란 욕조라고 상상해보라. 이 욕조는 자연에 대한 사랑, 가족의 화합, 직업적 성취감, 즐거운 취미생활 등 여러 수도꼭지에서 흘러나오는 에너지로 채워진다. 점진적 근육이완요법이나 자율훈련법 등의 릴랙스요법, 건강한 식습관, 충분한 수면도 '자원욕조'를 가득 채우는 데 중요한 역할을 한다. 또한 욕조에서는 에너지가 빠져나갈 때도 있다. 더 많은 수도꼭지가 삶의 욕조를 채울수록, 수도꼭지 하나가 예기치 않게 막힌다거나 어려운 과제 때문에 힘과 에너지가 필요할 때, 욕조가 갑자기 고갈될 확률은 더 낮아진다. 그러므로 내 욕조를 채울 수도꼭지를 찾아나서 이를 항상 열어두는 것이 중요하다. 내게 힘을 주는 것은 무엇인가? 실제로 자원이 가득한 욕조에서 목욕을 하면 힘이 나는가? 기력을 소진해버리는 것은 무엇인가? 토요일 인파로 가득한 마트에서 장을 보고 나면 기운이 빠지는가? 평일 꽉 막혀버린 퇴근길은? 우리는 또다시 스트레스 요인에 관한 이야기로 돌아왔다.

내 경우, 환자들의 마음을 안정시키고 이들의 '자원욕조'를 가득 채우는 데 특히 유용한 훈련법은 독일의 신경의학자이자 심리분석가인 루이제 레더만Luise Redemann이 고안한 '안전한 내면의 장소'다. 이 훈련법은 편안하고, 안전하며, 보호받고 있다고 느껴지는 어

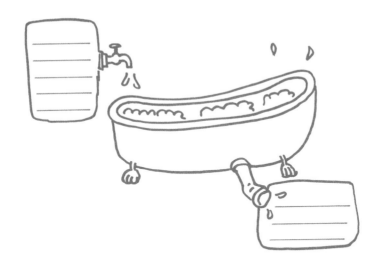

떤 장소를 내면에 형상화하는 것이다. 실제로 존재하는 장소일 수도 있고, 상상 속 장소일 수도 있다. 그곳에서 상상 속 캐릭터들이 나를 돕는다고 상상해보되, '현실' 속의 사람을 그 장소에 데려다놓을 수는 없다. 만약 그렇게 되면, 그와 현실에서 실제로 갈등이 생길 경우 내가 마련해놓은 안전한 내면의 장소가 그 기능을 상실하기 때문이다. 이 훈련법을 다음과 같이 변형할 수도 있다.

두 눈을 감고 당신의 '안전한 내면의 장소'를 떠올려본다. 얼마간 시간이 걸리겠지만 당신은 결국 그 장소를 분명히 찾아낼 것이다. 지금 살고 있는 세상이 아닌 다른 세상을 떠올려야 하는가? 그곳에 가기 위해 비행기나 우주선, 혹은 요술지팡이가 필요한가?

그곳을 찾았다고? 그러면 그 장소에 이름을 지어주고 편히 자리를 잡고 앉아, 아주 포근한 기분이 들도록 공간을 꾸며보자. 그러고 나서는 주위를 둘러보라. 어떤 소리가 들리는가? 무엇이 보이는가? 어떤 냄새가 나는가? 무엇이 느껴지는가?

그곳을 처음 방문했으면, 언제든 다시 찾아갈 수 있도록 나만의 신호를 만들어두자. 우리 심리학자들은 이를 '닻을 내려 위치 표시하기'라 부른다. 손짓이나 몸짓, 무엇이든 상관없다. 예컨대 양쪽 집게손가락을 서로 교차하거나 귓불을 가볍게 만지는 것일 수도 있다. 중요한 것은 사람들의 눈에 잘 띄지 않는 신호여야 한다. 나의 안전한 장소에 이르기 위해, 한쪽 발끝으로 서서 힘차게 빙글빙글 돌아 마치 정신 나간 마법사처럼 양팔을 허공에 퍼덕거리는 신호 따위가 필요하진 않다.

내가 만들어둔 몸짓을 하며 나만의 안전한 장소를 떠올려봄으로써 그 몸짓과 장소를 결부시킨다. 그러면 스트레스가 물밀 듯 몰려와 덮칠 때마다, 그 몸짓을 함으로써 언제든 그 장소로 돌아갈 수 있다.

'자원의 욕조'를 가득 채우기 위해 안전한 장소만큼이나 유용한 것은 취미활동과 사회적 관계다. 이는 '감정 자원의 보관소'를 채워줄 뿐만 아니라, 많은 스트레스 요인을 더 이상 스트레스 요인으로 감지하지 않도록 만들어준다. 단, 여기서도 주의가 필요하다. 앞에서 직장생활 초기에 알게 된 여의사에 관한 이야기를 한 바 있다. 그녀는 '휴식을 위해' 혹은 '숨을 돌리기 위해' 수시로 예기치 않게 결근을 했다. 휴가를 마치고 병원에 돌아오면 산더미처럼 일이 밀려 있었고 그녀는 다시금 혼돈스러운 상태에 빠졌다. 한마디로 악순환이 계속된 것이다. 이 경우에는 스트레스 요인을 감소시키는 것만이 유일한 해법이었을 것이다.

자원을 강화하는 것과 관련하여, 무엇이든 즐겨도 좋다고 스스로를 허용해주는 것도 매우 근본적인 출발점이다. 그렇다 해서 완벽한 와인 애호가가 되어야 한다거나 직접 생맥주를 만들어보려고 자신을 들볶으라는 말은 아니다. 즉, 남들이 '즐길 만한 가치가 있다'라고 인정하는 일을 하라는 말이 아니라, 아름다운 것에 마음을 열고 여유 있게 시간을 내어 자신의 여러 감각을 동원해 즐기라는 것이다. 달콤한 초콜릿 맛보기, 촉촉한 부식토를 만지며 식물 가꾸기, 갓 내린 커피 향 맡기. 이러한 것들을 자신에게 허용하고 즐기는 사람은 자신의 자원을 강화시킬 뿐만 아니라 '나는 이런 것을 즐길 만한 가치가 있는 사람이야'라는 의식을 불어넣음으로써 스트레스를 막아낼 장벽을 구축한다. 이 경우 단호하게 '아니요'라고 말하는 것으로, 스트레스 요인을 줄일 수 있는 여건이 간접적으로 조성된다. 왜냐하면 당신도 알다시피 당신은 멋진 삶을 살 만한 가치 있는 사람이니까.

나만의 스트레스 요인은?

스트레스를 수적, 양적으로 줄이기 위해서는 우선 스트레스를 유발하는 개인적인 요인을 찾아내야 한다. 이미 앞에서 언급한 바와 같이, 스트레스는 항상 주관적이기 때문이다.

외적 상황, 시간적 압박, 동료나 상사의 특정한 발언이 스트레스를 불러일으키는지? 아님 그보다는 내적 요인, 특정한 생각이 스트레스를 유발하는지? 여기서 특정한 생각이란 '내가 ~를 해야 해'라는 것으로도 표현할 수 있겠다. 어쩌면 신체적 불편함, 예컨대 한 자리에 오래 앉아 있을 때 나타나는 통증, 심혈관계 문제 등이 스트레스를 일으킬 수도 있다.

나의 스트레스 요인은 무엇인지 한번 차분히 생각해보자. 내 삶을 힘들게 하는 것들을 종이에 적어보라. 이러한 스트레스 요인을 토대로 어떠한 대처전략이 적합한지를 찾아낼 수 있다. 물론 여러 전략을 조합할 수도 있다. 앞에서 언급했던 여의사를 예로 들자면, 무엇이 가장 큰 스트레스 요인인지를 가장 먼저 알아내는 것이다. 시간적 압박? 과도하게 감정을 소모하게 하는 환자? 혹은 두 가지 요인 모두? 스트레스 요인을 줄이는 데는 한계가 있겠지만, 특히 힘들게 하는 환자에 대처하는 전략을 마련하는 것은 그녀에게 분명 도움이 될 것이다.

지금까지 스트레스에 적절히 대처하는 방법에 관해 살펴보았다. 그런데 내 삶에 도전과제가 지나치게 많아서 문제가 아니라 너무 적은 것이 문제라면 어떻게 해야 할까? 실직이 우울증 발생률을 증가시킨다는 사실은 이미 잘 알려져 있다. 그런데 직장이 있는데도 불구하고 엄청나게 지루해 견딜 수가 없다면 어찌 해야 하나?

업무가 단순해도 스트레스

여러 해 전 우수한 성적으로 변호사시험에 합격하고 함부르크의 유명 대형로펌에 입사한 내 친구 이야기를 해야겠다. 마르틴은 일주일에 70시간 정도 일할 준비가 되어 있었고 의욕에 넘쳤다. 그런지만 현실은 이와는 완전히 다르게 펼쳐졌다.

비공식적으로는 오전 9시부터 오후 8시까지 사무실에서 자리를 지켜야 하지만, 마르틴의 업무는 그다지 '대단한 일'이 아니었다. 엑셀로 도표 작성하기, 그리고 30분이면 누구나 해치울 수 있는 단순작업이 대부분이었다. 마땅히 다른 할 일도 없었으므로 그는 이런 단순업무를 하루 종일 질질 끌다가 퇴근시간이 될 때쯤 마무리했다. 그가 맡은 업무는 단순해서 열심히 한다고 실적이 오르는 것도 아니었다. 여러 장에 달하는 답변서를 작성해놓으면 상사는 고작 석 줄 정도 채택하는 것이 전부였고, 이로 인해 업무의욕은 더욱 저하되었다. 그는 근무시간에 신문을 읽는 것에 익숙해졌고, 퇴근시간인 8시가 되기도 전에 사무실을 살금살금 빠져나가기도 했다. 여러 통의 메일을 쌓아두었다가 집에서 자정 무렵에야 처리함으로써 자신이 '매우 바쁘다'라는 인상을 남겼다. 의뢰인 수가 줄어 계약이 전무해지자, 마르틴은 사무실의 문서 보관소를 재정리하려고 마음먹었다. 하지만 얼마 지나지 않아 그 일조차 허용되지 않았다. "그런 일을 하고 있으면 남들 눈에 아무 할 일이 없는 사람처럼 보일 것이다"라는 이유로 자제를 요청받았기 때문이다. 결국 마르틴은 더 이상 아무 일도 안 하면서 조용히 괴로워했다.

이런 경우는 물론 극단적인 사례에 해당하지만, 2012년에 발행된 《독일 스트레스 보고서》에 따르면 전체 독일인의 5퍼센트가 업무량이 지나치게 적다고 느끼며, 13퍼센트는 예컨대 컨베이어벨트 앞에서 혹은 사무실에서 업무적으로 역량을 발휘할 기회가 부족하다고 느낀다.

번아웃 증후군은 이타주의자와 출중한 능력자들이 쉽게 걸리는 질환이며 자기 질환에 자부심을 느끼기도 하는 데 비해, 도전과제를 부여받지 못한 경우에는 누구도 직장에서 별로 하는 일이 없다는 사실을 선뜻 고백할 엄두를 내지 못한다. 그도 그럴 것이, 직장 상사를 찾아가 상황을 고려해달라고 요청할 경우 난감해질 수도 있기 때문이다.

"언제부터 그렇게 할 일이 없었나?"

"음, 그리 오래되지는 않았고, 1년 반 정도 되었습니다"라는 말이 오가는 것을 상상해보라.

사무실에서 신문이나 읽으며 조용히 시간을 보낼 수 있는 마르틴과는 처지가 다른 사람이 많다. 역량을 발휘할 기회를 얻지 못한 많은 이들은 그저 모니터 화면을 들여다보며 하루가 지나가기만을 기다린다.

할 일이 없다는 것이 그 정도로 괴로운 일이냐고? 지루함 또한 번아웃 못지않게 심각한 결과를 초래할 수 있다. 업무 부담이 지나치게 가벼운 경우도 과중한 업무와 마찬가지로 실수할 확률이 높아지기 때문이다. 독일 바드 아이블링Bad Eibling에서 일어난 열차사고만 해도 그렇다. 이곳의 철도운수 사무장은 단순업무에 지루함을 느껴 핸드폰을 만지작거리는 데 정신이 팔려서 신호들을 잘못 전달해 근거리열차 여러 차량이 동시에 같은 선로에서 마주치는 사태가 벌어졌다. 그 결과 12명이 사망했고 85명이 부상을 당했다.

이처럼 막중한 결과가 아니더라도, 업무 부담이 지나치게 가벼운 사람들은 번아웃 증후군과 마찬가지로 전형적인 스트레스 증상을 보인다. 즉, 자신이 쓸모없는 사람이라는 기분이 들고, 무기력증을 느끼고, 우울증에 이르기도 한다. 라자루스가 제시한 스트레스 모델을 살펴보면 이는 매우 자명한 현상인데, 왜냐하면 지나치게 가벼운 업무 역시 과중한 업무 때와 마찬가지로 스트레스 요인과 자원이 서로 잘 들어맞지 않기 때문이다.

번아웃 증후군과 마찬가지로 여기에서도 당사자가 능동적인 자세를 보여 초기에 이렇게 자문해보는 것이 중요하다. '내가 무언가를 변화시킬 수 있을까?' '그렇다면 어떤 변화를 일으킬 수 있을까?' 여기서 번아웃 증후군의 해법과 마찬가지로 상사와 대화를 나누어볼 수 있다. 하지만 "제가 할 일이 아무것도 없습니다"라고 직접적으로 말할 수는 없는 노릇이니 미리 생각을 해보라. 작업장에서 내가 맡고 있는 기존 업무 외에 어떤 분야가 있을까? 난 어떤 업무를 수행할 수 있겠는가?

큰 변화를 기대할 수 없다면, 내가 어떤 작은 영향이라도 미칠 수 있는지 생각해보자. 어쩌면 내부적 업무 교체라든지, 또는 예를 들어 야간교육시설에서의 재교육 등 중장기적 목표 실천이 가능할 수도 있다. 여기서 또 하나 중요한 것은 자신에게 진정으로 정직해야 한다는 것이다. 우리는 흔히 "나는 아무것도 변화시킬 수 없어"

라고 말하지만, 실상 이는 "나는 무언가를 변화시킬 용기가 없어"라는 의미일 때가 많다. 이것은 실제로 커다란 차이다.

지루해도 스트레스

내게 치료받는 젊은 여성은 얼마 전 바로 이러한 차이를 인식해야만 했다. 필리프 부인은 의료 분야에서 사무직으로 일하고 있다. 그녀는 항상 능력에 비해 지나치게 단순한 업무를 수행했고, 늘 상사가 딴죽을 건다고 느꼈다. 현 상태가 매우 불만스러웠지만 막상 안정된 일자리를 포기하고 공공연하게 다른 직장을 구하러 나서는 것은 두려웠다. 이 상황에서 그녀는 '사표를 내야 해, 말아야 해?'라는 제목으로 장단점을 정리한 리스트를 작성해볼 필요가 있었다. 이 리스트는 이직과 관련해 그녀를 가로막은 두려움('갑자기 사표를 내면 다른 사람들이 뭐라고 할까?' '다음 직장이 여기보다 못하면 어떡하지?')의 근간을 없애기 위해 중요했다. 마음이 괴로운 이유가 바로 직장에서의 지루함 때문이라는 사실을 인식하기까지는 오랜 시간이 걸렸다. 우리는 문제의 근본 핵심을 간파하지 못한 채, 그녀의 임상적 우울증clinical depression의 원인을 파악하려 애쓰고 있었다. 그러던 어느 날 그녀가 이렇게 말했다. "제가 사무실에서 엄청나게 지루해한다는 사실을 말씀드린 적이 있던가요?" 그리고 이 말은 그녀의 우울증을 치료하는 돌파구가 되었다.

업무시간 또한 인생의 일부라는 사실을 의식하자. 1분간 멍하니

앉아 있는 것은 인생의 1분을 허비하는 것이다. 그러므로 보어아 웃Boreout 증상이 의심될 때, 즉 업무적으로 능력을 발휘할 기회가 지나치게 적은 경우엔 모든 수단을 동원해 도움을 요청하는 것이 중요하다.

앞에서 소개한 내 친구 마르틴은 결국 사표를 냈다. 대형 로펌에 취직하기까지, 수년간 대학입학시험을 다시 치르는 악몽을 꾸던 그는 취직 후에는 다른 내용의 꿈을 꿨다. 꿈속에서 그는 커다랗고 멋진 사무실에 앉아 시계바늘이 천천히 움직이는 것을 지켜보아야 했다고 한다. 이제 그는 이렇게 말한다. "내 인생의 6개월을 앗아간 지루함보다 더 끔찍한 스트레스는 존재하지 않아."

꿈의 직장이란 존재하지 않아

코난 도일이 옳았다. 일은 절망을 극복하기 위한 가장 좋은 방법(혹은 적어도 매우 좋은 방법 중 하나)이다. 제대로 된 일을 하면 사람들에게 (경제적으로도) 인정받고, 자기 결정에 따라 행동할 수 있고, 스트레스 요인과 자원이 이상적으로 들어맞는다. 우리는 제대로 된 일을 해야만 능력을 능가하는 성과를 내고, 업무에 몰두하고, 저녁이 되면 "뭐야, 벌써 퇴근시간이야?"라며 놀란다.

마치 꿈의 직장에서나 할 수 있는 말처럼 들리는데, 실상은 꿈의 직장 이야기가 아니라 말 그대로 '아름다운 꿈'에 불과하다. 한 가지 분명히 해야 할 사실은, 어떤 일이 정말로 그토록 멋지다면 아무도 그 일에 보수를 지불하지 않을 것이라는 점이다.

그렇다고 해서 지금까지 다룬 내용을 모두 쓰레기통에 던져버리고, 열악하기 짝이 없는 현재 직장에 만족하며 조용히 살아야 한다는 건 아니다. 결코 그런 의미가 아니다. 일에 대한 보수는 고통에 대한 '위자료'가 되어서도 안 되며, 우리는 때때로 현실과 이상 사이에서 타협점을 찾아야 하고, 무엇이 정말로 중요한지 자문해보아야 한다.

인간에게는 행위의 기준이 되며, 직업 선택에도 결정적 기준으로 작용하는 3가지 주요 동기가 있다. 그중 하나는 성과동기, 즉 어떤 일을 특별히 잘하고자 하는 마음, 성취감을 느낄 만한 도전적 과제를 해내려는 마음이다. 두 번째는 권력동기, 즉 타인에게 영향을 미침으로써 의미 있는 사람이 되고자 하는 마음이다. 마지막 하나는 애착동기로, 긍정적인 인간관계를 구축하고 유지하고자 하는 마음이다. 이러한 동기는 개인의 성격적 특성이며, 그 사람이 어떤 목표를 지니고 있는지를 나타내준다. 물론 한 사람이 동시에 여러 동기를 지닐 수도 있지만, 보통은 한 가지 동기가 주가 되기 마련이다.

다음 항목에 0점부터 3점까지 점수를 매겨보자. 0점은 해당 항목이 내게 전혀 해당하지 않는다는 의미이고, 3점은 매우 정확히 해당한다는 의미다. 모든 항목에 점수를 매기고 난 후 각 동기별로 점수를 합산해보라. 그러고 나서 합산된 점수를 비교해본다. 어떤 동기가 가장 두드러지는가? 이 결과는 때로는 여러 동기가 활성화되지만 나의 동기가 대체로 어떤 방향으로 향하는지 그 경향성을 보여준다. 여기선 한쪽 방향으로만 절대적으로 치우치는 경우는 없다.

성과동기

- 나는 무언가를 연구하고 결과를 얻는 것이 중요하다.　0　1　2　3
- 나는 성과가 좋고 주위의 인정을 받는 것이 중요하다.　0　1　2　3
- 무언가를, 예컨대 공동체를 위해 '성취하는'
  것이 중요하다.　　　　　　　　　　　　　　　0　1　2　3

권력동기

- 나는 자기결정권을 갖는 것이 중요하다.　　　　0　1　2　3
- 나는 다른 사람을 이끄는 것이 중요하다.　　　　0　1　2　3
- 나는 스스로 결정을 내릴 수 있는 것이 중요하다.　0　1　2　3

애착동기

- 나는 다른 사람들을 돕는 것을 중요하게 여긴다.　0　1　2　3
- 나는 화목한 작업환경 속에서 일하는 것을
  중요하게 여긴다.　　　　　　　　　　　　　　0　1　2　3
- 나는 다른 사람들의 안녕이 중요하다.　　　　　0　1　2　3

이제 당신의 직업과 업무를 한번 살펴보라. 가장 중요시하는 동기가 직업과 업무를 통해 충족되는가?

바로 이 문제 때문에 내 친구는 객관적으로 나무랄 데 없이 훌

룽한 사무직을 포기했다. 친구는 흥미로운 업무를 진행하고 있었고, 근무시간도 편리했고, 동료들도 친절했다. "이 모든 좋은 조건이 아무 소용없다는 생각이 불현듯 들었어. 일일이 지시에 따라 업무 내용과 시간, 방식을 해야 한다는 게 너무 견디기 힘들었거든. 그래서 직장을 그만두고 독립했어." 이제는 어떤 계약을 체결하고, 이와 관련된 일을 언제 처리할 것인지를 직접 결정한다. 물론 동료들이 곁에 없어서 아쉽긴 하다. "하지만 여러 동료들과 개인적으로 친구가 되었기 때문에, 아직도 그들과 자주 만나. 요즘은 일하는 것이 훨씬 재미있어." 그녀가 말한다.

꿈의 직장이 아니더라도 그녀는 즐겁게 일하고 있다. 꿈의 직장이라니, 그런 건 세상에 존재하지 않는다.

그냥 약만 먹어도 낫지 않을까?

아마 당신 주변에도 심리적으로 문제가 있어서 항우울제를 처방받았지만, '심리치료사 나부랭이'를 만나는 것은 거부하는 사람이 한 명쯤은 있을 것이다.

따지고 보면 나름대로 일리가 있다. 우리는 여러 매체를 통해 다음과 같은 이야기를 수시로 접하기 때문이다. 매체 보도에 따르면 인간의 심리적 문제는 흔히 인간의 뇌 안에 있는 신호전달물질과 연관되어 있으며, 이 물질 간의 균형이 깨졌기 때문에 발생한다. 따라서 전문가가 이러한 조절나사를 제자리로 돌려놓으면, '정상적인 상태'로 다시 돌아오는 것은 단지 시간문제에 불과하다는 것이다.

사실일까?

유감스럽지만 그렇지 않다. 이렇게 말하는 이유는 내가 심리치료사로서 약을 처방할 수 없어서가 아니라, 다수의 연구결과가 정확히 이를 증명했기 때문이다. 관련 분야의 학자들은 심리질환을 단독으로 혹은 1차적으로 약물치료만 하는 것이 바람직하지 않다는 것을 확인했다. 가벼운 우울증 에피소드의 경우 심리치료가 약물치료보다 성과가 더 좋았다. 이 경우 약을 먹는 것보다는 이야기를 나누는 것이 환자에게 더 도움이 된다. 하지만 중증의 우울증이나 기타 심리질환의 경우에는 약 복용을 병행하는 것이 많은 경우 도움이 된다. 따라서 가장 이상적인 것은 의사가 심리치료사와 협의한 후에 약을 처방하는 것이다. 다수의 입원기관에서는 이러한 절차대로 진행되며, 응급치료의 경우에는 흔히 환자를 통해 정보가 오간다. 예컨대 심리치료사가 환자에게 정신과 전문의에게 상담을 받아보라고 권유하고, 정신과 전문의가 환자와 이야기를 나눈 후 필요한 약을 처방하거나, 혹은 반대의 순서로 진행된다. 하지만 여기에서도 의약품에 관한 결정은 의사의 소관이다. 의사는 심리치료가 끝난 후에도 약물치료가 계속 필요한지 체크한다. 향정신성 의약품은 인간의 핵심기관인 뇌에 작용하며 이에 상응하는 부작용이 뒤따른다. 여기서 약물치료의 장단점을 검토할 수 있는 것은 의사뿐이다.

이 밖에도 향정신성 의약품 사용이 불가피한 경우도 물론 있는데, 중증 우울증 혹은 정신병 증세로 환각이나 망상이 나타나는 경우가 이에 속한다.

의사에게 약을 처방받았으면 '상태가 안 좋다'고 느껴질 때만 약을 복용해서는 안 되며, 규칙적으로 복용해야 한다. 이러한 의약품은 효과가 흔히 서서히 나타난다. 따라서 '아무 변화가 없다'는 이유로 복용을 중단해서는 안 된다.

항우울증의 경우 복용량이 점차적으로 많아진다. 다시 말해서 시간이 얼마간 지나야 최대 용량을 복용하게 되고, 그제야 효과가 제대로 나타난다. 반면 체중증가, 성욕감퇴, 심한 발한 등의 부작용은 대부분 약을 복용하고 나서 처음 몇 주 내에 감지된다. 이에 관한 정확한 설명은 전문의와의 상담을 통해서만 들을 수 있다. 한 가지 확실한 사실은 향정신성 의약품은 근본적으로 피임약과 마찬가지로 규칙적으로 복용해야 효과가 있다는 것이다.

일단 규칙적인 약물치료가 시작되면 해당 약물의 의존성에 대해서는 걱정할 필요가 없다. 향정신성 의약품은 의존성이 없지만, 그럼에도 불구하고 어떤 날은 복용을 거르고 그 다음 날 두 배로 먹어서는 절대 안 된다. 금단현상이 일어날 것을 우려해서가 아니라, 단지 환자의 뇌가 약을 통해 변화된 상황에 아주 서서히 적응해야 하기 때문이다.

반면 진정제와 수면제는 의존성이 있다. 이러한 의약품을 처방받았다면 규칙적으로 복용하는 것이 아니라 의사와 협의한 바와 같이 부득이한 경우에만 복용해야 한다.

물론 약이 잘 듣지 않는 경우도 있는데, 이럴 때는 의사가 다른 약을 처방해줄 수 있다. 복용을 건너뛰는 것부터 용량을 늘리는 것까지, 모든 변화는 의사와 협의해야 한다. 의사는 환자에게 가장 좋은 방안을 권고하는 전문가이므로 의사와 소통해야 치료가 성공할 수 있다.

이 대목에서 다시 한 번 중요한 사항을 짚고 넘어가자. 누군가 나와 유사한 증상을 보인다고 해서, 내가 복용하는 약이 그에게도 도움이 되는 건 아니다. 돌아가신 어머니가 매우 유사한 증상이 있었다는 이유로, 어머니가 드시던 약을 의사의 처방 없이 내가 끝까지 먹어치우는 것은 결코 바람직하지 않다. 개개인이 서로 다르듯이 각자에게 적절한 약은 모두 다르다. 향정신성 의약품은 목캔디가 아니다.

5장
거울아, 거울아……
외모 예찬과 집착, 광기

　　바비 인형을 닮고 싶고 개미처럼 잘록한 허리를 만들기 위해서는 갈비뼈 한두 대쯤 부러뜨리는 것까지 감수하는 여성들. 얼굴 전체에 피어싱을 하고 머리끝부터 발끝까지 우아한 호랑이 문신을 새긴 남성들. 신체에 대한 예찬과 광기를 거론할 때 우리는 이런 '덕후'들을 떠올린다. 정신 나간 사람들, 온몸에 여러 마리의 고양이를 휘감고 다니는 중년 여성들, 온몸을 근육 덩어리로 만들어버린 남성들. 사람들은 이 모든 현상이 '실제 삶'과는 동떨어진 것이라 생각하지만, 신체에 대한 광기어린 집착은 이미 오래전부터 일상에 침투해 있다. 신체 중 '보수가 필요한' 온갖 부위에 '공사를 진행'하는 사람들의 숫자는 2010년부터 급증해왔다. 흉하게 굽은 코를 반듯하게 다듬고 치아의 방향도 바꾼다. 그러고 나서는 지방을 조금 흡입한다. 엉뚱한 부분에 튀어나온 살을 남에게 보여줄 수는 없으니까. 이에 어울리는 가슴둘레를 위해 약간의 돈을 지출하여 가슴도 확대한다. 수술비가 부족하면 체코에 가서 수술을 받는다. 흡입해낸 지방은 유용하게 재활용할 수 있어서, 킴 카다시안의 엉덩이처럼 풍만한 엉덩이를 만들고, 음순을 풍성하게 만드는 성형술의 재료로도 활용한다. 이 정도의 번거로움쯤이야 감수할 만하지. 나는 소중하니까!

굳이 외과적 수술이 아니더라도 내 몸을 최상의 상태로 만들 수 있는 다양한 방법이 있다. 크로스핏 운동센터만 해도 우후죽순으로 생겨난다. 유튜브 스타 소피아 틸Sophia Thiel은 아주 간단한 운동을 조금만 하면 평범하고 통통한 모습에서 벗어나 식스팩, 아니 에이트팩을 장착할 수 있다고 구독자들을 독려한다. 게을러서 운동하는 것이 어렵다면 이른바 'A4 – 허리'가 될 때까지, 즉 허리가 A4 용지에 가려질 때까지 다이어트를 해야 한다. 2014년에 한창 사람들의 입에 오르내렸던 '비키니 브릿지Bikini Bridge'(비키니를 입고 누웠을 때 비키니 하의와 장골 사이에 생긴 틈 – 옮긴이)와 '사이 갭Thigh Gap'(너무 말라서 허벅지 사이가 떠 갭이 생긴 현상 – 옮긴이)은 요즘 사람들의 눈으로 보면 정말로 날씬한 것은 아니다.

한마디 덧붙이자면, 식스팩은 이미 오래전부터 남성들이 반드시 장착해야 하는 의무 사양이 되어버렸다. 최근 들어 '배가 나온 중년 남성Dad Bod'이 대단히 섹시하다는 예찬을 받고 있지만, 자기관리를 하는 남성이라면 열심히 엉덩이를 움직이며 운동해 마지막 하나 남은 근육까지 단련시킨다. 이들은 이런 '잔근육'들이 실질적으로 그다지 쓸모가 없다는 말에는 전혀 개의치 않는다. 이들에게 중요한 것은 완벽하게 손질된 풍성한 수염과 비싼 돈을 주고 땋아 내린 긴 머리카락에 어울리는 몸을 만드는 것이다.

내가 지금 현실을 과장하는 얘기를 하고 있을까? 그렇다고 할지라도 아주 조금 오버했을 뿐이다. 얼마 전 친하게 지내는 내과 전문의를 만났는데, 그의 말에 따르면 환자들의 CT를 찍어보면 두 명 중 한 명꼴로 보형물이 보인다고 한다. 이를 누가 생각이나 했겠는가?

얼마나 아름다워야 정상일까?

여기서 우리는 어디까지 선을 그어야 할까? 무엇이 '정상적인' 몰두이며, 어디부터가 광기어린 집착일까? 심리학자들은 사람들이 날씬하고 멋진 모습으로 세상에 나서고 싶어 하는 것이 잘못은 아니라는 사실을 오래전부터 알고 있다. 사람들은 전혀 무관하거나 상관관계가 적은 특성들을 연관 지어 인식하는 경향이 있다. 무슨 말이냐고? 예를 들어 어떤 사람이 예쁘면, 흔히들 그가 다른 사람보다 상냥하고 친절할 거라고 여긴다. 또한 키 크고 몸매가 균형 잡힌 사람을 보면 성공한 사람이라고 인식한다. 예를 들어 보자. 솔직히 말해서 배우 조나 힐Jonah Hill을 〈더 울프 오브 월스트 리트The Wolf of Wall Street〉의 주인공으로 발탁했다면, 이는 잘못된 캐스팅일 것이다. 성공한 사람의 일반적인 이미지로는 어울리지 않는 배우라서다. 퉁퉁한 체격의 유쾌한 조나 힐은 이 영화에서 조수 역할에 어울릴 뿐이다. 이러한 현상은 '후광효과'라고도 불리며 20세기 초부터 알려지기 시작했다. 미국의 심리학자 에드워드 리 손다이크Edward Lee Thorndike와 고든 올포트Gordon Allport는 제1차 세계 대전 당시 고전적인 실험을 실시했는데, 그에 따라 장교들은 군인을 평가해야 했다. 실험 결과에 따르면 장교들은 잘생기고 자세가 바른 군인이 상대적으로 사격도 잘하고 군화도 더 깨끗이 닦을 뿐만 아니라 연주도 더 잘할 거라고 확신했다.

이 실험은 사람들이 본래 전혀 상관관계가 없는 것들을 연관 짓는다는 사실을 보여주지만, 이러한 선입견과 고정관념이 전혀 터무니없는 것은 아니다. 면접을 보러 갈 때 최대한 단정히 차려입고 머리도 매만져야 하는 것도 이 때문이다. 우리는 외모를 토대로 그 사람의 내적 가치와 근무방식을 유추하기 때문이다. 지저분한 신발을 신고 면접장에 들어오는 사람은 다른 분야에서도 게으르고 엉성할 수 있기 때문이다. 이러니 우리가 외모를 중요시할 수밖에 없지 않겠는가?

신체에 대한 예찬과 광기 때문에 일상에서 불편함을 느끼기 시작하면, 문제가 된다. 외모로 인해 삶을 견디기 힘들어진다면, 문제가 된다. 이쯤 되면 심리치료사가 개입할 시점이다.

병적인 강박인가
아니면 정상 범주인가?

심리적 장애를 실제로 입증하려면 정신질환의 진단 및 통계편람DSMDiagnostic and Statistical Manual for Mental Disorders에 따라 다수의 엄격한 기준이 충족돼야 한다. 예를 들어 '신경성 식욕부진증'이라고도 알려진 거식증의 경우 다음과 같은 기준이 충족되어야 한다.

- BMI지수 17.5 이하
- 신체적 원인 없이 금식을 하여 스스로 체중 감소를 초래함
- 신체규격에 대한 그릇된 인식, 즉 자신의 체형을 실제보다 뚱뚱하다고 인식함
- 내분비장애, 즉 호르몬장애. 여성의 경우 생리불순
- 체중 증가를 심각하게 두려워함

이와 같이 엄격한 기준을 감안하면, 심리질환의 여러 영역에서 환자가 증가세를 보이지 않는 이유를 알 수 있다. 이 영역에서 '정식으로 아픈' 환자의 수는 거의 변함없지만 (나의 극히 개인적인 추산에 따르면) 지난 수년간 '준임상적 영역'에 속하는 사람들은 분명히 증가했다. 이 책의 서두에서 언급한 사례, 즉 결혼을 앞두고 4주간 설사약을 먹고 살을 뺐다는 신부의 이야기를 듣고 아무도 놀라지 않는 것은 도대체 어찌된 일일까?

어떤 청년이 광적으로 피트니스에 집착해서 아나볼릭 스테로이드 과다 투여로 사망했는데, 그로부터 몇 주 후에 그의 가족이 '개가 죽은 건 단지 아나볼릭 스테로이드 때문이지, 약물에 중독됐던 것은 결단코 아니었어'라며 가족을 돌보지 못한 책임을 회피한다. 도대체 어찌된 일일까? 아나볼릭 스테로이드는 적어도 독일에서는 투여가 금지된 물질이 아닌가! 이는 임상적 영역을 넘나드는 심각한 문제다.

'하지만 이런 건 전부 내겐 해당되지 않아'라고 당신은 생각할 것이다. 정말 그럴까? 다음 항목을 읽어보자. 혹시 익숙하게 느껴지는 항목이 있는가?

- 내 몸이 마음에 들지 않는다.
- 사람들이 나를 어떻게 생각하는지 신경을 많이 쓴다.
- 만약 일주일 동안 운동을 하지 않으면, 몸이 보기 흉하게 변할 것 같아 겁이 난다.
- 사람들이 나를 좋아한다면 외모 때문일 것이다.

그리고 여성들만을 위한 마지막 항목

- 화장을 안 하고 동네 빵집에 가야 한다면 부끄러울 것 같다.

얼마나 많은 항목에 동의했는지? 어쩌면 당신도 외모를 완전히 초월한 사람은 아닐 수 있다……. 한 가지 덧붙이자면, 규칙적인 운동을 이야기할 때 심리학에서는 또 하나의 중요한 주제인 '강박'을 언급하게 된다. 분명 이미 다양한 유형의 강박에 관해 들어본 적이 있을 것이다. 예컨대 불결공포증은 이른바 '접촉전염공포증'이라고도 불리며 흔히 '씻고 닦는 강박'을 동반한다. 이보다 더 알려진 유형은 '확인강박'인데 당신도 분명 경험한 적이 있을 것이다. '가스 불을 껐던가? 확실히 껐던가? 다시 확인해야겠어……' 이렇게 가스레인지 쪽으로 되돌아가 다시 확인하고 나면 그 순간에는 마음이 놓인다. 하지만 이것이 거듭되면 당신의 뇌는 이렇게 학습한다. '다시 한 번 확인하는 것이 좋아. 필요하면 다섯 번이든 여섯 번이든 확인해야지!' 그런데 어디까지가 안전을 위한 당연한 조치이고, 어디부터가 심리적 장애에 속할까? 2주 이상을 거의 매일, 다음과 같은 강박적 사고 혹은 행동이 나타나지 않는다면 걱정할 필요 없다.

- 강박적 사고나 행동이 반복해서 나타나고 이 때문에 불쾌해진다.
- 한 가지 이상 과장되거나 부적절한 강박적 사고나 행동이 나타난다.
- 이러한 강박적 사고나 행동을 억제하려 하지만, 항상 의도대로 되지는 않는다.
- 강박적 행동 때문에 엄청 시간이 소요되거나(가스 불을 제대로 껐는지 수차례 확인하느라 날마다 한 시간 정도가 소요된다), 이러한 행동 탓에 부정적인 영향이(청결강박증 때문에 양손이 갈라지고 상처가 난다) 장기적으로 나타난다. 강박적 행동으로 삶이 힘들어진다.

만약 날마다 운동을 하려는 내적 욕구를 누르고 하루쯤 운동을 거르고 지인과 커피를 마시며 시간을 보낸다면, 당신은 강박증 여부와 관해 걱정할 필요가 없다. 하지만 현관문을 나섰다가 가스 불을 확인하러 다섯 번씩 되돌아오는 행동은 문제가 된다. 단지 두 번만 돌아왔지만 밖에서 가스 불이 오랫동안 신경 쓰인다면, 이 또한 전자의 경우와 별반 다르지 않다. 하지만 이쯤에서 다시 우리가 이야기하던 주제로 돌아가보자.

자신에게 한없이 가혹한

완벽한 외모에 대한 이러한 병적 집착이 어디에서 오는지를 설명하기는 쉽지 않다. 심리학의 다른 문제들과 마찬가지로 이 문제 또한 앞에서 언급한 바 있는 복합요인모델로 설명하는 것이 가장 적합할 것이다. 신경성 식욕부진증, 즉 거식증의 진행 과정을 여성 환자의 사례를 통해 살펴보자. 슈나이더는 스물한 살이며 대학에서 약학을 전공한다. 그녀는 매력적이고, 매우 날씬하고, 화장은 가볍게 한다. 보통 헐렁하고 캐주얼한 옷으로 마른 몸매를 커버한다.

우선 생물학적 요인을 살펴보자. 거식증 환자의 가족이 거식증에 걸리는 비율은 일반 사람들에 비해 상대적으로 매우 높다. 그 이유는 자명한데, 거식증 환자를 직접 접하며 함께 생활하기 때문이기도 하지만 한편으론 유전적 요인도 작용한다. 수년간 따로 살아온 쌍둥이의 사례 연구가 이를 입증해준다. 슈나이더의 경우도 이에 해당해, 그녀의 언니 또한 신경성 폭식증bulimia nervosa이라는 섭식장애를 갖고 있다. 이 밖에도 슈나이더는 머리가 매우 좋아 아이큐가 142인데, 이로 인해 그녀가 유전적으로 지니고 있던 완벽주의적 성향이 더욱 강화된다.

이어 개인적 요인을 보면, 이러한 완벽주의적 성향 혹은 낮은 자존감은 심리질환의 진행에 영향을 미칠 수 있다.

그 외에 사회문화적 요인은 사회에 만연해 있는 날씬한 몸매에 관한 이상적 기준, 가정과 또래집단, 즉, 친구들에게서 보고 배우는 식습관 등을 들 수 있다. 이러한 요인은 대부분의 여성에게도 거의 비슷하게 작용하여, 예컨대 〈독일의 차세대 모델〉이라는 서바이벌 프로그램은 어린 소녀들에게도 날씬한 몸매에 관한 이상적 기준을 심어준다. 또 여자아이들은 어릴 때부터 바비 인형을 가지고 놀기 시작하는데, 과체중인 바비 인형은 찾아볼 수 없다…….

가족적 요인의 경우는 상당히 개별적이며 각 가족관계의 특징이 요인으로 작용한다. 가족관계에 과잉보호와 갈등회피적 특징이 있는 경우에는 심리질환의 진행과 상관관계가 있다. 예컨대 슈나이더의 부모는 직업상 바빠서 집에서 보내는 시간이 적었다. 그래서 어머니는 가정에 소홀하다는 죄책감에 가족 간 화합을 과도할 정도로 중요시했고 자녀를 과잉보호했다. 딸들이 십대가 되어 친한 친구와 쇼핑하는 것을 훨씬 좋아할 무렵에도, 어머니는 주말마다 온 가족이 함께 가족 소풍을 가는 것을 원칙으로 삼았다. 이 밖에도 부모가 자녀에게 어떤 본보기를 보이는지도 매우 중요한 가족적 요인이 된다. 슈나이더의 아버지는 주임 의사였고 어머니는 대기업 간부였다. 부모는 아이가 어렸을 때부터 성인이 될 때까지 맡은 일에 좋은 성과를 내는 것이 아주 중요하다는 사실을 몸소 보여주었다. 이로 인해 슈나이더는 항상 성적이 우수했음에도 자신에 대해 지나치게 비판적인 사고방식을 갖게 되었다.

이처럼 여러 요인이 뒤섞여 잘못 인지된 기본적 견해가 형성될 수 있다. '모든 일을 완벽하게 해내야 해. 그렇지 않으면 나는 아무런 쓸모없는 사람이야.' '모든 사람에게 사랑받고 칭찬받아야 해.' 누가 보기에도 불편한 생각이지만 좀처럼 머릿속에서 떨쳐내기가 쉽지 않다.

의학적 치료가 필요한 정도가 아니더라도 심리질환은 이처럼 매우 개인적인 성격을 지니며, 모든 사람에게 각기 상이한 모습으로 진행된다. 이러한 심리질환의 발병 원인을 우리 사회 곳곳에 존재하는 '포토샵으로 가공된 완벽한 모델' 탓으로만 돌릴 수는 없지만, 우리 주변을 좀 더 눈여겨볼 필요는 분명 있다.

평균 여성의 체중은 66킬로그램

'모든 아름다운 여성에게'라는 제목의 글은 2003년 이후 섭식장애에 관한 영양 및 계몽 책자에 자주 인용된다. 그 내용을 보면 다음의 네 가지 항목을 다루고 있다.

- 슈퍼모델처럼 보이지 않는 외모의 여성이 30억 명이라면, 슈퍼모델급 외모를 지닌 여성은 단지 8명에 불과하다.
- 바비 인형이 만일 실존 인물이라면 네 발로 기어 다녀야 할 것이다. 인간이 바비 인형과 같은 비율의 몸매를 지녔다면 직립보행이 불가능하기 때문이다.
- 평균 여성의 체중은 약 66킬로그램이다.
- 20년 전에는 직업모델의 체중이 평균 여성의 체중보다 8퍼센트 정도 가벼웠던 반면, 오늘날 직업모델의 체중은 23퍼센트 정도 가볍다.

추측컨대 이러한 수치는 그 사이에 또 바뀌었을 것이다. 오늘날 여성들은 42사이즈를 입는다는 사실을 부끄러워하지만, 이는 한때 마릴린 먼로같이 아름다운 여성의 이상적인 치수였다. 하지만 세월이 바뀌어 (깡마른 모델만 입을 수 있는 치수인) 사이즈 제로Size Zero가 부유하고 아름다운 여성들의 로망이 되었다. 또한 고화질 HD 화면에서도 완벽한 피부를 연출하는 메이크업으로 단장한 연예인들을 보면서 시청자들은 모공이 두드러진 자기 피부를 시급하게 교정해야 할 비정상적 현상이라고 착각한다. 이러한 상황에서 한때 이상적이라 여겨졌던 치수 따위는 누구에게도 관심을 끌지 못한다.

사람들이 이처럼 잘못된 생각을 하는 이유는 요즘 우리 사회에 팽배해 있는 확신, 즉, '당신이 원하기만 하면, 완벽할 수 있다'라는 맹목적인 확신 때문이다. 열심히 일하고, 자제하고, 노력하고, 투쟁하고, 마음을 강하게 먹기만 하면, 완벽해질 수 있다는 것이다.

이처럼 모든 것을 변화시키고 최적화시킬 수 있다는 '확신' 때문에 사람들은 가장 이상적인 자아에 도달해야 하며, 이를 위해 최선을 다해 노력해야 한다는 엄청난 압박에 시달린다. 그리고 직장생활이나 연인 혹은 친구관계에서 모든 것이 완벽하지 않다면, 적어도 내 몸뚱이만이라도 관리해야 한다는 압박을 받는다.

정말로 그래야 할까?

그렇지 않다. 나는 이 점을 환자들에게 누누이 강조한다. 오늘날 우리 사회에는 누구나 마음만 먹으면 원하는 체중을 가질 수 있다는 견해가 널리 퍼져 있는데, 많은 전문가들은 이에 반해 이른바 세트 포인트 이론Set Point Theory을 주장한다. 이 이론에 따르면 우리에게는 각자 최상의 컨디션을 만들어주는 최적의 체중이 존재하며, 우리 몸은 이 체중을 유지하기 위해 집요하게 애쓴다는 것이다. 논란이 분분한 이 이론의 팩트를 확인하기 위해 수많은 연구자들이 여러 해 전부터 노력하고 있다. 그리고 실제로 다수의 연구에 따르면, 인간이 극도로 많은 칼로리를 섭취하더라도 그에 상응하여 체중이 증가하지는 않는다고 한다. 또한 다이어트를 할 때도 인간의 몸은 자신의 '이상적인 상태'를 회복하려 애쓴다.

피트니스 트레이닝을 극단적으로 시행할 때에도 이와 유사한 현상이 나타난다. 물론 트레이닝을 통해 근육을 키울 수는 있다. 하지만 이상적인 체격을 유지하려면 평생 동안 집중적인 트레이닝을 영원히 지속해야 한다. 그렇지 않으면 근육이 지방으로 변하고, 완벽한 식스팩 근육질은 어느새 배불뚝이로 전락하고 만다. 이보다는 차라리 피트니스를 시작하기 전의 깡마른 몸이 나을 수도 있다.

내가 하고 싶은 이야기는 이러하다. 본래 인간은 원하는 모든 것을 이룰 수 없으며, 이러한 사실을 내 환자와 나의 독자인 당신에게 알려주는 것이 내게는 매우 중요하다. 심리치료에서는 이를 '심리교육'이라 일컫는다. 여기에서 사람들이 이해해야 할 세 가지 사항이 있는데 첫째, 인간은 자신이 원하는 모든 것을 이룰 수 없다. 둘째, 몸이 날씬해진다고 해서 반드시 더 행복해지지는 않는다. 셋째, 보기 좋은 몸이 반드시 더 건강한 것은 아니다. 최근 덴마크에서 행해진 연구에 따르면 현재 체질량(BMI) 지수가 27 정도인 사람들의 기대수명이 가장 길다고 한다. 물론 여기에는 여러 요인이 함께 작용하므로, BMI 지수 27에 도달하기 위해 부족한 체중 20 킬로그램을 불리려 애를 쓸 필요는 없다. 하지만 분명한 사실 하나는 BMI 지수 17.5가 이상적인 수치는 아니라는 것이다.

완벽하지 않아도 완전 괜찮아

이 대목에서 나의 목표는 환자들에게 다시 현실적인 신체상을 심어주는 것이다. 이들은 현실에 대한 감각을 완전히 잃어버린 경우가 대부분이기 때문이다. 이들에게 현실 감각을 되찾아주기 위해 밧줄을 사용하는 훈련법이 있다. 즉, 밧줄을 사용하여 허리둘레를 가늠해보도록 하는 방법이다. 이에 앞서 환자들로 하여금 눈앞에 놓여 있는 의자의 둘레를 실제로 측정하지 않고 밧줄로 가늠케 하여, 물체의 길이를 가늠하는 자신의 능력이 나쁘지 않다는 사실을 확인하게끔 한다. 그런데 환자들은 정작 자신의 허리 둘레는 의자의 경우와는 달리 제대로 가늠하지를 못한다. 다시 말해서 이들은 자신의 몸을 실제보다 훨씬 뚱뚱하다고 여긴다. 희한한 일이다. 그렇지 않은가?

당신 생각에 당신은 아직 이 정도까지는 아닌 것 같겠지만, 재미 삼아 한 번 이 훈련법을 시행해보시길. 이 장을 읽으면서 자신이 완벽한 신체를 추구하고 있다는 생각이 든다면, 앞으로 소개할 몇 가지 훈련법을 이행해보면 도움이 될 것이다.

자존감을 높이기 위한 간단한 훈련부터 시작해본다. 알다시피 자존감이 낮은 사람은 매사에 완벽해야 한다는 압력에 상대적으로 쉽게 굴복하기 때문이다.

다음의 질문을 자문해보자.

- 내 몸 중 어떤 부분이 마음에 드는가?
- 지금까지 살면서 내가 달성한 것은 무엇인가/나는 무엇에 자부심을 갖고 있는가?
- 내가 정말로 잘할 수 있는 일은 무엇인가?

여기에서 중요한 것은 아무것도 평가절하하지 않는 것이다. 이 훈련에는 '하지만'이라는 단어가 존재하지 않는다. 단지 긍정적인 측면만 언급하라.

앞에서 소개한 바와 같이 그릇된 사고패턴의 정체를 밝히는 것도 도움이 될 수 있다. 예컨대 "뚱뚱하고 못생겼기 때문에 모두들 나를 쳐다봐"라고 말하는 사람에게 "아니야, 그렇지 않아. 넌 뚱뚱하지도 않고 못생기지도 않았어"라고 말하는 것은 별 도움이 안된다. 상황은 다소 다를 수 있지만, 이런 말이 전혀 소용없다는 것은 우리 모두 언젠가 체험한 바 있을 것이다. 그러므로 시간이 좀더 걸린다 해도 한 발자국 더 나아가야 한다.

다음에 소개할 훈련법을 이행하기 위해 종이 두 장을 준비한다. 첫 번째 종이에 당신이 실제로 뚱뚱하고 못생겼다는 것을 입증해주는 모든 증거항목을 적어보라. 이때 당신이 제시하는 '증거'가 실제로 '증거'능력이 있는지 변호사에게 확인받아야 한다고 상상하면서 객관적인 태도를 유지해야 한다. 충분히 시간을 두고 당신이 제시한 증거를 검토해보라. 그러고 나서 두 번째 종이를 펴서 앞의 주장에 반하는 '반대증거'를 객관적으로 떠올려본다. 경험에 비추어볼 때 두 번째 종이를 채우는 것은 상대적으로 힘들어 얼마간의 노력이 필요하지만, 노력하는 만큼 더 많은 자료를 얻어낼 수 있다. 친한 친구를 '증거 수집' 과정에 참여시킬 수도 있다. 이 훈련의 목적은 당신이 못생겼음을 입증하는 자료를 모두 차단해버리는 것이 아니라, 자신에 대한 '공정한 시선'을 갖도록 돕는 것이다.

이 훈련은 다음과 같이 다양한 사고패턴에 적용할 수 있다.

"오늘 트레이닝을 가지 않으면 내일은 찐빵처럼 살이 쪄 있을 거야."

"휴가 전에 3킬로 정도 빼지 않으면 수영장에서 모두들 나를 보고 비웃을 거야."

"헤어젤을 바르지 않고 어떻게 집 밖에 나갈 생각을 한담."

이 밖에도 지금까지 소개한 방법과는 완전히 다른 형태의 훈련법이 있다. 선불교와 명상에서 흔히 취하는, 사물을 판단하지 않고 수용하는 참선의 자세는 얼마 전부터 심리치료에도 도입돼 성공적인 결과를 거두고 있으며 그 효과는 학술적으로도 입증되었다. 이같은 방식으로 마음을 다스리는 원리와 관련하여, 당신도 분명 '온전한 집중'이라는 표현을 들어본 적이 있을 것이다. 자주 인용되는 다음의 우화는 이 원리를 가장 명백하게 설명해준다.

선불교 승려에게 제자들이 물었다.

"스승님은 왜 항상 매사에 만족하고 행복해하십니까?"

선불교 승려가 대답했다.

"나는 일어날 때 일어나고, 걸을 때 걷고, 앉을 때 앉고, 먹을 때 먹고, 사랑할 때 사랑하지……."

"하지만 그런 것은 저희도 합니다. 그것 말고 또 무엇을 하십니까?"

"나는 일어날 때 일어나고, 걸을 때 걷고……."

"스승님! 하지만 그런 것은 저희도 합니다."

그러자 승려가 대답했다.

"그렇지 않다. 너희는 앉을 때는 이미 서 있고, 설 때는 이미 뛰고 있고, 뛸 때는 이미 목적지에 가 있지."

이것이 바로 '온전한 집중'이다. 성취지향적 사회에서 살고 있는 사람들은 항상 멀티태스킹과 고효율을 목표로 하라고 배우는데,

이는 현재의 것에 온전히 집중하는 자세와는 정반대다. 온전히 집중하는 훈련의 목적은 어떤 상황이나 감정 혹은 생각을 평가할 필요 없이, 지금 이 자리에 온전히 머무는 법을 배우는 것이다. 이는 완벽을 갈망하는 우리의 핵심적인 문제다. 우리는 타인이 나를 어떻게 생각하는지, 내 행동이 외부에 어떤 영향을 미치는지를 끊임없이 신경 쓴다.

이처럼 남의 시선에 신경 쓰지 말고 자신의 내면으로 한 발자국 물러나 잠시 동안―2분 정도(알람을 맞춰두고!)―자기감정을 온전히 받아들인다. 자신을 끊임없이 평가하지 말고, '이것이 옳은 것인지, 잘못된 것인지' 수시로 자문하지 말고, 자신의 감정에 온전히 몰입해보라. 자신을 평가하지 않으면 잘못된 평가를 내릴 위험도 없다. 이런 성가신 생각들로 자신을 들볶은 적이 있는가? 무언가가 생각대로 안 될 때 '나한테는 늘 이런 일이 생겨'라고 생각한 적이 있는가? 정말 아무 도움도 안 되는 생각이다. 이런 생각이 들 때는 그 생각을 그냥 그 자리에 놔두고 그저 아무 의미 없는 자모의 연속에 불과하다고 간주하면 어떨까? 더도 덜도 아닌, 글자들의 연속일 뿐이라고 생각한다. 생각을 어떻게 평가하느냐에 따라 엄청나게 끔찍한 것이 되기도 하고, 매우 불편하거나 귀찮은 것이 되기도 한다. 내 생각을 잠시 관찰해보자. 그러면 (예를 들어 '이런 멍청한 훈련법이 있다니' 등등) 새로운 생각이 떠오를 것이다. 이때 그것에 어떤 평가도 내리지 말고 그대로 둘 것. 이를 반복하다 보면 어느 순간 생각 '내려놓기'가 훨씬 수월해질 것이다. 단, 이러한 방식으로 생각을 다루기 위해서는 어느 정도의 연습과 훈련이 필요하다. 예를 들어 평온한 상황에서 생각이라는 내면적 프로세스에 온전히 집중해 감지하는 연습을 해보라. 평소에 이런 훈련이 되어 있으면 힘든 상황에서도 내 생각을 좀 더 수월하게 온전히 감지할 수 있다. 때로는 무언가를 실제로 해보고 도전하는 것만으로도 충분하다. 이는 근본적으로 행동치료의 핵심이기도 하다. 말만 하지 말고, 생각만 하지 말고, 행동하라!

가끔은 화장하지 않은 맨얼굴로, 혹은 헤어젤을 바르지 않은 상태로 동네 빵집에 다녀오라.

머리카락이 헝클어진 상태로 놔두어보라.

종종 몸에 좋지 않은 음식을 먹어보라.

일주일 정도 피트니스 트레이닝을 쉬어보라.

다른 사람들은 아마도 당신의 이러한 변화를 알아채지도 못할 것이다. 이런 행동을 한다고 해서 나쁜 사람이 되는 것은 결코 아니며, 오히려 좀 더 행복한 사람이 될 뿐이다. 행복에 관한 연구가 밝혀낸 사실이 있다. 사람들이 진정으로 행복을 느끼는 것은 완벽해질 때가 아니라, '나는 완벽하지 않다'는 사실을 알 때라는 것.

완벽하지 않다는 것은 본래 아주 근사한 일이다.

6장
나는 어른이 되고 싶지 않아!

캥거루족의 심리

당신은 자신이 어른 같은가? 동일한 질문을 조금 달리 표현해보자. 당신은 '어른'이 무엇이라고 생각하는가?

만약 당신이 법률가라면, 이 질문에 쉽게 대답할 것이다. (독일의 경우) '성년'이라는 의미의 어른은 태어난 지 열여덟 번째 해가 끝나는 시점부터다. 형법상에서는 스물한 번째 생일을 맞아 정말로 완전한 어른이 되기까지는 아직 '성장 중인 사람'으로 간주된다.

하지만 여기에서 다루려는 것은 이런 형식적인 측면이 아니라 다음의 질문에 관해서다. 누군가 자신을 어른이라고 주장할 수 있으려면 어떤 발달과업을 충족한 상태여야 할까? 당신의 생각은 어떠한가? 어른으로 불리려면 어떤 과업을 달성해야 하는지, 개인적인 생각을 5분간 정리해보시라.

이제 당신의 브레인스토밍 결과를 함께 살펴보자.

짐작컨대 그 목록에는 어른으로서 의미 있는 직업을 가진 상태여야 한다는 것이 포함돼 있을 것이다. 한 곳에 정착해야 한다는 것도 있을 수 있다. 이성 파트너와 지속적인 관계를 유지하는 것 또한 선택 목록 중 하나일 수 있다. 혹은 부양해야 할 자녀를 낳아 새로운 세대를 '생산'하는 것이 진정한 어른으로서 할 일이라고 생각할지도.

이상의 기준은 실제로 '어른'과 관련하여 대부분의 사람들이 떠올리는 일반적인 항목이다. 이 기준으로 본 어른은 현재 50세 전후인 X세대의 전형적인 모습이다. 이들의 첫 직장은 정년이 보장된 정규직이고, 스무 살에 결혼을 하고, (계획했든 안 했든) 첫 아이를 낳고 자기 집을 갖고 더 많은 자녀를 낳는다. 그리고 이 모든 것을 만 30세가 되기 전에 이룬다.

어른 되기,
하지만 어떻게?

내가 속한 세대인 Y세대, 즉 현재 30대들의 모습은 이와는 다르다. 요즘 세상에 서른 살에 직업적으로 자리잡은 사람은 행복한 사람이다. 우리 중 많은 이들은 여전히 계약직을 전전하고 있으며 '지금과는 완전히 다른, 새로운 일'을 찾아봐야 할지를 고민한다. 장소와 관련해서도 어느 한 곳에 묶여 있는 경우가 드물다.

외국대학에 교환학생으로 한두 학기 다녀오거나 학업을 이수하고 일자리를 쫓아다니느라 좀처럼 한 곳에 머물기 힘들다. 부모님 집에는 어린 시절부터 쓰던 방이 예전 모습 그대로 정돈돼 있고, 그 집은 앞으로도 오랫동안 나의 '베이스캠프'로 남을 것이다. 애정관계 상황도 이와 유사하다(이에 대해서는 제7장에서 좀 더 상세하게 다룬다). 서른 살에 자녀를 둔 사람은 스스로를 자책하게 될 게다. 일찍 자녀를 낳는 건, 적어도 대학교육을 받은 사람들 사이에서는 바람직한 일이 못 된다. 그토록 일찍 아이를 낳아서 제 발목을 옭아매 인생의 황금기를 망쳐버리다니, 왜 그렇게 멍청한 짓을 한단 말인가?

섣부른 고정관념을 갖기 전에, 심리학은 '어른이 되는 것'을 어떻게 규정하고 있는지 살펴보자. 인간의 생애를 여러 단계로 분류하려는 시도는 오래전부터 있어왔다. 아테네의 정치지도자이자 시인이었던 솔론Solon은 인간이 7년을 주기로 발달을 거듭한다고 보았고, 플라톤과 아리스토텔레스는 인간의 생애를 청년기, 중년기, 노년기로 구분했으며 프톨레마이어스Ptolemaeus는 인생을 7단계로 나누었다. 이러한 방식의 분류는 모두 순전히 이론적인 성격을 띤다는 공통점이 있다.

현대 심리학은 인간의 발달과업을 설명할 때 이와는 다른 방식으로 접근한다. 심리학자들은 어떤 발달단계에서 어떤 과업을 달성해야 할지를 확실한 데이터 자료를 토대로 규명하려 한다. 물론 현대 심리학 또한 이론적 고찰과 배경을 배제하지는 않지만, 이러한 고찰이 실제로 현실을 반영하는지를 검토하는 데에도 항상 초점을 둔다.

로버트 제임스 하비거스트Robert James Havighurst, 장 피아제Jean Piaget, 에릭 에릭슨Erik H. Erikson 등은 20세기에 들어와 인간의 발달 단계에 관한 모델을 개발했다. 그런데 여기에서 큰 문제점이 하나 눈에 띈다. 철학자 키에르케고르Soren Kierkegaard는 전반적인 삶에 관해 '우리는 앞을 바라보며 살아야 하는데, 정작 지난 것만 이해 하는 데 주력한다'라고 이야기한 바 있는데 이는 심리학에도 그대 로 적용된다. 다시 말해 심리학자들이 토대로 삼는 모든 이론적 모 델은 당연히 과거의 데이터 자료를 바탕으로 한다. 시간의 흐름과 함께 세상은 때로는 많게, 때로는 적게 변화를 거듭해왔다. 그렇기 때문에 내가 정확히 짚고 넘어가려는 것은 당신 삶이 어떠해야 한 다는 따위가 아니다. 심리학적 이론을 토대로 '어른이라는 것'의 기 준은 무엇인지, 혹은 과거에는 무엇이 기준이었는지를 단지 아무 가치 판단 없이 이야기하고 싶을 뿐이다. 여기에서 벗어나는 삶 또 한 여기에서 거론되는 삶과 마찬가지로 똑같이 정상적인 삶이다.

평생의 배움

에릭슨이 설명한 인간의 발달과업을 다시 찬찬히 살펴 보자. 내 개인적인 견해로는 인간의 발달과업에 관한 에릭슨의 이 론이 이 장의 내용에 가장 정확하게 부합한다. 그의 이론은 하나의 지침만 강조하는 것이 아니라, 상이한 측면 간에 균형을 찾는 것을 중요시하기 때문이다. 좀 더 '심오하게' 표현하자면, 에릭슨에게 있어서 인생의 관건은 자신의 '내적 중심'을 찾는 것이다.

심리분석가 에릭슨은 1966년에 저서 《정체성과 생의 주기》를 출간했으며 현재 그의 이론은 발달심리학의 모든 표준교재에 실려 있다. 에릭슨은 이 책에서 성인의 삶으로 넘어가는 과도기뿐만 아니라 인생 전반을 다루면서, 인간이 발달과업을 달성하는 것은 다수의 모순적 체험을 소화시키는 것이라 설명했다. 예를 들어 아이는 생후 첫 해에 어머니가 자신을 돌봐준다는 믿음을 습득하는 동시에, 항상 곁에 있는 것은 아니라는 사실을 이해한다. 또한 그후 여러 해 동안 자기가 이룰 수 있는 일이 얼마나 많은지를 인식해가는 동시에, 다른 한편으로는 실패와 패배를 받아들이는 법을 익힌다.

이러한 과정은 구체적으로 어떤 모습일까? 다음 사례를 꼼꼼히 살펴보자.

리자는 아기였을 때 엄마가 스킨십, 먹고 마시는 것, 사랑에 대한 욕구를 충족시켜준다는 것을 체험하며 세상에 대한 탄탄한 신뢰감을 쌓는다. 시간이 흘러 엄마와 아빠가 항상 자기 곁에 있어줄 순 없음을 체험하면서 내가 세상의 중심이 아니라는 사실과, 이를 통해 한 걸음 양보하는 법을 배운다. 이런 과정을 거치면서 리자는 이후 여러 해 동안 자신의 능력을 신뢰하며 새로운 도전을 수용하고, 여러 가지 새로운 일을 과감하게 시도할 능력을 갖추어간다. 리자는 운동을 하고, 그림을 그리고, 악기도 연주한다. 동시에 때때로 무언가가 원하는 만큼 완벽하게 되지 않을 때라도 이를 수용하는 능력을 키운다.

이러한 '위기', 즉 새로운 심리 능력을 습득해야 하는 위기 상황의 극복은 이후의 발달과업 달성을 위한 전제조건은 아니지만 매우 큰 도움이 된다. 이전 발달단계에서의 경험은 상위 단계에서의 위기를 극복하는 데 사용된다. 이는 언어를 습득하는 것과 유사하다. 언어 습득은 처음에는 간단한 단어 몇 개로 시작되고, 그 다음에 문법이 추가되고, 어느 순간 모든 것이 하나로 어우러지고, 최적의 경우 자연스럽게 말하게 되는 것이다. 단어나 문법 익히기를 소홀히 한다면 결코 물 흐르듯 자연스럽게 말할 수는 없겠지만, 그렇다고 해서 의사소통을 할 수 없는 것은 아니다.

에릭슨의 발달모델에 따르면 인간은 청소년기에 안정된 정체성을 찾으려 애쓴다. 나는 누구인가? 내가 원하는 것은 무엇인가? 나는 어떤 정치적 견해를 지니고 있는가? 나는 무엇을 찬성하고 무엇을 반대하는가? 인간은 어렸을 때 자신이 속한 가정의 가치와 규칙을 일방적으로 이어받는다. 사춘기가 되면 자신이 이 밖의 가치와 규칙을 따를 수도 있다는 사실에 처음으로 눈을 뜬다. 이전 단계에서의 긍정적 경험이 많을수록, 청소년들은 자신의 정체성을 수월하게 찾는다. 리자가 당연하다는 듯이 육상팀에 가입한 것도 아마도 어렸을 때부터 남보다 더 빠르고 튼튼하다는 사실을 확인했기 때문일 것이다. 리자는 육상팀에서 다른 팀원들과 함께 능력을 기르며 '훌륭한 운동선수'로서 건강한 자존감을 발달시킨다.

성인이 된 후 몇 년간 달성해야 할 과업은 이성과 1 대 1로 친밀한 교제를 하고 탄탄한 파트너 관계를 유지하며 상대방에게 자신

을 여는 동시에, 파트너와 단둘이 세상과 동떨어져 사는 것이 아니라 세상과 더불어 건강한 관계를 유지하는 것이다. 이것이 리자에게 의미하는 바는 이러했다. 18세부터 알아왔으며 어쩌면 남은 생을 함께할 마르틴을 바라볼 때, 그가 자신을 외롭지 않게 해줄 완벽한 왕자님 혹은 그녀가 세상에 존재할 새로운 이유라고 여기지 않고, '단지' 삶의 빈자리를 채워줄 소중한 존재로 여기는 것이다.

다음 차례의 과업이 이제 무엇일지는 누구나 짐작할 수 있을 것이다. 짐작대로 이제는 가정을 꾸리고 다음 세대를 키워낼 시기가 시작된다. 에릭슨은 이를 '생산성'이라 표현한다. 하지만 아무 걱정 마시길! 리자가 지금 당장 어머니가 되어야 한다는 말은 아니다. 리자는 어머니가 되기까지 아직 몇 년간 시간을 둘 참이다. 대신 자신이 속한 육상 클럽에서 유소년 팀을 맡아 차세대 육상선수들을 육성한다.

이것이 전부가 아니다. 나이가 들고 나서도 우리에게는 도전적 과업이 주어진다. 구체적으로 말하면 이 과업은 바로, 내 삶이 오직 한 번뿐이며 언젠가는 끝난다는 사실을 받아들이는 것이다. 삶에서 만나는 좋은 일도 나쁜 일도 영원히 계속되지는 않는다. 리자처럼 이미 다른 발달과업을 성공적으로 달성한 사람은 이 과업 또한 수월하게 감당할 것이다. 이처럼 중요한 마지막 과업을 달성하지 못하면, 결과적으로 삶에 실망하고 불만을 갖게 된다. 이 책의 마지막 부분에 인간의 마지막 주요 발달과업에 관한 작은 팁이 수록돼 있다.

자, 지금까지 인간의 발달과업을 살펴보았다. 삶이 제시하는 이러한 시험에 합격하지 못한 사람은 인생에서 실패한 것일까? 절대 그렇지 않다!

관점을 바꿔보면

앞서 설명한 인간의 발달과업에 관한 이야기로 돌아가 보자. 이와 관련된 이론은 과거의 경험과 지식을 토대로 한다. 반면 현재 우리 사회에는 새로운 현상이 나타나고 있는데, 이러한 현상을 두고 사람들은 흔히 "지금 마흔 살은 예전의 서른 살과 마찬가지야"라고 말한다. 심리학자들은 이러한 현상을 '이머징 어덜트

후드Emerging Adulthood', 즉, 청소년과 어른의 사이 어딘가에 위치하는 새로운 발달단계라 부른다. 이러한 과도기적 시기가 나타난 것은 인간의 수명이 과거보다 길어졌기 때문이기도 하다. 이 문제를 좀 더 자유로운 시각으로 다루어보자. 그리고 지난 수년간 혹은 수십 년간 우리 사회에서 어른들의 '평균적인' 삶에 어떤 비중 있는 변화가 일어났는지 생각해보자. 특히 에릭슨이 어른의 삶으로 들어가기 위한 3가지 과업이라 규정한 것, 즉 안정적인 정체성 확립, 이성과 지속적인 관계를 유지하려는 마음가짐, 다음 세대에 대한 관심과 관련된 변화를 살펴보자.

과거에 비해 오늘날은 이러한 발달과업을 여유 있게 달성하기가 훨씬 어려워진 건 분명하다. 청소년은 성적인 측면에서 점점 더 일찍 성숙하지만, 이들의 교육과정은 과거보다 훨씬 더 오랫동안 이어진다. 게다가 청소년의 진로가 수년 혹은 수십 년 전처럼 명확히 제시되고 있는 것도 아니다. 이들이 선택할 수 있는 길은 과거에 비해 몇 배로 많아졌지만, 한 가지를 결정하기란 간단하지 않다. 제1장에서 언급한 과일잼 실험을 기억하시는지? 선택지가 많아지면 고뇌가 생기고, 그릇된 선택을 할까 두려워 아무것도 선택하지 못한다. 리자의 경우 이것은 구체적으로 다음과 같은 의미가 있다. 정말로 즐거워하는 것에 집중할 시간이 주어지지 않은 채 운동, 음악, 외국어, 미술 등 지나치게 다양한 활동으로 하루가 채워질 경우, 리자는 진정으로 원하는 활동에 매진하기 어려워진다.

남녀 교제라는 측면도 에릭슨이 규정한 3가지 과업 중 첫 번째 과업과 유사한 양상의 변화를 보인다. 우리 부모 세대에는 이른바

'똥기저귀를 차고 같이 놀던 소꿉친구와' 결혼하는 것이 흔한 일이었다. 하지만 요즘 누가 유치원 때 좋아했던 사람과 결혼하는가? 솔직히 말해서 당신도 리자의 예를 들었을 때 사랑하는 남자를 열여덟 살에 만났다는 말에 좀 놀랐을 것이다. 그렇지 않은가? 요즘은 누구도 사랑하는 사람을 언제 만나게 될지 알 수가 없다. 한 술 더 뜨자면, 사랑하는 사람을 만나 언젠가 결혼할 수 있을지조차 장담할 수 없는 세상이지 않은가!

상황이 이럴진대 자녀를 갖는 시점을 미루는 것은 당연하다. 잔 나 난니니처럼 쉰네 살에 아이를 낳을 수 있다면 더욱이 그러하다. 은퇴 연령까지 육아로 방해받지 않고 일할 수 있도록 직원들에게 난자를 냉동, 보관할 수 있는 꿈같은 기회를 제공하는 고용주도 많아졌다. 하지만 이는 주제에서 벗어난 문제이고……, 아무튼 이처럼 60대에 부모가 되는 사람들도 생겨나는 사회에서 자녀를 둔다는 건 이제 더 이상 '어른이 되었다'는 척도로 적합하지 않다.

이로써 다시 처음의 주제로 되돌아왔다. 지금까지 많은 이야기를 했지만 오늘날 '어른이 된다는 것'에 대해서는 여전히 명확하게 정의 내리기 힘들다. 심지어 '이걸 꼭 알아야 하나?'라는 의문까지 든다. 어른이 되어서 얻는 것이라곤 스트레스와 이런저런 성가신 일밖에 없지 않은가? 어른이 되는 것은 전 국민 모두가 버거워하는 문제이며, 어른임을 판단하는 기준 따위는 사람들의 관심 밖이다.

유감스럽게도 이는 그렇게 간단한 문제가 아니다. 공황장애나 섭식장애의 경우처럼 고통이 눈에 띄게 드러나지는 않지만, 놀랄 만큼 많은 젊은이들이 당면한 발달과업을 이루지 못해 괴로워하기 때문이다. 내게 상담을 받으러 왔던 한 청년의 예도 그러하다.

청년은 우울증 때문에 찾아왔지만 얼마 지나지 않아 매우 구체적인 일들이 그를 짓누르고 있다는 사실이 분명해졌다. 잘생긴 청년은 물리학과를 졸업한 후 당분간 아무것도 하지 않기로 마음을 먹고, 부모 집으로 돌아가 어렸을 때부터 사용하던 자기 방에서 지냈다. 여러 취미를 가졌던 그의 취미활동은 현실을 잊게끔 해주었다. 그는 단 한 번도 여자 친구를 사귄 적이 없었는데, 직업적으로 성공한 다음 연애를 하겠다고 생각했기 때문이다. 실업자로 머물러 있는 그에게 직업적 성공이 쉽게 찾아올 턱이 없었다. 그렇지만 자기충족감을 안겨줄 직업을 찾고 자녀를 갖고 여생을 함께 보낼 파트너를 찾는 것은 그의 오랜 숙원이었다. 엄밀히 말해 그는 전형적으로 할 일을 뒤로 미루는 유형이다. 단, 성가신 과제 하나가 아니라 발달과업 전체를 미루는 경우였다. 이로 인해 그는—우울증이라는 형태로—괴로워했다.

우울증은 그에게서 다음과 같은 형태로 발현됐다. 때로는 침울했다가 절망에 빠지기도 하고, 이런저런 생각에 몰두해 머릿속으로 자신의 미래에 관해 온갖 시나리오를 써내려가기도 했다. 그의 생각은 끊임없이 오락가락했다. '어쩌면 내가…… ~할 수도 있을 거야, 하지만 그러면…… ~하게 될 수도 있어.' 정해지지 않은 결과가 두려워서 그는 결국 아무 행동도 하지 못했다. 심리학자들은 이를 '수동적 적극성passive activity'이라 부른다. 즉, 청년은 실제로 아무 행동도 하지 않은 건 아니지만, 온갖 생각과 고찰은 결국 어떤 결과물로도 이어지지 않았다.

여태까지 중요한 발달과업을 달성하지 못했다고 해서, 내가 그와의 상담에서 '최대한 빨리 아무 여성이나 만나 자녀를 갖고 가정을 꾸리라'고 조언하지는 않는다. 당연하지! 그에게 중요한 것은 스스로 선택한 격리 상태에서 빠져나와 자신에게 주어진 여러 선택권 중 하나를 주도적으로 선택하여 실천하는 것이다. 이른바 수동적 적극성에서 탈피하여 능동적 적극성을 향해 나아가는 것이다.

정체성이라는 발전과업은 다음의 의미를 지닌다. 직업적으로 완전히 자리 잡지 못했더라도 인생의 일정한 시점이 되면 내가 어떤 사람인지, 가치관은 무엇인지, 무엇을 꿈꾸는지는 알아야 하며, 이를 실천하기 위해 매진해야 한다. 또한 함께 있으면 편안하고 나와 어울리는 친구 및 친지들 사이에서 자신의 자리를 확보해야 한다.

남녀관계와 관련한 발달과업을 달성하는 것은 반드시 유일하고 위대한 사랑을 찾아야 한다는 의미가 아니다. 하지만 내가 소중한 사랑을 맞이할 마음가짐이 되어 있으며 그만큼 성숙했음을 보여주어야 한다. 이와 동시에 부모로부터 독립하고, 어머니에게 집 청소를 시킨다거나 용돈을 타 쓰는 일은 없어야 하며, 서른 살이 되어 연봉 5,000만 원을 받으면서도 부모 집에서 기거하는 일은 자제해야 할 것이다.

'다음 세대'라는 과업에 관련해서는 이미 분명히 언급한 바와 같이, 나는 누구나 반드시 자녀를 출산하고 양육해야 한다고 생각하지는 않는다. 그보다 중요한 것은 '다음 세대를 길러내는 것', 즉 자신의 지식과 가치관을 다음 세대에 전승하는 것이다. 리자의 경우에는 육상팀을 통해서 이를 실천했다. 또한 직계자녀가 아니더라도 친척관계를 통해 '다음 세대를 육성'할 수도 있다.

즉, 발달과업의 달성과 관련해 이제 더 이상 부모와 조부모 세대의 잣대를 갖다대서는 안 된다. 이들은 과거에 흔히 자의가 아니더라도 특정 과제를 성취해야 했던 세대다. 우리가 해야 할 일은 발달과업을 새롭게 분류하는 것이지만, 그렇다고 해서 기존의 발달과업을 무시해서는 안 된다. 대부분의 젊은이들이 대놓고 말하지는 않지만, 실제로 앞에서 언급했던 발달과업을 '자신을 위해' 달성하기를 원한다. 그들은 이렇게 말한다. "물론 언젠가는 아이를 낳을 거예요." 혹은 "내가 즐겁고 오랫동안 성취감을 느끼는 일을 직업으로 삼을 겁니다." 그리고 나는 떠돌이 생활을 진정으로 좋아하는 사람을 지금껏 단 한 명도 본 적이 없다. 젊은이들의 이러한 생각과 태도는 에릭슨의 이론에도 부합한다. 즉, 때때로 우리는 과업의 이행을 단지 잠시 미루어 두거나 혹은 남들과 다른 방식으로 접근하는 것일 뿐이다.

젊은이들의 이러한 태도에는 장점도 있다. 예를 들어 요즘 젊은이들은 '평생 동안' 지속될 수도 있는 남녀관계에 예전 세대처럼 섣불리 발을 들여놓지 않는다. 이들은 '영원히' 자기 곁에 둘 사람을 좀 더 면밀하게 살펴본다. 자녀를 갖는 것과 관련해 이야기해보자. 내 경험에 따르면 나이가 많은 어머니들(반드시 잔나 난니를 가리키는 것은 아니다)은 이미 세상에서 충분한 경험을 했기 때문에 젊은 어머니들보다 상대적으로 매사에 좀 더 편안하다.

다양한 삶의 기회가 주어진 오늘날 분명히 인식해야 할 사실은, 아무 결정도 내리지 않는다고 해서 미래에도 이런 모든 기회가 그대로 남아 있는 것은 아니라는 것이다. 기회라는 기차는 때가 되면 우리 곁을 떠난다. 그럼 우리는 프로축구선수가 되거나 다섯 명의 자녀를 낳을 수 없다. 예를 들어 대학에서 일단 전공과목을 선택하면 다른 과목을 전공하는 것은 포기해야 한다. 어찌 보면 이로 인해 우리는 매우 편해진다. 모든 분야를 동시에 섭렵하려 애쓸 필요가 없으니 말이다.

고통은 받아들여야 끝난다

그럼에도 불구하고 결정을 내리는 것이 항상 쉽지는 않다. 우리는 결정의 순간을 앞두고 망설임과 고뇌의 시간을 보내며, 결정에는 흔히 고통이 뒤따른다. 하나의 결정을 내리는 순간, 다른 옵션들은 영원히 떠나보내야 하니까. 그 순간 도움이 되는 것은 '근본적인 수용'이다. 근본적인 수용이란 '단순히 시인'하는 것이 아니라, 더 이상 변화시킬 수 없는 것을 온전히 수용하는 것이다. 이는 미국의 심리학자 마샤 리네한Marsha Linehan이 처음 사용한 표현으로, 본래는 성폭행 피해자와 기타 트라우마 환자들과 연관하여 사용된 용어다. 이처럼 극단적인 트라우마는 아니더라도, 우리는 어찌해도 변하지 않는 부정적인 상황과 끊임없이 마주한다.

이런 상황에서 근본적인 수용이란 다음과 같은 내적 태도의 변화를 나타낸다. '나는 앞으로 절대로 프로축구선수가 되지 못할 거야.' 그래, 그게 현실이지. '나는 아이를 갖지 못할 거야.' 그래, 그게 현실이지. 이처럼 어떤 고통을 수용해야만 그 고통의 빛이 바래고 언젠가는 사라질 수 있다. 그렇지 않고 당사자가 수용하지 못하는 고통은 시간이 흘러도 결코 사라지지 않는다.

독일수공업협회ZDH가 현재 진행하고 있는 이미지 캠페인의 목적도 이와 동일하다. 독일수공업협회는 '오랫동안 고민한다고 좋은 결론이 나는 것은 아니다' 혹은 '겁먹지 말라. 오늘 내리는 결정이 당신의 여생을 결정짓는 건 아니다'라는 포스터를 제작함으로써 다양한 선택지 앞에서 결정을 망설이며 두려워하는 수많은 젊은이들에게 용기를 주려는 것이다.

다른 한편 우리는 어른의 삶에 관한 생각에 근본적으로 의문을 제기해봐야 한다. 흔히들 "이제 좀 들쑥날쑥하지 않고 안정된 삶을 살고 싶어"라고 말한다. 하지만 어른이 돼 이전 발달단계의 '문이 닫힌다' 하더라도 모든 것이 일순간에 정지하는 것은 아니다. 알다시피 우리의 삶은 긍정적이거나 부정적인 의미에서 변화 그 자체이기 때문이다. 아무 변화도 없이 정지된 상황은 '정체'를 의미한다. 이러한 정체현상을 방지하기 위해 삶은 어른이 된 우리에게도 끊임없이 새로운 과업을 던져준다. 이때 우리가 추구해야 할 목표는 항상 균형을 찾아 유지하는 것이다. 자신의 내면에서, 정상정인 일상에서 균형을 유지하는 것이다.

다음과 같이 상상해보자. 원하는 바를 모두 달성했다면, 그래서 하루하루가 항상 똑같은 모습이고 아무것도 변하지 않는다면 어떻겠는가? 그렇다면 당신은 무엇을 생각할까? 무엇에 대해 이야기할까? 무엇을 위해 계획을 세워야 하나? 아마 창의력을 발휘할 필요도, 노력을 기울여 발전해야 할 필요도 없을 것이다. 이런 상황이 온다면 아마도 매사에 쉽게 따분함을 느끼고, 산다는 것 자체에 지쳐버릴 것이다. 본래 삶은 이런저런 예기치 못한 일과 변화, 그리고 최종적으로는 발전으로 이루어져 있으니 말이다.

발전을 위해 도전적 과업을 수용하는 것은 어떤 규범 때문에 압박을 받는 것과는 별개다. 결혼을 하고, 자녀를 갖고, 정착을 해야 하는 시점이 별도로 정해진 것은 아니다. 또한 이미 알고 있다시피 다양한 발달과업은 우리 각자에게 극히 상이한 모습으로 나타날 수 있다. 우리는 당면한 과업에 겁먹지 않고, 내게 주어진 도전적 과제를 지체 없이 수용하고, 삶이 요구하는 바를 이행해야 할 것이다. 다음 질문에 답해보자.

- 오래전부터 당면한 삶의 과업이 있고 이를 이행할 능력이 있음에도 방치하고 있는가?
- 객관적으로 많은 것을 이룬 삶이지만, 자주 불행하거나 불만스러운가?
- 때때로 커다란 변화를 생각해보지만, 실제로 그럴 수 있는 기회가 왔을 때 이를 기피하는가?
- 미래를 생각하면 마음이 불편해져서, 의식적으로 그런 생각을 피하는가?

이처럼 변화와 발전에 대한 갈망이 내면에서 감지된다면 이를 향해 첫걸음을 내디딜 시점이다. 우선 쉽게 실천할 수 있는 것부터 시작해보자. 처음부터 이른바 '심각한 문제점'이라 여기는 것부터 처리하려고 달려들 필요는 없다. 때때로 인생에는 아무 진전도 없는 시점이 오는데, 이는 이전 과업을 달성하지 않았기 때문일 수도 있다. 마치 컴퓨터게임과도 같다. 즉, 이전 레벨에서 주어진 퀘스트를 클리어해야만 다음 레벨을 진행하거나 수수께끼를 해결할 수 있는 것이다.

까짓, 일단 해보자

앞서 소개했던, 물리학을 전공한 청년이 정확히 이와 같은 경우다. 본래 그는 유럽입자물리연구소CERN에서 멋진 커리어를 쌓을 때까지 기다렸다가 그 후에야 자신에게 적합한 여성을 찾아 나설 작정이었다. 하지만 본래 계획과는 달리 먼저 자신이 사귈 만한 여성을 적극적으로 찾아 나서기로 했다. 이를 위한 첫걸음으로 그는 여성들과 시선을 마주치기 시작했다. 그리고 나서는 어떤 장소에 가면 자기와 취미가 비슷한 여성을 만날 확률이 클지 생각해보았다. 그는 음악을 무척 좋아했으므로, 매우 구식이긴 하지만 음반매장 한 곳을 선택하여 거기서 자주 마주치는 여성들에게 말을 걸었다. 금세 성과를 내진 않았지만 이렇게 노력할 마음을 먹었다는 것 자체가 '발전이라는 사다리'에서 중요한 한 단계를 올라간 것이었으며, 이에 힘입어 더 많은 단계를 향해 나아갈 용기와 자신 감이 생겼다. 이러한 원리는 우리 모두에게도 적용된다. 즉, 우선 어느 한 분야에서 좋은 결과를 내고 나면 이로 인해 자존감이 부쩍 높아져 다른 분야에서도 긍정적인 발전이 이어진다.

사람들은 작은 목표를 달성함으로써 동시에 독립과 정체성 형 성이라는 과제를 추구한다. 언뜻 보면 이 둘 사이에는 아무 상관관 계도 없어 보인다. 이와 관련된 사례를 소개한다. 내게 상담받으러 왔던 쇤발트 양은 수년간 한 남자와 살고 있었다. 그가 근본적으로 자신과 전혀 어울리지 않는 사람임을 잘 알고 있었지만 서른두 살 의 그녀는 혼자서는 어떻게 살지가 막막했다. 심리학적 시각에서 보면 그녀는 정체성 형성이라는 발달과업을 완전히 이행하지 못했 다고 할 수 있다. 그가 쇤발트의 삶의 중심이 되었던 이유는 그녀 에게는 달리 중심으로 삼을 만한 것이 마땅히 없었기 때문이다. 어 느 날 그녀는 즉흥적인 마음에 이끌려 미용실에 가서 길게 늘어뜨 렸던 금발을 짧게 잘랐다. 그녀에 따르면 진즉에 그러고 싶었지만 늘 긴 머리를 좋아했기에 "맙소사, 그렇게 예쁜 머리카락을 싹둑 잘라버리다니! 어떻게 나한테(!) 이렇게 잔인할 수가 있니!"라고 반응할 어머니를 떠올리며 엄두를 내지 못했다고 한다. 이로써 그 녀는 개인적인 발달과업과 연관된 작은 목표, 즉 헤어스타일을 원 하는 대로 바꿀 수 있는 자유를 달성한 것이다. 이러한 사실은 그 녀로 하여금 다음 단계의 발달과업을 이행할 용기를 내도록 해주 었다. 얼마 후 그녀는 동거남과 헤어졌다.

발달과업을 이행할 때 외적 환경 때문에 힘들 수도 있다. 경제

호황으로 '인턴 세대'가 제대로 된 일자리를 얻게 되긴 했지만 우리 사회의 한쪽에서는 여전히 요란하게 삐걱대는 부분이 있다. 예컨대 젊은이들이 개성과 융통성을 최우선적으로 추구하는 사회에서(〈2015년 셸 – 청년 – 연구보고서Shell-Jugend-Studie 2015〉), 어떻게 국가라는 고용주가 마치 50년 전처럼 경직된 태도로 젊은 교사들에게 학기 시작 2주 전에야 비로소 발령지를 통보할 수 있단 말인가? 내 사례를 든다면, 대학에서 수년간 심리학을 전공한 예비 심리치료사로서 정식 심리치료사 자격을 취득하기에 앞서, 수개월 동안 박봉을 받으며 정신의학과 소속 실습생으로 일해야만 했다. 도대체 이것을 합리적인 제도라 할 수 있는가? 하지만 이러한 불합리한 여건 때문에 좌절해서는 안 된다. 우리 자신이 처한 현 상황을 정확히 분석해보자. 당신은 현재 삶의 어느 단계에 와 있다고 생각하는가? 당신은 어떤 분야에서 더욱 발전하고 싶은가? 다음의 다이어그램을 이용하여 현재 상황을 분석해보자. 각 분야의 발달과 업을 얼마나 달성했다고 느끼는지 파이 모양의 다이어그램 안쪽부터 시작하여 색을 칠하며 채워 나가보라. 파이조각이 완전히 칠해진 경우, 그 분야에서 조화로운 발전을 이루었고 성취감을 느낀다는 것을 의미한다. 파이조각이 상대적으로 비어 있는 경우는 그 분야에서 추가적인 발전과 변화를 원한다고 해석할 수 있다.

이제 행동에 나설 차례다. 파이에 최대한 많은 부분이 칠해지려면 우리는 무엇을 할 수 있을까? 앞서 언급한 바와 같이, 여기에서 내딛는 작은 걸음이 목표와 반드시 직결될 필요는 없다. 때로는 단지 몸을 움직여 작은 걸음을 내딛는 것만으로도 충분하다. "일단

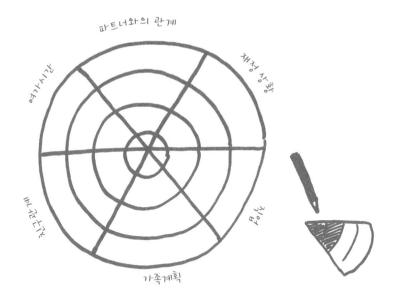

해보자"라는 신조로 앞을 향해 나아가라. 작은 걸음이든 큰 걸음이든, 아무 상관없다.

가장 큰 실수는 삶이 지나가는 동안 끝없이 고민하며 망설이기만 하다가 한 발자국도 내딛지 못하는 것이다. 어떤 행위를 감행하는 것은 실제보다 더 어렵게 느껴질 수 있다. "우리가 어떤 일을 감히 하지 못하는 것은 그 일이 너무 어려워서가 아니다. 어렵다는 생각에 사로잡혀 그 일을 시도조차 하지 않기 때문이다." 세네카는 이미 오래전에 이걸 알고 있었던 거다.

심리치료가 실패했다면……

자신에게 맞는 심리치료사를 찾으려 갖은 노력을 했음에도 심리
치료가 실패로 돌아가는 경우가 있을 수 있다. 여기에서의 실패란
예약된 시간에 환자가 나타나지 않는 경우가 아니라, 치료가 끝나
고 나서도 원치 않는 증상이 나타나는 케이스를 가리키는 것이다.

심리학자 프랑크 야코비Frank Jacobi, 슈테판 우만Stefan Uhmann, 위
르겐 호이어Jürgen Hoyer가 2011년 1,700명 이상을 대상으로 한 연
구결과에 따르면 피실험자의 11.2퍼센트가 심리치료 종결 후에도
증상과 관련된 수치가 높거나, 혹은 건강 상태가 치료 전보다 악화
된 것으로 나타났다. 이에 대한 원인은 다양하다. 매우 중요한 변
수 중 하나는 심리치료사와 환자 사이의 호감도다.

심리치료사와 환자의 관계는 회복 프로세스에 지대한 영향을 미
친다. 따라서 시범상담시간을 의미 있게 활용하는 것이 환자에게
는 매우 중요하다. 그리고 삶의 가장 은밀한 부분까지 털어놓을 수
있을 정도로 치료사를 신뢰하는지 자문해보는 것도 중요하다. 그
렇지 않은 경우라면, 다시 한 번 다른 심리치료사를 찾아보는 것이

바람직하다.

상담치료가 실패하는 중요한 이유 중 또 하나는 적합하지 않은 심리치료 유형을 선택했기 때문이다. 이미 소개한 바와 같이, 심리치료에는 매우 다양한 접근법이 있다. 그리고 각 심리질환마다 어떤 유형이 효과적이고, 어떤 것이 불필요한지 학술적으로 입증된 지침이 있다. 단, 지난 수십 년간 상이한 치료 유형들이 상호간에 점점 더 근접해가는 현상을 보이고 있다. 다시 말해서 각 치료 유형 간에 겹치는 부분이 점점 많아지고 있다는 얘기다. 일반적으로 강박증에는 행동치료를 권고하는 반면, 우울증 같은 기타 질환에는 정신분석, 심층심리학적 심리치료 혹은 행동치료가 적합하다. 그럼에도 불구하고 이미 특정한 유형의 치료를 여러 차례 받았는데도 아무 성과가 없는 경우, 그 유형의 치료를 중단할 수도 있다. 이 경우에는 선택했던 치료 유형이 해당 환자에게 적합하지 않거나 혹은 다른 유형의 심리치료를 보충적으로 시행하는 편이 효과적일 수 있다.

치료의 성패에 있어서 또 다른 중요한 변수는 자신의 상태를 변화시키고자 하는 환자의 의욕이다. 많은 경우 심리질환으로 인한 고통이 아직 그다지 심하지 않은 상태이므로 치료를 받으려는 마음자세가 안 돼 있다. 짐작컨대 이들은 친구나 가족 손에 이끌려 억지로 심리치료를 받으러 왔기에, 치료는 실패할 수밖에 없다. 물론 환자에게 행동변화에 대한 동기를 부여하는 것도 치료의 일부지만, 치료를 속행하자고 환자를 계속 채근하는 것도 바람직하진 않다. 때로는 치료를 중단하는 편이 근본적으로 더 효과적일 수도 있다. 이렇게 치료를 중단한 환자들 중 다수는 시간이 지난 후 자발적으로 치료의 재개를 결정하고 이전보다 더 적극적으로 치료에 참여해 문제를 해결해보려 한다.

다수의 연구결과에 따르면 심리치료사의 나이와 경험은 치료의 실패와 유의미한 상관관계가 없다. 이는 특히 젊은 치료사들에게 시사하는 바가 크다. 노련한 심리치료사들 또한 재발한 케이스를 독자적으로 대처하기란 쉬운 일이 아니다. 이 때문에 자문이라는 장치가 존재한다. 직업 초년생뿐만 아니라 모든 심리치료사는 필요한 경우 치료 도중 혹은 치료 후에 특정 케이스에 관해 자문관과 상의할 수 있는데, 어떤 경우에도 환자의 개인정보는 보호된다. 이런 방식으로 심리치료사는 중립적이며 객관적인 조언자를 곁에 둘 수 있다. 전문지식을 지닌 이러한 조언자는 새로운 시각으로 사례를 바라보고 어떤 점을 개선할 수 있을지 피드백을 제공하며, 특정한 사례와 관련하여 심리치료사가 손 쓸 여지가 전혀 없다는 사실을 확인해주기도 한다. 심리치료사들은 날마다 환자들의 문제에 몰두해야 하므로 정서적 스트레스가 심하다. 특히 담당 환자가 자살을 한 심리치료사의 경우엔 자문관은 큰 도움이 된다. 자살은 심리치료사들이 오랜 기간 직업을 수행하는 동안 접하게 될 확률이 높은 사건이다. 전해지는 바에 따르면 심리치료사들은 직업생활을 마칠 때까지 5~7건의 자살 케이스를 접한다. 다행히도 아직까지 나는 그런 경험이 없다.

자살까지는 아니더라도 치료가 실패하면 어찌해야 할까? 일반적으로 치료가 실패로 끝날 경우엔 상담이 아직 서너 차례 남아 있는 시점부터 이미 이 치료가 실패하리라는 것을 분명히 예견할 수 있다. 가장 중요한 것은 우선 치료사와 솔직하게 이야기를 나누는 것이다. 심리치료사가 지닌 전문지식을 활용하여 이제 내게 어떤 기회가 주어져 있는지 알아본다. 병동에 입원하는 것 혹은 재활치료가 도움이 될까? 아니면 행동치료를 정신분석으로 치료 유형을 교체하는 것이 바람직할까? 혹시 치료와 치료 사이에 의식적으로 휴식기간을 갖는 것이 좋을까?

어떤 이유에서든 담당 치료사에게 질문할 수 없는 경우라면 정신과 전문의 혹은 다른 심리치료사를 찾아가 면담을 통해 조언을 구하는 것도 방법이다.

7장
사랑을 찾아서

연애, 파트너 그리고 그 밖의 것들

　　지금까지 여러 발달과업을 설명했지만 짐작컨대 우리가 가장 관심을 갖는 과업은 사랑을 구하고 찾는 것일 것이다. 사랑은 서구 사회에서 가장 높이 평가받는 개념 중 하나. 사람들은 사랑을 찾으면 모든 일이 잘될 거라고 생각하며, 사랑은 다른 무엇보다도 행복을 보장해준다고 여긴다.

　우리를 행복하게 하는 다른 것들, 예를 들어 최신 주방기구나 포르쉐 카이엔 등은 돈으로 살 수 있는 반면에, 다소 진부한 교훈같이 들리겠지만 사랑은 돈으로 살 수 없다. 그러하기에 사람들은 그토록 사랑을 갈구하는 것이다. 이처럼 사랑은 여름 잔디밭 속 네잎 클로버처럼 찾기 힘든 것이어서 우리는 사랑을 아주 각별하고 소중하게 여긴다. 그런데 이런 이유로 사랑을 추종하는 현상은 그다지 오래되지 않았다.

사랑이 무엇인지 알기 원하네

이미 중세시대에도 사람들은 숱한 노래를 통해 사랑을 예찬했지만, 찬미 대상인 귀부인 저택의 창문 아래에서 노래 부르며 구애하는 것이 전부였다. '……그리고 두 사람은 평생 동안 아주 행복하게 살았답니다……'라고 마무리되는 연애결혼의 형태는 18세기에 들어와서야 존재하기 시작했다. 장‒자크 루소가《신 엘로이즈 Julieou, la nouvelle Héloïse》에서 의무감이 아닌 애정으로 파트너를 선택할 것을 촉구한 것도 1761년이었다. 낭만주의 시대가 시작된 것도 이러한 이상을 확대하는 데에 기여했다. 하지만 그 후에도 사람들은 오랫동안 이성과 경제적 이익을 기준으로 배우자를 선택하고 결혼했다.

그런데 대체 사랑은 무엇일까? 오스트리아의 시인 프리드리히 할름 Friedrich Halm 은 사랑을 이렇게 아름답게 표현했다.

나의 심장아, 내가 네가 묻는다.
사랑이란 무엇일까?
"사랑이란 두 개의 영혼과 하나의 생각,
사랑이란 두 개의 심장과 하나의 박동소리!"

신경생물학에서 사랑을 바라보는 관점은 그다지 낭만적이지 않다. 신경생물학은 사랑에 빠진 지 얼마 안 된 사람의 뇌에 나타나는 생화학적 변화를 연구한다. 예를 들어 도파민이 과다 분비돼 특별한 행복감이 생성된다. 짐작컨대 이런 넘치는 행복감은 사랑에 빠진 사람으로 하여금 자녀를 키우는 거대한 과업이 장밋빛으로 보이게 만들어준다(제8장 참조). 또한 사랑에 빠진 지 얼마 되지 않은 사람은 '행복전달물질'이라고도 알려진 신경전달물질인 세로토닌 수치가 감소한다. 흥미롭게도 강박증 환자에게도 이러한 현상이 나타나는데, 이는 사랑에 빠진 사람들이 마치 강박증 환자가 대상에 집착하듯 상대방에게 집착한다고 해석할 수 있다. 사랑에 빠지는 정상적인 행위가 얼마나 '비정상적'일 수 있는지를 잘 보여주는 사례다.

1970년대 밴쿠버 북부 캐필라노 협곡에서 진행된 실험은 호르몬이 인간의 행복감에 미치는 영향을 잘 보여준다. 이 실험에서는 남성 피실험자를 두 그룹으로 나누었다. 모두 협곡을 통과하는 과제를 받는데, 그중 한 그룹은 고정된 다리를 건너고 다른 그룹은 바람에 출렁이는 구름다리를 건너 통과해야 했다. 다리 한가운데는 한 여성이 서 있었다. 이 여성은 연구팀원으로, 다리를 통과하는 남성 피실험자들을 대상으로 설문지를 작성했다. 설문지 작성 후 남성들에게 자신의 전화번호를 건네주며 실험에 관한 질문이 있으면 연락을 달라고 했다. 얼마간 시간이 지난 후, 출렁다리를 통과한 남성 중 여러 명이 여성에게 다시 만나자고 연락해온 반면, 고정다리를 통과한 남성 중 연락한 사람은 소수에 그쳤다.

이 결과는 사랑에 관해 어떤 의미가 있을까?

연구자들은 피실험자가 구름다리 위 위험 상황에서 경험한 흥분 상태를 잘못 해석한 것이라 추측한다. 즉, 심장이 뛰고 손에 땀이 난 현상을 두고 자신이 그 여성에게 매력을 느껴 육체가 반응한 것이라고 해석했다는 것이다. 하지만 실상을 살펴보자면 이들의 그러한 신체반응은 극심한 두려움으로 인한 것이었다.

다른 한편으로 연구자들은 아드레날린이 인간의 감정을 풍부하게 만든다고 여긴다. 진화론적으로 이는, 적어도 남성의 경우에는 매우 큰 의미가 있다. 이들의 눈에는 어쩌면 아드레날린이 분출하는 지금 이 순간이 자신의 유전자를 전파할 마지막 기회일 수 있다. 그렇다면 여성의 경우에는 어떨까? 여성들이여, 주의하라! 고장 난 엘리베이터에 갇혀 있던 그대를 구출해준 젊은 엔지니어는 당신이 고대해온 운명의 상대가 아니라, 단지 감정적으로 흥분한 상황에서 당신을 도와준 누군가에 불과하다.

사랑에 대한 이와 같은 신경생물학적 해석이 너무 삭막하다고 느껴진다면, 올덴부르크대학교 울리히 메스Ulrich Mess 교수가 진행한 사랑의 본질적 핵심에 관한 연구결과를 자세히 살펴보는 게 좋겠다. 울리히 교수는 일반적으로 사랑의 핵심적 측면이라 간주되는 서른 개 항목을 연구 예비 자료로 선정했다. 여기에는 '파트너를 사랑하는 사람은 파트너를 자주 생각한다' '파트너를 존중하고 아낀다' '파트너를 전적으로 신뢰한다' 등 지극히 전형적인 감정과 생각, 견해가 포함되었다.

이어서 피실험자들은 이 항목들이 '일시적으로 사랑에 빠진 상태'와 '자신이 경험한 최고의 사랑'에 얼마나 많이 해당되는지를 평가했는데, 전자보다 후자의 경우를 묘사하는 데 훨씬 적합하다는 평가를 받았다. 이 연구는 서른 개 항목이 사랑에 관한 현대인의 생각을 잘 나타내준다는 연구가설을 확증했으며, 사랑에 빠진 상태와 사랑과의 차이를 단계적으로 구분해주었다. 하지만 이 항목들이 사랑과 관련해 시대를 초월하여 존재하는 기대감인지, 혹은 교육이나 훈련으로 생성된 기대감인지는 해당 연구에서 결론을 내리지 못했다.

사랑을 설명하는 데는 이 밖에도 다른 방법이 있다. 제3장을 떠올려보며 인간의 감정이 어떻게 구성되는지에 관해 질문해보자. 인간의 감정을 구성하는 것은 4가지다. 즉, 생각, 신체적 반응, 감지 양상, 행위적 충동이 특정한 감정을 드러낸다. 예를 들어 사랑이라는 감정에 빠진 사람은 상대방을 이상화할 수도 있고, 상대방을 집착에 가까울 정도로 생각할 수도 있다('나는 온종일 네 생각을 해). 사랑에 빠진 사람의 신체적 반응은 상대적으로 다양하다. 즉 심장이 뛸 수도 있고, 무언가가 간질간질한 느낌일 수도 있다. 또한 사랑에 빠진 이의 감지양상을 살펴보자면 이른바 '눈먼 상태'가 되며, 감지 폭이 좁아져 (불편한 과거 연애사를 포함하여) 상대의 부정적 측면에 관해선 눈을 감아버린다. 그리고 상대를 자신에게만 꽁꽁 묶어두려는 경향을 보인다. 물론 이러한 경우 이것이 진정으로 사랑인지, 아니면 잠시 사랑에 빠진 상태인지에 관해서는 다양한 의견이 있을 수 있다.

이제 그만 사랑하겠어

사랑과 관련한 심리치료는 다음의 경우에만 국한된다. 즉, 건강한 사람으로 여기기에는 앞서 언급한 감정을 구성하는 4가지 측면이 납득하기 힘든 양상으로 전개되고, 이로 인해 부적절한 감정이 확대될 경우에만 치료가 전개된다. 구체적으로 말하자면 사랑의 대상이 극히 부적절하여 불행이 예정돼 있는 경우를 의미한다.

이럴 때 해결책은 앞에서 언급한 바와 같이 부적절한 감정을 떨쳐버리기 위해 이와 상반되는 행동과 생각을 하는 것이다. 예를 들어 상대방과 '거리를 두는 것'이다. 사랑의 대상이 항상 눈앞에 있으면 '사랑의 상태에서 빠져나오기'가 어렵다. 근본적으로 애정관계를 끝내려는 모든 이들에게 도움이 될 조언을 하나 해보련다. 상대에게 자신들이 헤어져야 하는 이유를 끝없이 설명하거나 (더군다나!) 마지막 섹스를 나누는 것은 부적절한 감정을 깨끗이 정리하는 데 독약으로 작용한다. 이제 부적절한 감정에서 벗어나기 위해 이와 상반되는 생각을 하는 해법을 살펴보자. 헤어지고자 하는 상대의 단점을 떠올려보고, 그와의 애정관계에서 있었던 힘들었던 점을 상기해보라. 각 항목을 구체적으로 종이에 적고, 그와 결별한다는 마음이 흔들릴 때마다 그 내용을 읽는다.

질투라는 감정에도 이와 유사한 방법을 사용한다. 질투는 근본적으로 매우 자연스러운 반응이다. 진화론으로 볼 때 질투는 우리로 하여금 중요한 사람에게 열중하고 또 시간과 집중력을 쏟도록 만든다. 내게 중요한 사람이 다른 사람과 친밀한 관계를 맺는 것은 누구도 원하지 않기 때문이다. 여기에서 질투와 관련해 이런 생각을 해봄으로써 현 상황을 검토해보라. 지금 내가 느끼는 질투라는 감정은 정당하고 적절한가? 나는 정말 이 사람에게 나 이외의 모든 사람과의 관계를 단절하라고 주장할 권리를 갖고 있는가? 질투로 인해 그와의 관계가 깨어져도 상관없을까? 마지막 질문에 한 치의 망설임 없이 '그렇다'라고 대답할 수 있는 경우(즉, 90퍼센트 이상으로 확신하는 경우)라면, 장기적으로 볼 때 그와의 관계가 진정 바람직한 것인지, 이 관계를 계속 유지할 것인지를 검토해볼 일이다.

질투라는 감정이 정당하지 않으며 부적절하다면 이와 상반된 행위와 생각을 해보는 것이다. 예를 들어 내가 파트너를 신뢰할 수 있는 이유를 생각해보라. 질투와 관련하여 파트너가 내게 보내는 '안심해도 돼'라는 신호를 떠올려보고, 파트너와 분리되는 것을 두려워하지 말라. 그와의 이별은 마치 세상이 무너지는 것 같을 것이다. 하지만 나는 분명 이별 후에도 살아남을 것이다. 그 이유가 무엇인지 생각해보라. 파트너를 필사적으로 속박하지 말라. 그리고 내가 '경쟁자'로 여기는 사람과 좋은 관계를 유지하도록 적극 노력해보라. 질투는 몸의 자세에도 나타난다. 질투하는 사람은 공격적인 자세를 취하고 싸울 태세에 들어간다. 이와 상반된 자세를 취하려면 호흡과 긴장완화 훈련이 도움이 된다. 내가 얼마나 필사적인 자세를 취하고 있는지 분명히 인식하고, 이와 상반된 자세를 취하라. 즉, 꼭 쥐고 있던 주먹을 자연스럽게 펴고 어깨에 힘을 풀고 숨을 깊이 들이마시라.

사랑의 역학

사랑에 관한 고민을 해결해주는 팁은 매우 다양한 형태로 제공된다. 이른바 데이트 – 닥터, 부부 치료 및 성문제 치료 혹은 코칭 프로그램 등 각 분야별로 누구나 자신에게 필요한 도움을 요청할 수 있다. 하지만 사랑과 관련된 심리치료 비용에 의료보험 지원을 받기 위해서는 사랑이라는 문제로 심리적 질환이 발생했다는 것이 전제돼야 한다.

심리학을 활용한 심리테스트는 사랑을 구하고 찾는 것에 매우 중요한 역할을 한다. 예를 들어 파트너 매칭 에이전시 파십Parship에 가입하기 위해 작성하는 설문지는 심리학자이자 철학자인 후고 슈말레Hugo Schmale가 개발한 것이다. 이 설문지의 목적은 예비 파트너의 외모와 직업, 음악 취향을 알아내기 위해서가 아니라, 설문지를 통해('누군가 새치기를 하면 당신은 어떤 반응을 보이겠는가?' 등) 성격 테스트를 하고 이를 토대로 이상적인 파트너를 찾으려는 것이다. 물론 주변에 서로 판이한 성격임에도 잘 지내는 커플이 있겠지만, 일반적으로는 규범과 가치관이 비슷한 남녀들의 관계가 매우 안정적이기 때문이다. 그런데 미국의 심리학자 스티븐 라이스Steven Reiss가 증명했듯이, 커플끼리 관심과 취미가 일치하지 않더라도 매우 안정적인 남녀관계가 유지될 수 있다. 따라서 굳이 주말마다 커플이 함께 패러글라이딩을 하거나 스텝댄스를 추러 갈 필요는 없다. 서로 매우 달라 보이는데도 잘 지내는 주변 커플들을 살펴보면, 겉으로 보기에만 그렇지 실상 규범과 가치관이 일치하는 경우가 많다.

남녀관계에 중요하게 작용하는 또 다른 요소는 나이 차이다. 최근 미시간 대학에서 진행된 연구결과에 따르면, 동갑인 커플의 관계는 확실히 안정적이다. 나이 차이가 많은 커플일수록 헤어질 확률이 크다.

걸림돌

인간은 왜 이토록 끊임없이 사랑을 갈구하는 것일까? 교육을 받은 독립적인 인간이 반드시 사랑을 해야 할까? 대답은 '그럴 수도 있고 아닐 수도 있다'이다. 인간은 종족 번식이라는 진화적 측면에서의 의무를 이미 오래전에 완수했기 때문이다. 인구과잉이라는 현재 상황을 감안하면 맘 편하게 자녀를 낳아도 되느냐는 문제가 제기된다. 하지만 남녀관계에는 자녀 외에도 또 다른 측면들이 있다. 남녀관계는 다양한 욕구의 충족과 연관돼 있으며, 대부분의 사람들은 안전, 보호, 불변, 온기, 경험의 전수 등 다양한 욕구를 지니고 있다. 자녀를 양육하는 시기에는 그다지 도움을 필요로 하지 않지만, 나이가 들거나 중병에 걸리면 타인에게 의존하게 된다. 사회보장제도가 철저히 갖춰진 사회시스템 내에서는 늙거나 중환에 시달려도 배우자가 반드시 필요하진 않지만, 우리 머릿속에서는 '구석기 시대의 자아'가 여전히 '이 모든 문제의 해답은 사랑이야'라고 외친다.

그런데 진정한 사랑의 대상을 찾는 것은 왜 이렇게 힘들까? 내 생각으론 다양한 이유가 있다. 그것들을 살펴보기에 앞서 감정적 혹은 성적 학대와 폭력, 혹은 기타 트라우마 때문에 이성을 사귀는 것을 힘들어하는 사람들의 경우는 제외하겠다.

요즘 우리 주변에는 '집단적 자기중심성'(전문적인 용어는 아니다)이라는 현상이 망령처럼 떠돌고 있다. 즉, 모든 사람들이 저마다 이 세상 모든 일이 나를 중심으로 돌아간다는, 혹은 그래야만 한다는 그릇된 확신을 갖고 있는 것이다. 이런 현상은 어디서 온 것일까? 버릇없이 자란 응석받이 외동이들이 많아서, 혹은 사회 전반적인 이기적 현상 때문에, 혹은 자신을 어필할 수 있는 소셜미디어들 때문인지, 나는 알 수 없다.

그럼 팩트를 살펴보자. 앞서 언급했던 올덴부르크 대학의 연구 결과에 따르면, 사람들은 자신이 파트너에게 기꺼이 베풀려는 것보다 더 많은 것을 파트너에게 요구한다. 이 연구의 피실험자들은 각 항목(예컨대 '파트너를 사랑하는 사람은 그를 자주 생각한다')이 자신의 애정행동에 얼마나 해당하는지를 평가했다. 또한 사랑과 관련된 이러한 생각과 감정을 자신이 사랑하는 파트너에게 얼마나 많이 기대하는지도 진술했다. 실험결과를 살펴보면, 사랑 자체에 관해서는 자신과 파트너에 대한 생각이 다르지 않지만, 파트너가 좀 더 확실하고 좀 더 많은 사랑의 증거를 보여주기를 기대한다.

오늘날 사람들이 사랑을 어떻게 정의 내리고 있는지 정확히 살펴보면 이는 전혀 놀랄 만한 일이 아니다. 반쪽짜리인 두 사람의 몸이 합쳐져 온전한 인간을 이룬다는 플라톤의 이론 따위는 이제 누구도 이야기하지 않는다. 요즘 사람들이 사랑과 관련하여 중요시하는 것은 사랑하는 대상이 자신을 '완전하게' 만들어주는 것이다. "네가 있어서 내가 완전해져"라는 흔한 고백은 엄밀히 말하자면 진정한 사랑의 고백이라 할 수 없다. 이런 관계라면 상대는 나를 완전히 행복하게 만들어주는 멋진 액세서리에 불과하지 않은가?

요즘 진정한 사랑을 찾기가 힘든 또 다른 이유는 파트너를 만날 수 있는 기회가 늘어났고, 이로 인해 너무 일찍 자신의 마음을 정하지 않으려는 경향이 생겼기 때문이다. 이미 과일잼 사례를 통해 이러한 원리를 살펴본 바 있다. 또 다른 예로는 틴더Tinder(화면상의 예비 파트너 사진이 마음에 들면 오른쪽으로, 통과하려면 왼쪽으로 화면을 밀고, 쌍방이 마음에 들어 하면 매칭이 성사되는 앱-옮긴이)라는 앱을 들 수 있다. 기존의 여러 소개팅 앱이 한 페이지에 여러 장의 사진을 올려놓는 반면, 틴더는 앱 이용자들이 예비 (이성)파트너들의 사진을 한 장씩 옆으로 넘겨볼 수 있기 때문에 이용자들에게 파트너 대상이 매우 많다는 인상을 준다. 선택지가 이처럼 많은데 성급하게 한 사람을 선택할 필요가 없지 않은가? 또한 이 앱은 마치 치밀하게 제조된 마약처럼 작용한다. 매칭이 성사될 때마다 마치 마약을 복용한 것처럼 잠깐 동안 기분이 엄청나게 '업' 된다. 즉, 잠깐 동안 환희가 찾아왔다가 어느새 썰물처럼 사라져버린다. 그렇기 때문에 이용자들은 앱에서 나가지 못하고 계속해서 화면을 넘길 수밖에 없다. 프레제니우스 사립대학의 연구결과에 따르면 이러한 앱은 쉽게 벗어날 수 없는 마약과 같고, 또한 틴더 앱을 이용하는 응답자 중 42퍼센트가 파트너 매칭에 성공했다고 한다. 사람들은 누군가와 사귀는 중에도 이 앱에서 경험했던 '환각 상태'를 포기하지 못하고 현재 파트너보다 좀 더 자신에게 어울리는 멋진 사람이 있을 거라는 희망을 버리지 못한다. 이런 식으로 완벽한 파트너를 찾으려 사방을 둘러보는 사람들은 (사랑과 관련하여) 삶을 최적화시키려는 유일한 목표를 향해 마치 '투르 드 포스Tour de Force' 참가자들처럼 질주한다.

진정한 사랑을 찾기 힘든 세 번째 이유는 한 사람에게 몰두해 헌신적으로 사랑하는 것을 두려워하는 사람들이 많기 때문이다. 사람들은 끊임없이 분석하고 이성적으로 생각한다. 누군가와 사귄다는 것이 내 삶에 어울릴까? 지금 연애하는 것이 과연 올바른 시점일까? 사람들은 자신과 자기감정을 컨트롤하지 못할까 봐 두려워한다. 누군가에게 속마음을 보여주는 것은 위험을 감수하는 것으로, 상대방이 나를 그다지 좋아하지 않으면 상처받을 수 있기 때문이다. 이는 모든 것을 통제하기 원하는 현대인들의 사랑에 아주 커다란 걸림돌이 될 수 있다.

화려한 꽃다발일지도

남녀관계를 포기하고 싶어 하는 사람은 아무도 없다. 그렇기 때문에 사랑과 정절을 소중히 여기는 추세에도 불구하고 극히 새로운 형태의 남녀관계가 등장하고 있다. 가장 흔한 형태는 연속적 일부일처제Serial Monogamy, 즉 한 명과의 배타적인 파트너 관계가 끝나면 다른 한 명과 배타적 관계를 유지하는 형태다. 연속적 일부일처제에서는 새로운 것, 그리고 (자칭) 더 좋은 것을 추구하는 인간의 욕구가 충족된다. 진화론은 연속적 일부일처제를 이성적으로 설명한다. 남녀가 동거하는 것은 자녀들이 어느 정도 자랄 때까지만 의미 있다. 자녀들이 다 자라고 나서까지 남녀가 함께 사는 것은 근본적으로 시간 낭비다.

이에 상반되는 형태는 개방적인 관계다. 이 형태의 남녀관계는 인간이란 본래 일부일처제에 적합한 존재가 아니라 생각해서 정절이라는 측면을 무시한다. 이런 개방적인 관계를 영위하는 사람들은 얼마든지 다른 이성과 잠자리를 가져도 무방하다. 이러한 '외도'를 파트너에게 알릴 것인지는 대개 사전에 협의해 상대가 마음의 상처를 입지 않도록 한다. 일반적으로 사랑과 정절, 배타적 독점을 무시하는 새로운 형태의 남녀관계는 상호간에 분명한 소통을 해야 하고, 자신의 행동이 초래하는 결과를 고려해야 하며, 자신을 포함하여 아무에게도 (정신적, 신체적으로, 또한 성병 등의) 피해를 입히지 않아야 한다.

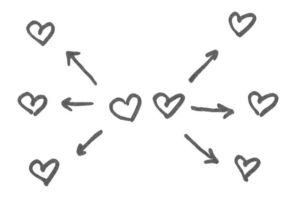

특히 폴리아모리Polyamorie, 즉 두 사람 이상을 동시에 사랑하는 다자간의 사랑은 상호간의 의사소통을 전제로 한다. 폴리아모리는 인간이 여러 명의 이성을 동시에 사랑할 수 있다는 확신을 토대로 하는데, 이러한 견해 자체에는 논리적인 면도 있다. 사람들은 배우자 외에도 자녀, 부모, 형제, 자매를 동시에 사랑하며, 이러한 사랑은 성격이 항상 조금씩 다르기 때문이다. 물론 폴리아모리에는 도전적 과제들이 수반된다. 폴리아모리를 실현하는 커플들은 단지 섹스에 그치지 않고, 양측(혹은 다수의 당사자)의 자녀들을 포함한 정식 파트너 관계를 추구한다. 물론 폴리아모리에서는 항상 질투가 중요한 이슈인데, 당사자들은 명확한 규칙을 통해 이 문제를 해결하려 한다.

밍글스Mingles(= mixed + single)란 이른바 '우정 플러스' 혹은 '프렌즈 위드 베네핏friends with Benifits'이라는 명칭으로도 알려져 있는데, 이 관계의 경우 당사자들의 감정 세계가 그다지 명확히 규정돼 있지 않다. 밍글스는 상대에게 완전히 몰두하거나 더 좋은 이성과 사귈 기회를 포기할 필요 없이, 규칙적인 섹스와 정서적인 친근함을 즐긴다. 단, 파트너 중 한쪽이 상대와의 관계를 더 이상 가볍게 여기지 않는 경우, 관계가 복잡해진다.

이처럼 다양한 형태의 남녀관계가 있다는 사실을 떠올려보면, 마치 사탕가게에서 어떤 사탕을 골라야 할지 망설이는 아이 같은 기분이 든다. 그렇지 않은가? 이처럼 다양한 형태의 남녀관계가 대다수 사람들의 가치관을 반영하지 못한다면, 문제가 된다. 가치관

에 관한 설문에 응답한 사람 열 명 중 아홉 명은 남녀관계와 관련하여 무엇보다 정절을 중요시한다고 일관적으로 대답했다. 〈2015년도 제17차 셸 - 청년 - 보고서〉에 따르면 미래를 예측하기가 점점 힘들어지는 현대 사회에서 장기적인 파트너 관계의 유지 등 다수의 전통 가치가 점점 더 중요해지고 있다.

이처럼 정절이라는 가치가 중요시되는 현상을 사회적 기대와 문화적 특징 탓으로 돌리더라도, 다음과 같은 진화론적 사실에는 변함이 없다. 즉 인간은 애착, 안전, 불변에의 욕구를 지니고 있는데, 이러한 요구는 새로운 형태의 남녀관계에서는 좀처럼 충족되지 않는다. 또한 인간에게는 메타인지능력, 즉 '자신의 생각에 대해 생각할 수 있는 능력'이 있다. 다시 말해서 인간은 더 나은 성적 파트너를 찾아다니는 '구석기 시대의 자아'에게 무방비 상태로 휘둘리지는 않는다는 말이다. 인간에게는 하룻밤 섹스의 찰나적 장점과 지속적인 남녀관계의 견고한 안락함 간의 차이를 식별할 능력이 충분하다.

사랑이 두려운 이들에게

앞에서 살펴본 여러 가지 새로운 남녀관계가 모든 이들에게 최선책은 아니다. 그런데 자신에게 맞는 남녀관계를 찾지 못해서 심리치료를 받으러 오는 사람은 없다. 그보다는 이성을 사귀는 방법을 모르는 사람들, 이성과 접촉하는 것을 매우 두려워하고 이로 인해 우울증과 불안장애 혹은 기타 심리질환으로 심각한 고통을 겪고 있는 사람들이 온다. 또한 자존감이 낮고 사회성이 부족하여 사회적 관계를 맺지 못하는 사람들도 온다. 심리치료 과정에는 정글처럼 복잡한 남녀관계의 소위 '정상적인 행태'에 적응하지 못하는 이들을 도울 수 있는 방법이 예비돼 있다.

사랑에 빠지는 것을 두려워하는 이들에게 도움이 될 심리학적 도구 중 하나는 '조금만 생각하고 많이 느끼는 것'이다. 심리학은 인간의 감정과 이성을 구분하며 감정과 이성의 교집합을 이른바 '직관적 지식'이라 부르는데, 이는 규칙적인 집중력 훈련을 통해 습득할 수 있다.

많은 이들은 순전히 자기 생각만 신뢰하고, 자신의 감정적, 신체적 영역에는 귀 기울이지 않는다. 이처럼 감정 영역을 등한시하고 생각만 신뢰하더라도 보통은 별다른 문제가 없지만, 생각이 오류를 범하는 경우에는 어떻게 해야 할까? 혹은 (본능에 기초한) 감정이 생각이 지시하는 바에 강력히 반발한다면 어찌해야 하나? 이런 경우에는 우선 상황을 인지한 다음, 어떻게 하면 내적 갈등을 해결할 수 있을지 생각 혹은 감지―더욱 이상적인 것은 생각과 감지를

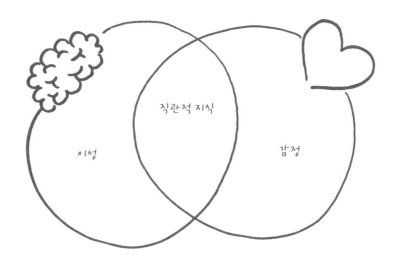

이성   직관적 지식   감정

동시에—해야 한다.

자신의 '직관적 지식'을 강화하려는 사람은 날마다 내면에 집중하는 훈련을 해야 한다. 연구결과에 따르면 자신의 내면에 집중하는 훈련을 매일 지속하면 6~8주 정도만 지나도 첫 결실을 얻을 수 있다. 자신의 몸, 생각, 감정, 행위적 충동을 훈련하기 위한 방법으로는 자신의 몸을 스캔하는 훈련법이 있다. 즉, 몸에서 느껴지는 모든 것을 감지하는 것이다. 내 몸이 차가운가? 내 발이 아픈가? 머릿속을 스쳐가는 여러 가지 생각('디스크에 걸린 것이 분명해') 두려움, 평가, 해석 등을 있는 그대로 온전히 감지한 후, 다시 떠나보내는 것이다. 내면의 감정과 머릿속의 생각을 온전히 감지한 후 떠나보내는 연습을 해보라. 어떤 생각이 머릿속을 스쳐 지나가는가?

나는 무엇을 느끼고 있는가? 특정한 일 때문에 기분이 좋지 않은가? 이 훈련의 목적은 생각의 힘만을 신뢰하지 않고 감정과 신체적 감각 또한 의식적으로 감지하는 것이다. 이 훈련을 마칠 때쯤 이렇게 질문해보라. 지금 무엇이 하고 싶은가? 어떤 충동을 느끼고 있는가? 예를 들어 단지 몸을 긁고 싶다는 충동이 느껴질 수도 있다. 이 훈련의 목적은 충동을 억누르는 것이 아니라 의식적인 결정을 내리는 것이다. 훈련을 거치고 나면, 자신을 좀 더 직관적으로 잘 이해할 수 있게 된다.

이것이 사랑과 관련해선 구체적으로 어떤 도움이 될까? 데이트를 하다가 갑자기 '이 남자가 아버지로서 적합한 사람일까?' 혹은 '이 여자는 나를 대체 어떻게 생각할까?'라는 생각이 머릿속을 스친다고 느껴지면, 내 몸 전체를 스캔해보라. 그러면 내가 머무는 지금 이곳, 지금 이 순간에 다시 집중할 수 있게 되면서 갑자기 나를 뒤흔든 생각을 차단할 수 있다.

최적의 파트너를 찾아다니는 사람들, 자기중심적 성향을 지닌 사람들의 경우에는 자신이 파트너와 파트너 관계에 현실적으로 무엇을 기대하고 요구할 수 있는지 파악해보는 훈련이 유용하다. 다음의 질문을 활용해보자.

- 이성과의 관계에서 나는 상대방을 위해 무엇을 해줄 준비가 되어 있나?
- 첫 번째 질문에서 답한 것만으로, 이성 파트너와 균형 잡힌 관계를 유지할 수 있겠는가? 그렇지 않다면, 조화로운 관계를 위해 내가

더 해야 할 일은 무엇일까?

- 내가 상대에게 기대하고 요구해도 되는 것은 무엇일까?
- 기대하고 요구해서는 안 되는 것은 무엇일까?
- '완벽한' 관계에는 해롭지만, 그럼에도 관계를 끝낼 이유로까지 작용하지 않을 요소는 무엇일까?
- 바람직한 파트너 관계란 내게 무엇을 의미하는가?
- 나는 이성에게 좋은 파트너인가?

이처럼 파트너에 대한 기대치, 미래의 이성관계에 대한 기대치를 의식적으로 검토하다 보면 자신이 실제 이성관계에서 무엇을 기대할 수 있고, 무엇을 기대해도 좋을지 좀 더 현실적으로 가늠할 수 있다.

안정적이고 지속적인 이성관계에 도움이 될 세 번째 심리학적 도구는 이른바 '적극적인 참여Commitments'(직역하면 '계약', '투입', '의무', 의역하면 '같은 배를 탔다'는 뜻 – 옮긴이)라는 콘셉트인데, 내가 가장 중요하게 여기는 것이기도 하다. '적극적인 참여'는 심리치료가 효과를 보기 위한 핵심적인 전제 조건이다. 환자가 이른바 '한 배를 탄' 상태가 아닌 경우, 예를 들어 무언가를 변화시키고자 하면서도 심리치료에 저항하는 마음이 있다면 치료는 아무 변화도 일으키지 못할 확률이 크다. 반면 심리치료뿐만 아니라 이성과의 데이트와 남녀관계에 적극 참여하는 사람은 자신의 내면적인 변화를 감지한다. 매사에 적극적으로 참여하는 사람은 타인의 결점에 예전보다 너그러워지고, 평소라면 짜증을 냈을 상황에서도 참을성 있는 태도를 보인다. 이성관계에 일단 발을 들여놓으면 타인의 장점도 인식하게 되고 사랑에 빠질 수도 있다. 앞에서 언급한 틴더라는 소개팅 앱의 사례로 돌아가보자. 새로운 이성과 사귀고 있는 중인데도 앱의 화면을 계속 넘겨대면 적극적인 참여가 가져다주는 긍정적인 변화를 누릴 수 없다.

좌절에 대한 내성, 즉 불편한 상황을 잠시 참아냄으로써 장기적인 성공 기회를 높이는 능력은 '적극적인 참여'와 직결된다. 좌절에 대한 내성은 학습 가능한 능력이며 흔히 유년기에 훈련된다(마시멜로 실험을 떠올려보라). 하지만 이는 성인이 되고 나서도 훈련으로 습득할 수 있는 능력이다.

이를 위한 중요한 훈련법은 감지양상을 전환하는 것이다. 데이트를 하다가 상대에게서 부정적인 측면(땀에 젖어 축축한 손, 말을 더듬는 습관, 기름에 찌든 머리카락 등)이 눈에 띄면, 당연히 '맙소사, 이 사람 뭐야'라고 생각한다. 하지만 이런 경우 나의 감지양상을 의식적으로 긍정적인 방향으로 전환시켜 상대에게 긍정적인 면을 어필할 기회를 주는 식이다.

이처럼 감지양상을 전환시켜 상대를 좀 더 정확히 바라보면 (다소 유치하게 들리겠지만) 반짝이는 눈빛, 공감능력, 솔직한 태도가 눈에 들어온다. 물론 그렇다 해서 강렬한 첫인상과 연관된 부수 현상(예를 들어 앞서 언급한 바 있는 후광효과)이 지워지지는 않지만, 상대에게 두 번째 만남에서 나와 사랑에 빠질 기회를 주는 것도 나쁘지 않다.

이 훈련은 이성관계에 미숙하다고 느끼는 사람들을 위한 것이다. 어떤 변화도 시도해보지 않고 자기 방식을 무작정 밀고 나가는 것은 누구에게도 좋은 해법이 아니다.

언제부터가 치유된 상태인가?

심리학은 질병이라는 문제에 매우 실용적인 태도를 보인다. 정해진 진단 기준에 충족돼야만 환자로 간주한다. 하지만 현실은 이와는 다를 때가 많다는 사실을 당신도 이 책을 읽으면서 분명 인식했을 것이다. 심리적 건강이란 흑백으로 나눌 수 없는 문제다.

심리치료를 시작할 때는 시간적 틀을 바탕으로 환자와 심리치료사가 함께 구체적이며 현실적인 목표('공황장애 증상 없이 집 밖에 나가서 돌아다니고 싶다' '편안하게 잠잘 수 있으면 좋겠다' '무언가에 대해 기뻐할 수 있으면 좋겠다' 등)를 설정한다. 치료가 진행되는 동안 이러한 목표를 반복적으로 점검하고 평가한다. 대개 치료가 끝나기 전까지 많은 목표가 달성된다. 하지만 그렇다고 해서 환자가 지녔던 공공연한 문제가 모두 해결되는 것은 아니다.

이제 감정조절에 심각한 문제가 있던 경계성장애 환자의 사례를 살펴보자.

우리가 살펴볼 케이스는 어린 여성 환자로, 경계성장애로 인해 충동적인 행동을 보였으며 그 때문에 아주 사소한 일도 심각한 갈등으로 번지곤 했다. 또한 대인관계에서도 상대방과의 거리 조절에 어려움을 겪고 있었다. 즉, 그녀에게 있어서 파트너 관계는 진행 중이거나 중단되었거나, 둘 중 하나였다. 불시에 찾아오는 극심한 긴장 상태로 고통스러워했고, 수차례의 자해 시도, 자기 증오와 자살 충동도 있었다. 증상이 극심해지면서 심리치료를 받기 전 실제로 음독자살을 시도한 적도 있었다.

예쁘장한 외모의 그녀는 어렸을 때 부모로부터 방치와 폭행을 당했기 때문에 감정 조절법을 배우지 못했다. 첫 상담에서 나는 그녀가 상대방을 불신하고 마음의 문을 단단히 닫고 있다는 느낌을 받았다.

심리치료가 끝난 후 그녀는 어찌되었을까? 그녀는 여전히 긴장 상태로 힘들어했다. 그리고 경계성장애 환자들에게 전형적으로 나타나는 극단적인 감정으로 여전히 어려움을 겪고 있다. 타인의 비판 등의 힘든 상황에 처할 때도, 내면에 내재된 '나는 가치 없는 사람'이라는 기본적 견해가 발동하여 부정적인 자아상이 거듭 모습을 드러내곤 한다.

하지만 자신에게 닥친 어려운 상황을 예전처럼 무기력하게 방관하지만은 않았다. 심리치료 과정에서 그녀는 매우 결정적인 능력 하나를 길렀는데 바로 스스로를 돕는 능력이었다. 자신에게 닥친 긴장상황에 좀 더 잘 대처할 수 있게 된 것이다. 누군가와 다툴 경우 예전 같으면 그 자리에서 관계를 끊어버렸겠지만, 이제는 긴장 상태를 감지하면서도 갈등상황에서 적절하게 행동할 수 있게 되었다. 이제 그녀는 자기감정을 분명히 인식하고, 이를 구체적인 언어로 표현하고, 행동을 조절하는 법을 배웠다. 이로써 대인관계가 훨씬 안정되었다. 그럼에도 불구하고 혼자서 극복하기 힘든 상황들이 있다. 이 경우 자신을 돕는 능력이란 적기에 타인의 도움을 요청하는 것을 의미한다. 즉 의사와 심리치료사에게서, 혹은 수일간의 입원치료를 통해 도움을 받고 난 후, 다시 파트너와 함께 일상생활을 하며 업무를 보고 가족과 함께 생활하는 것이다.

심리치료는 이 환자에게 매우 근본적인 변화를 가져다주었다. 즉 자해를 되풀이하지 않게 되었고 일상에서 주어지는 어려운 과제를 극복할 능력을 갖추게 되었다. 개인적인 견해로는 이제 그녀는 '치유'되었다고 말할 수 있다. 물론 엄밀히 볼 때 그녀는 '정상'이 아니다.

하지만 우리 중 누가 이른바 '정상'일까?

8장
드디어 아이를 가졌어요!

세 상 에 서 가 장 힘 겨 운 도 전

반드시 아이를 낳아야 하는 건 아니다. 최근 들어 인간의 발달과업과 관련하여 새로운 관점이 대두되고 있는데, 이에 따르면 인간이 자녀를 통해 다음 세대에 지식을 전승하는 방식 외에 또 다른 방식이 존재한다는 것이다. 예컨대 아이들에게 서브 넣는 방법을 가르쳐주는 테니스 트레이너로서 자신의 지식을 다음 세대에 전달할 수 있고, 혹은 상냥한 이모나 고모로서 조카의 숙제를 봐줄 수도 있다.

이제 인간에게 번식은 더 이상 의무가 아니다. 그 이유는 왕위를 계승하여 조정을 다스리는 일 따위는 오늘날 찾아보기 힘들어졌기 때문이다. 지난 수년간 출생률이 다소 상승하긴 했지만 많은 사람들이 출산하지 않겠다는 결정을 지극히 의식적으로 내린다.

이는 그들에게 주어진 마땅한 권리다. 그럼에도 사람들 대부분은 자신만의 아이를 갖고자 하는 은밀한 소망을 품곤 한다. 그렇다. 심지어 자기 유전자를 퍼뜨리는 것을 삶의 의미라 여기는 사람들도 많다.

완벽한 시점은 언제일까?

자녀를 갖겠다고 결심했다면, 순수하게 심리적 측면에서 언제가 가장 좋은 시점일까? 우리 할머니와 할아버지가 젊었을 때는 피임약 자체가 생산되지 않았거나, 존재했다 하더라도 구하기가 매우 힘들었다. 검증된 피임약이 상용화되지 않았던 시절, 우리 조부모 세대가 상대적으로 이른 나이에 부모가 되었던 반면, 지금의 30대는 자녀 출산을 말 그대로 의식적으로 결정할 수 있다. 오늘날에는 부모가 될 당사자들이 직업적으로나 재정적으로 정착한 뒤에야 출산은 의미 있는 것으로 여겨진다.

이러한 추세로 인해 현재 독일 사회에서 여성의 초산 평균 연령은 만 29세다. 1980년 서독 여성의 초산 평균 연령은 25세였고, 동독은 심지어 22세에 불과했다. 공식적으로 35세 이상의 산모는 임신 고위험군으로 간주되는데, 이러한 경우를 제외하고 초산 연령이 늦어지는 것이 실제로 좀 더 바람직한 현상인지에 관해서는 찬반이 갈린다. 오늘날 조부모가 될 만한 연령의 세대는 "나도 하루빨리 손자 좀 보고 싶다"며 자녀들의 초산 연령이 늦어지는 것에 불만을 표기하기도 한다. 사람은 나이가 들수록 사고의 유연성이 떨어지기 마련이다. 우리는 삶에 정착하고 이에 상응하는 반복적인 일상을 수립하기 위해 여러 해를 보냈다. 5년간 싱글로 지내던 여성이 어느 날 임신을 하면, 뱃속 생명체의 욕구를 1순위로 놓고 다른 모든 일을 후순위로 미루어두는 상황에 들어가는 것인데, 최근엔 35세가 되어서야 이러한 상황에 접어드는 사람들이 많아진 것이다.

자녀를 갖기 전 정확히 어떤 조건들이 갖추어져야 하는지에 대해 사람들의 생각은 때때로 극단적이다. 부부 혹은 동거 중에 계획에 없던 아이가 생길 때, '지금 우리 상황에 맞지 않다'라는 이유로 낙태가 자행되는 것도 바로 그 때문이다.

나는 낙태 반대론자가 아니며, 낙태라는 주제에 윤리적 혹은 종교적 관점에서 전문적인 논거를 펼칠 지식을 지니고 있지도 않다. 이는 내 소관이 아니며, 나의 경험과 전문 영역을 벗어난다. 하지만 심리학적 관점에서는 이렇게 말할 수 있다. 모든 낙태는 당사자인 여성에게 흔적을 남긴다. 너무 어린 여성 혹은 성폭행 피해자들은 낙태 후 안도감을 느낄 수 있지만, 이를 제외한 대부분의 여성은 자신의 결정으로 평생 심적인 고통을 느낀다. 또 이들 중 다수는 해가 바뀔 때마다 뱃속의 아이가 지금 살아 있다면 몇 살이 되었을지, 어떤 사람이 되었을지 생각에 잠긴다.

출산 후 처음 몇 주 동안은 산모에게 호르몬이 과다하게 분비되기 때문에, 대개 사람들은 산모에게 이 기간 동안 중대한 결정을 내리지 말도록 조언한다. 임신 초기에도 호르몬은 비정상적으로 작용하지만, 이런 상태에서 낙태를 고민하는 여성은 옳은 결정을 내리기 위한 선택권이 없다.

심신의학클리닉 인턴으로 처음 상담 활동을 시작했을 때, 나는 이별의 슬픔 때문에 심리질환을 겪는 그룹치료에 관찰자로 참여했다. 이러한 그룹치료에는 가족이 사망한 후 그 슬픔을 견디지 못해 심리질환이 생긴 환자들이 참가한다. 여기에서 환자들은 심리치료사의 지도에 따라 상실로 인한 죄책감과 두려움 같은 감정과 직면하는 연습을 한다. 내가 관찰한 그룹치료에는 어머니, 아버지, 아들 혹은 딸을 떠나보낸 환자 외에 낙태된 자녀의 죽음을 애도하는 여성도 있었다. 그녀는 8년 전부터 끊임없이 '내 아이가 죽은 것은 나 때문이야'라는 생각으로 스스로를 비난해왔다. 자신의 '죄'를 수용하는 동시에 떠나보내기란 아마도 몹시 힘든 과제였던 것 같다. 이는 지금까지 심리치료사로 활동하면서 겪은 가장 마음에 남는 경험 중 하나다.

귀여운 짐덩이

아이를 갖기로 결정한 사람이라 해도 임신과 출산을 실제로 행복한 시간으로 체험하게 될지 확신할 순 없다. 극심한 입덧 외에도 임신부의 삶을 힘겹게 만드는 몇 가지 요인이 있다. 예컨대 외부의 압력과 모든 것을 완벽하게 해내려는 욕심 등이 그러하다.

많은 사람들은 임신부가 완벽한 영양식을 섭취하고, 좋은 음악

을 듣고, 외국어를 자주 접하면 뱃속의 아이를 천재로 만들 수 있다고 오해한다. 아기를 사랑한다면 사람이 할 수 있는 것은 무엇이든 감수해야 한다고 생각하는 것이다.

체육 교사인 내 친구 안나는 담당 산부인과 의사로부터 임신기간 동안 운동을 중단하라는 권고를 받았다. 하지만 평소 그녀가 하던 운동은 산악자전거를 타고 가파른 언덕을 질주하는 것도, 번지점핑도 아닌 가벼운 조깅이 전부였다. 하지만 주치의는 "그러다 잘못해서 발목이라도 삐면 어떡해요? 소염 진통제를 먹을 수도 없잖아요"라며 운동을 금지했다.

약간의 비용을 투자할 용의가 있다면 임신부는 산전 진단을 통해서도 모든 요인을 통제할 수 있다. "다운 증후군이 있는 아이를 낳는다고? 그런 불행한 일은 더 이상 없어야 해요!"라는 맥락이다. 오늘날에는 뛰어난 비침습적 진단법이 존재하며, 여성들은 이러한 진단법의 도움을 받아 어느 시점에 낙태를 시행하는 것이 좋은지 알 수 있다. 이런 결정을 감행하지 않는 사람은 스스로 책임을 져야 한다는 것이다. 하지만 수많은 장애는 출산 합병증으로 인해 야기되거나 일상의 사고와 질병으로 발생하는데, 사람들은 이러한 사실을 쉽게 간과한다. 이보다 더 중요하게 여기는 것은 모든 것을 스스로 통제할 수 있고, 나는 올바른 결정을 할 수 있다는 환상이다.

예비 어머니의 삶을 힘겹게 만드는 또 다른 측면을 살펴보면, 여성 5명 중 1명은 산후 우울증에 시달린다. 여기에서 산후 우울증이라는 용어는 모호한 면이 있는데, 증상이 출산 후 발생하는 것이 아니라 이미 임신기간에도 나타나기 때문이다. 따라서 심리학자들은 이를 출산전후기 우울증이라고 부른다.

출산전후기 우울증은 임신 초기부터 나타날 수 있다. 임신은 단지 아이를 뱃속에 품고 있는 것만을 의미하지 않고, 임신부에게는 적어도 부분적으로라도 자녀의 역할에서 벗어나 어머니라는 완전한 어른의 역할로 이행하는 것을 의미하기 때문이다. 이러한 막중한 과제에 직면한 많은 여성들은 우울증이라는 반응을 보인다.

진심으로 자녀를 원하고, 불임치료를 성공적으로 마친 예비 어머니들도 이러한 우울증에 걸릴 수 있다.

불임치료는 전반적으로 여성에게 심리적으로 어마어마한 부담을 준다. 불임치료를 받는 여성과 남성이 얼마나 큰 무력감과 외로움을 느끼는지 지켜봐야 하는 것은 매우 가슴 아픈 일이다.

네 차례 유산과 두 차례 인공수정 실패를 겪은 여성 환자가 나를 찾아온 적이 있다. 이처럼 희망과 실망이 되풀이되는 과정은 당사자에게는 말 그대로 '고문'일 수 있으며, 이 환자의 경우 우울증까지 진행될 수 있다. 그녀는 불임클리닉으로부터 필요한 경우 심리치료를 요청할 수 있다는 안내를 받은 적이 없었다. 유산이나 인공수정 실패를 겪은 많은 이들이 조만간 외부 도움 없이 심리적 상처를 떨쳐내고 회복하지만, 나는 심리치료사가 이들 곁에서 심리학적으로 지원해주는 것이 도움이 된다고 본다.

출산전후기 우울증은 임신기간 동안 산모에게 의기소침, 의욕상실, 무관심, 피로, 자존감 저하, 죄책감, 수면장애 등의 형태로 나타난다. 이 중 일부 증상은 임신 초기의 호르몬 불균형 현상과 연관지어 설명된다(출산 후 수일 동안 50퍼센트의 산모들이 경험하며, 별도의 치료가 필요 없는 '산후 우울감Baby blues'도 이와 마찬가지다). 단, 앞서 언급한 증상들이 태아의 첫 태동 이후에도, 즉 임신기간의 절반이 지난 시점(임신 20주차)까지도 지속되는 경우라면 그 시점에서 전문가의 도움을 요청하는 것이 바람직하다.

임신과 출산은 심리적으로 매우 민감해지고 심리적 불균형이 초래될 수 있는 힘든 상황이며, 여성의 삶에 있어서 흔히 심리학자들이 영어로 'critical life-event'라 표현하는 '매우 중요한 사건'이다. 따라서 이 시기에는 집중적이고 소모적인 심리치료는 별 의미가 없다. 그래서 나는 이러한 상황의 여성들을 대할 때는 무엇보다 심적인 지지를 중요시하며 심리적 안정의 증진을 치료 목표로 삼는다.

심리적 문제를 지닌 임신부를 치료하는 새로운 방법 중 하나는 '애착분석Bond Analysis'이다. 이는 헝가리 출신 심리학자이자 심리분석가 예노 라파이Jenő Raffai가 1990년대에 개발한 심리치료법으로, 임신부가 자신의 몸과 영혼과 태아에게 좀 더 가까이 접근할 수 있도록 해준다.

간단히 설명하면 임신부와 태아가 일종의 '대화'를 나누도록 돕는 것이다. 임신부가 태아와 대화를 나눔으로써 이미 모태에서부터 애착관계가 형성되고 임신부의 부정적인 경험, 예컨대 이전에 경험한 출산과 관련된 트라우마 등을 좀 더 잘 극복할 수 있다. 이러한 트라우마로 심각한 증상을 앓고 있는 경우라면, 애착분석이 트라우마에 관한 치료를 대체하지는 못한다. 하지만 다수의 연구 결과에 따르면 애착분석의 긍정적인 효과는 분명히 측량할 수 있

다. 예를 들어 진공 흡입 분만기, 제왕절개 등의 의학적 개입 없이
도 분만이 상대적으로 빨리 진행된다. 분만 시 산통이 덜하고 분만
으로 인한 상처가 심하지 않고 모유수유가 수월하게 이루어진다.
모태에서부터 태아와 안정된 애착관계를 형성하는 것이 이 심리치
료법의 목적이다. 그리고 안정된 애착관계는 심리질환을 예방하는
가장 중요한 요인 중 하나다!

　대단하지 않은가! 실제로 나는 임신부가 태아와 접촉하고 애착
관계를 맺는 것이 산모와 아기 모두에게 전적으로 긍정적인 영향
을 미치리라 확신한다. 단, 여기에도 '한 생명을 맞이하는 여성으
로서 해야 할 일에 모든 정성을 기울인다면, 모든 과정이 완벽하게
진행될 수 있다'라는 해묵은 덫이 도사리고 있다. 이 또한 하나의
환상에 불과하다.

난산

　임신하면 몸에 변화가 일어난다. 머리카락이 빠지고 지
방이 축적되고 몸에 물이 찬다. 체질에 따라 온갖 오일과 크림을
발라도 임신선이 생기고 살이 튼다. 넷째 아이를 출산하고 몇 주
후 패션쇼 무대에 나타나 98퍼센트 여성들의 전성기 몸매보다 뛰
어난 몸매를 선보였던 하이디 클룸Heidi Klum은 예외적인 경우이고,
임신 직후부터 살이 찌고 몸이 붓는 것이 정상이다. 내 친구는 산
욕 중에 몸에 물이 심하게 차서, 출산 2주 후 체중이 출산 당일보

다 더 무거웠다. 눈을 제대로 뜰 수 없을 정도로 얼굴은 퉁퉁 부어올랐다.

출산은 분명히 힘든 일이다. 아이 낳는 것이나 치과 치료를 받는 것이나 별반 다르지 않다고 말하는 이가 있다면, 단언컨대 명백한 거짓말이다. 임신부들은 종종 제왕절개로 아이를 낳는데, 의학적으로 불가피한 경우도 있다. 이런 경우에는 최신식 분만 욕조도, 최면분만프로그램도 아무 소용이 없다. 단, 이처럼 분만과정이 원만치 않더라도 오늘날 서구 여성들은 더 이상 분만 중 사망을 우려할 필요가 없다. 제왕절개로 분만하는 여성들이 자연분만 과정을 체험할 수 없어 낙심하는 것은 충분히 이해되지만, 제왕절개를 모성의 실패로 간주해선 안 된다. 모유수유도 마찬가지다. 어떤 이유에서든 모유수유를 할 수 없거나 원하지 않는 경우, 아기가 모유를 먹지 못해 행복하고 충만한 삶을 살지 못한다거나 행동장애를 지닌 범죄자가 되는 일은 결코 없다.

출산과 양육을 하다 보면 결정할 사안이 매우 많기 때문에 어딘가에서 실패할 확률이 매우 높다.

육아와 교육에 관한 견해는 천차만별이며, 수시로 변하며, 이에 관한 서적은 대형 도서관을 가득 채울 정도로 넘쳐난다. 따라서 나는 섣부른 의견을 내세우기보다 단지 약간의 사실을 상기시키고자 한다. 어떤 양육방식이 진정 바람직한지는 최종적으로 입증된 바 없다. 심리학적 관점에서는 크게 둘 사이에서 균형을 잡는 것이 중요하다. 즉, 한편으로는 아이를 따스하게 사랑하고 존중해야 하며, 다른 한편으로는 넘지 말아야 할 경계선을 알려주고 정해진 규칙을 지키도록 양육해야 한다는 것이다. 이 중 아이에 대한 사랑과 존중은 각 가정과 문화에 따라 매우 다양한 형태로 표현된다.

한편 정해진 규칙을 지키도록 양육한다는 원칙은 젖먹이에게는 해당되지 않는데, 젖먹이에게는 '버릇을 잘못 들인다'는 것 자체가 불가능하기 때문이다. 간단히 말해, 아기가 지쳐 잠들 때까지 울도록 놔두는 것은 학대에 가깝다. 아기는 감정을 조절할 능력이 없으며 곁에 있어줄 누군가가 필요하다. 소리치며 우는 아기에게 엄마 아빠가 나타나지 않으면, 결국 어느 순간엔 잠이 들겠지만 진정돼서가 아니라 울다 지쳐 잠이 드는 것이다.

여기서 어머니에 관한 이야기로 돌아가보자. 젊은 어머니들이 상담치료를 받으러 오는 이유는 매우 다양하다. 이들 중 다수는 출산으로 인해 트라우마를 겪은 경우이며, 나는 그 트라우마를 극복하도록 돕는다. 다양한 합병증과 외상이 원인일 수 있지만 병원의 냉랭한 분위기만으로도 산모는 무력감을 느낄 수 있다. 이때 체험한 무력감은 출산 후 특정한 상황에서 재발할 수 있다. 출산 전에는 당연히 느꼈던 '안전'이라는 감정이 온데간데없이 사라져버리는 것이다. 나는 이러한 경우 트라우마 환자들을 위한 훈련법을 적용한다.

여기에서 중요한 것은 현실감을 되찾고, 현재의 순간에 새롭게 적응하고, 두려움과 불안 증세를 극복하는 것이다. 여러 가지 생각이 끝없이 맞물려 이어질 때도 이 훈련법은 꽤 도움이 된다.

이른바 '5 - 4 - 3 - 2 - 1 훈련법'을 진행할 때, 환자는 편안한 자세를 취하고 그 순간 눈에 띄는 다섯 가지(중간 크기인 노란 색의 등근 꽃병, 파란색 쿠션이 놓여 있는 하얀 의자……)를 말하기 시작한다. 그러고 나서는 지금 그 순간 귀에 들리는 다섯 가지(시계바늘 소리, 거리의 소음……)를 말하고, 그 다음에는 지금 느낄 수 있는 다섯 가지(발과 닿아 있는 땅바닥, 등과 닿아 있는 의자 등받이……)를 말한다. 그러고 나면 똑같은 과정을 가짓수를 하나씩 줄여가며 되풀이한다. 가장 좋은 것은 매번 새로운 물건을 떠올리는 것이지만 불가피한 경우라면 같은 물건을 반복해 언급해도 된다. 이런 과정을 거쳐 환자들은 현재에 집중하게 되며, 모든 기억과 고민에서 벗어나 편히 쉴 수 있는 장소, 즉 많은 이들에게 유일하게 안전한 장소인 현재에 집중하게 된다.

나와 이 훈련법을 익혀 활용할 수 있게 된 여성들 또한 아픈 기억을 완전히 떨쳐버리지는 못한다. 내 친구 마리아는 여러 해 전 난산을 겪다 결국 제왕절개로 아이를 출산했다. 마리아의 경우, 출산과정은 합병증 없이 잘 진행되었으며 아기와 산모 모두 건강했고 항상 자신에게는 어떤 트라우마도 없다고 이야기해왔다. 그런데 얼마 전 마리아의 여동생이 역시 난산을 겪으면서 동생의 남편이 왓츠앱에 처가 식구들에게 '상황상 자연분만이 어려워져 수술실로 들어갑니다'라는 메시지를 남겼다. 마리아는 제부가 남긴 메시지를 읽고 새벽 3시에 부엌에 주저앉아 울음을 터트렸다. 한편으로는 여동생이 걱정돼서, 다른 한편으로는 동생이 겪고 있는 모든 과정을 자신이 다시 겪는 것처럼 느꼈기 때문이다.

여기에서 이런 질문을 해볼 수 있겠다. 과거에 겪은 일로 매우 힘들어하는 것 같으니 마리아는 심리치료를 받아야 할까? 내 견해로는 그럴 필요는 없다. 평상시 마리아는 출산에 대한 기억에 얽매이지 않고 아무 문제없이 잘 지낸다. 이런 특별한 상황에서 과거 감정이 되살아나는 것은 극히 정상적이다. 이런 상황에서 무덤덤할 수 있다면 도리어 그것이 이상한 일이다. 이처럼 살다 보면 돌이킬 수 없는 일이 생긴다. 하지만 우리에게는 대응법을 습득할 수 있는 능력이 있다.

산후 및 출산전후기 우울증

많은 여성들은 완벽한 아내와 어머니 역할을 해야 한다는 무언의 압박을 받는다. 이 압박은 매우 다양한 형태로 나타날 수 있다. 그중 한 가지가 앞서 언급한 산후 우울증과 출산전후기 우울증이다. 이러한 우울증은 흔히 두 가지 상반된 감정으로 표출되는데, 아이에 대한 무관심과 엄마 역할을 제대로 수행하지 못할 것 같은 두려움이 동시에 드는 것이다.

이러한 우울증이 강박적 생각이나 자해 혹은 자살시도로 표출되는 경우는 상대적으로 드물다. '강박적 생각'이라는 단어는 언뜻 들으면 섬뜩하지만, 당신도 분명 이러한 생각을 한 번쯤 해본 적이 있을 것이다. 예를 들어 조용한 교회에서 소리 지르고 싶은 충동을 느낀 적이 있는가? 혹은 다리를 건너다 갑자기 강물에 핸드폰을 던져버리고 싶은 충동에, 내가 이러다 정말 그럴까 싶어 두려웠던 적이 있는가? 이런 생각은 매우 돌발적으로 찾아오며 집요하다. 하지만 '강박적 생각'이라 불리려면, 이런 생각의 빈도가 잦아야 하며, 이런 생각의 실행과 관련하여 강력한 두려움을 느껴야 하며, 특정한 행위를 회피하려는 구체적인 행동이 뒤따라야 한다. 예를 든 것처럼 다리를 건널 때마다 핸드폰을 던져버리고 싶고, 자신이 실행할까 두려운 마음에 다리 말고 우회로를 선택한다면 이를 '강박적 생각'이라 부를 수 있다.

젊은 어머니들의 경우 자녀를 둘러싼 생각이 강박적으로 들 수 있다. 예를 들어 자신이 아이를 해칠 수 있다는 생각 같은 것이다. 이 경우 자연적으로 치유될 확률은 희박하므로 심리치료가 시급하다. 이럴 때는 심리치료사가 환자와 함께 강박적으로 찾아오는 비이성적인 생각을 분석해보고 문제 해결에 집중해보는 것이 중요하다.

내 환자 중 파울 부인이 그러한 케이스였다. 부인은 딸을 출산한 후 자신이 칼로 상처를 입힐지 모른다는 생각이 들었고, 어쩌면 그것을 실행할 수도 있겠다는 두려움이 들었다. 매우 선량한 여성이었으며, 스스로도 자신을 폭력적이라고 여기지 않았던 그녀였다. "저는 파리 한 마리도 못 죽여요. 그런데 대체 어떻게 그런 끔찍한 생각을 할 수가 있을까요?" 그녀는 첫 상담 시간에 울면서 이렇게 물었다. 심리치료는 부인이 고대하던 효과를 나타냈다. 나는 그녀의 상태를 알려주기 위해 심리 교육을 실시하면서 심리치료에 필요한 준비를 했다. 그러고 나서 이른바 '문제 상황에 직면하는 훈련'을 시작했다. 부인은 내가 지켜보는 가운데 자신을 집요하게 쫓아다니는 생각과 의식적으로 직면했고, 평소와는 달리 아무런 안전장치도 설치하지 않았다. 즉, 문제 상황에 직면하는 훈련을 시작한 시점부터 다시 예전처럼 칼을 사용하기 시작했다. 그리고 자신이 아이를 해칠 수도 있다는 두려움에 주방 출입을 금지시켰던 아이를 다시 주방에 들였다.

말로만 들으면 간단한 것 같아 보이지만 이른바 '노출 훈련법', 즉 문제유발 요인을 피하지 않고 직면하게 하는 훈련법은 심리치료에 사용되는 매우 복잡한 방법이다. 이를 실행할 때는 훈련을 준비하고 마무리하는 과정에 심리치료사가 반드시 조력자로 참여해야 한다. 앞서 소개한 5 - 4 - 3 - 2 - 1을 비롯한 많은 훈련법들은 혼자서도 충분히 실행할 수 있지만, 노출훈련법은 심리치료사가 반드시 함께해야 한다.

이처럼 산모들이 상반된 감정의 공존으로 힘들어하고, 어머니라는 역할에 불만을 갖게 되는 출발점은 사람마다 극히 상이하다. 많은 여성들은 어머니가 된 후 자신이 일종의 '젖소'가 되었다고 느끼며 이런 상태를 견디기 힘들어한다. 반면 새로운 역할에 매우 빨리 몰두하는 여성도 있는데, 이들은 일정한 시간이 지나 어머니 역할이 전혀 필요 없어지거나 줄어들 때 새로운 문제에 봉착할 수 있다. 이 문제와 맞닥뜨리는 시점 역시 매우 제각각이다. 간혹 자녀가 독립성을 갖춰 더 이상 엄마가 하루 종일 필요하지 않을 때, 자녀가 아직 어린데도 일찍부터 이러한 시점이 찾아올 수도 있다. 하지만 아무리 늦는다 해도 자녀가 부모 집을 떠나는 순간에는 누구에게나 찾아온다. 삶에서 엄마 역할이라는 한 축에만 몰두해온 여성은 당연히 이러한 위상의 변화가 매우 난감할 수밖에 없고, 새로운 역할을 찾아나서야 한다. 이 과정에 대해서는 이미 '정체성 확립' 맥락에서 살펴본 바 있다.

나는 상담을 받으러 찾아오는 모든 젊은 어머니에게 또래 자녀를 둔 다른 어머니들을 만나 이야기를 나눠보라고 권유한다. 이야기를 나누다 보면 이들 또한 유능한 여성들이며 자신과 똑같은 상황에서 감사하며 살고 있음을 알게 된다. 단, 출산한 지 얼마 되지 않은 여성이 다음 질문에서 3개 이상의 항목에 해당된다면 전문가를 찾아가 상담해보는 것이 좋겠다.

- 출산 후 혹은 임신기간부터 저조한 기분이 분명히 느껴지는가?
- 아이와 좋은 관계를 쌓아가는 것이 힘겨운가?
- 아이를 돌보는 것이 힘겨운가?
- 내게 주어진 짐이 너무 무겁다는 생각이 끊임없이 드는가?
- 출산 후 혹은 임신기간부터 뚜렷한 원인도 없이 두렵고 무서운가?

과거 산부인과에서는 산모의 신체적 건강만 염두에 두었던 반면, 요즘 산후 검진에서는 심리적 측면에도 관심을 기울이므로 과거에 비해 임상적 병증을 훨씬 조기에 인식하고 치료할 수 있다. 이러한 병증은 조기에 발견할수록 치료 효과도 크다. 심지어 소아과 예방 검진에서도 소아과 의사가 어머니의 심리적 건강에 대해 자주 묻는다. 이는 부모라는 힘겨운 과제로 인해 발생할 수 있는 심리적 질환에 거리낌 없이 적절하게 대응하기 위한 중요한 첫걸음이다.

잊혀진 아빠

　　그런데 임신과 출산기간 동안 남성들의 상황은 어떠한가? 지금까지 임신과 출산을 이야기하면서 남성의 상황에 대해서는 달리 언급하지 않았다. 실제로 임신과 출산 후 누구보다 힘겨운 당사자는 여성이고 육체적으로 가장 큰 변화를 겪어내야 하는 것도 여성이기 때문이다.

　내 생각에 이처럼 임신과 출산과 관련하여 남녀에게 할당되는 역할 비중이 다른 것은 인간의 심리가 상당히 현명하게 작동해서다. 파트너 관계에서 어느 한쪽이 '자리를 비우면' 다른 한쪽이 파트너 시스템을 유지하기 위해 오랫동안 자리를 지키고 역할을 수행하기 마련이다. 즉 임신과 출산의 경우, 여성이 육체적으로 힘들어하는 동안 남성이 자리를 지키면서 가족이라는 시스템을 유지하는 것이다.

　부모가 된다는 것은 남성에게도 결코 쉬운 일이 아니다. 많은 남성들이 가족 부양이라는 기존 과제에 아버지 역할이라는 새로운 과제가 추가돼 힘겨워한다. 자녀가 생기면 남성은 가족에서 어떤 위치를 차지하게 될까? 아이가 생기기 전까지 남성과 여성은 동등한 파트너라는 위치에 있었다. 아기가 생기면 남성들은 주변으로 밀려난 듯하고, 가족 내에서 덜 중요한 사람이라는 느낌을 받는다. 육아와 관련하여 젊은 아버지가 서툰 모습을 보일 때, 사람들이 이를 두고 쓸데없이 놀리기라도 하면("어머나, 오늘은 아빠가 아기 옷을 입혀주셨나보다, 어쩜 이렇게 우스꽝스럽게 입혔담? 하하하"), 자신이 가정에서 중요하지 않은 사람이라는 느낌을 또다시 받게 된다.

　이처럼 아버지를 육아와 동떨어진 존재로 여기는 기존의 편견을 거부하고, 육아에 서툰 것을 자연스러운 현상으로 받아들이고, 자녀가 생긴 새로운 상황을 확실히 의식하고 적극 수용한다면, 남성들은 더 이상 가족 내에서 주변인이라는 느낌을 받지 않을 것이다. 물론 남성이 모유수유를 할 수는 없다. 하지만 한밤중에 일어나 우는 아이를 달랠 수도 있고, 아이를 차에 태우고 산책을 가거나 함께 놀아줄 수도 있다. 이렇게 하는 남성은 자동차에 쓸데없이 매달려 있는 바퀴가 아니라 가정이라는 팀의 소중한 구성원이다. 본래 남녀관계는 쌍두마차와도 같다. 남성과 여성 두 사람만의 친밀하고 은밀한 관계를 가족의 일상에서 잊어버리지 않기 위해서는 둘만의 시간을 보내는 것이 중요하다. 하지만 반드시 조용한 저녁때여야 할 필요는 없다. 젊은 부모는 아기를 재우고 나면 완전히 탈진해 소파에 뻗기 마련이다. 그러므로 토요일 오전에 할아버지가 손자와 산책하는 동안 둘이서 브런치를 먹으러 나가보라. 혹은 이따금 아기를 위한 이유식이 아니라 자신들을 위한 어른음식을 만들어 둘이서 함께 즐기는 것도 좋겠다.

아이가 어리면 걱정도 작고
아이가 자라면 걱정도 커진다

　(사람마다 의견이 분분하긴 하지만) 이른바 한창 힘든 시

기라 일컫는 생후 첫 번째, 두 번째, 다섯 번째 해가 지나더라도 아이를 키우는 것은 쉽지 않다. 자녀는 부모에게 커다란 기쁨을 안겨주는 동시에, 끝없는 걱정도 가져다주기 때문이다. 부모에게 자녀는 무엇보다 소중한 존재이며, 엄청난 사랑을 받는다. 또한 부모는 많은 것을 포기하면서까지 자녀 양육에 집중하기 때문에, 자녀가 부모 생각대로 잘 자라주길 바란다. 이처럼 자녀가 자기 생각대로 잘 자라주길 바라는 마음에서, 부모는 자녀를 해로운 영향과 위험으로부터 지키려 한다.

자녀에 대한 근심걱정이 가득한 헬리콥터 부모들이 벌이는 에피소드는 책을 몇 권이라도 쓸 수 있을 만큼 차고 넘친다. 이들은 사랑하는 자녀를 해로운 자외선으로부터 보호하기 위해 자외선 차단제 SPF50+를 발라주는 것으로는 충분치 않다고 생각하여 자외선 차단 기능을 갖춘 옷을 입힌다. 놀이터에서 놀다 다칠까 봐 자기 집 마당에 트램펄린을 설치한다. 하지만 그 결과 최근 수년간 발목을 삐어 병원을 찾아오는 아이들의 수가 급증했다. 등굣길에 길을 잃지 않도록 아이의 몸에 GPS 추적장치를 달아놓기도 한다. 이처럼 과도한 행위 때문에 자신의 자녀들이 조지 오웰George Orwell의 디스토피아 소설 《1984》의 주인공 윈스턴 스미스처럼 공포심을 느끼리라는 생각은 꿈에도 하지 못한다.

폴란드 출신 교육학자 야누시 코르차크Janusz Korczak는 이렇게 말했다. '부모는 죽음이 자녀를 빼앗아갈까 두려워서 자녀의 삶을 빼앗아버린다. 자녀의 죽음을 막기 위해서 자녀가 제대로 살지 못하게 만든다.' 우리는 자녀를 완벽하게 관리하겠다는 환상에 빠져 가장 중요한 것을 희생시킨다. 즉, 자유로운 삶을 빼앗아버리는 것이다. 자녀의 미래가 걱정이라면, 제6장에서 살펴본 바 있는 '근본적인 수용'이 도움이 될 것이다.

열네 살짜리 딸이 처음으로 밤 10시가 지나서 파티에 간다. 열다섯 살짜리 아들이 수학과목에서 세 번이나 낙제해 실업계 고등학교로 전학을 가야 한다. 살다 보면 이처럼 내가 변화시킬 수 없는 일, 내가 좌지우지할 수 없는 일들이 생긴다.

내 말을 오해하지는 마시라. 자녀와 관련된 모든 것을 방치하고, 자녀를 양육하고 이끌어주는 노력조차 하지 말라는 것이 아니다. 단지 당신이 삶을 완벽하게 컨트롤할 수 없다는 사실을 인식하라는 것이다. 이 사실을 인식하고 이러한 인식을 근본적으로 수용하면, 당신의 행복에 근본적인 도움이 될 것이다.

이처럼 우리가 '그저 수용할 수밖에 없는 일'에 관해 좀 더 이야기해보자. 사춘기는 어른들이 영향을 미칠 수 없을 뿐 매우 정상적인 현상이다. 작은 위로가 될 말을 하자면, 아직까지는 '사춘기 전후 우울증'으로 내게 상담을 받으러 온 부모는 없었다. 그럼에도 불구하고 사춘기 자녀로 인해 밀어닥치는 모든 일이 감당할 수 있는 수준을 넘었다 싶으면 긴장완화 훈련법을 실행해보자. 숨을 깊이 들이마시고 다시 내쉬어본다. 호흡에 온전히 집중해보라. 호흡을 하면서 숫자를 세어보면 도움이 된다. '숨을 들이마시고, 하나, 숨을 내쉬고, 둘, 숨을 들이마시고, 셋' 이런 식으로 열까지 세어보라. 이 훈련을 거듭할 때마다 편안한 상태로 호흡의 길이를 조금씩 늘려보라. 가장 좋은 것은 3초 동안 숨을 들이마시고, 3초 동안 숨을 내쉬는 것이다.

누군가 훈련을 지도해준다면 도움이 되겠는가? 긴장완화 훈련 법에 관한 CD 혹은 유튜브 동영상이 매우 다양하게 나와 있다. 이 가운데 마음에 드는 것을 선택해서 한번 실행해보자. 모든 사람은 저마다 다르며 각자에게 특히 유효한 긴장완화 훈련법도 다르다.

가장 널리 알려진 훈련법은 '자율 훈련법'과 '점진적 근육 이완 법'이다. 이런 훈련법들을 '조건화 과정'과 병행하여 오랫동안 규 칙적으로 실행하면 만족감과 침착성뿐만 아니라 자기제어 능력과 자신감까지 증대돼 어려운 상황도 잘 극복할 수 있다는 확신을 갖 게 된다. 여기서 중요한 사항을 하나 덧붙이자면, 매사를 지나치게 골똘히 생각하는 사람들에게는 이 요법이 외려 역효과가 날 수 있 다. 긴장완화 훈련을 통해 정신이 엉뚱한 곳으로 쏠리지 않는 만큼 부정적인 생각을 할 공간이 더 많아지기 때문이다. 이러한 경우에 는 앞서 소개했던 '호흡수 세기', 혹은 '상상하기'(제4장의 '안전한 내면적 장소') 등 머리를 사용하는 긴장완화법이나 요가 혹은 기공 등 신체 위주의 훈련법이 적절하다.

내 아이의 아이

자녀 걱정으로 조바심인 부모의 곁에 아무도 없는 경우 는 다행히도 매우 드물다. 왜냐하면 부모의 곁에는 조부모가 있기 마련이니까. 하지만 많은 이들의 희망과는 달리 그렇지 못한 경우

도 있다. 셋째까지 낳는 것이 요즘 트렌드이긴 하지만, 초산 연령
이 급격하게 높아져 손자 얼굴을 못 보고 세상을 떠나는 사람들이
많기 때문이다.

할머니 혹은 할아버지가 된 행운을 누리는 사람들은 손자가 태
어나면 눈에 띄게 밝아지고 손자에게 열정을 쏟아붓는다. 젊은 시
절 집을 장만하고 직장생활을 하느라 힘에 부쳐 자녀들에게는 주
지 못했던 열정을 손자에게 발산하는 것이다. 이처럼 열정적인 조
부모들은 부모 세대에게 매우 고마운 존재다.

단, 자녀와 원만한 관계를 유지하고자 하는 조부모들이 유의할
중요한 규칙이 몇 가지 있다. 손자가 있는 분이라면 다음 사항을
염두에 두시라.

- 당신은 조부모이지 부모가 아니다. 여기에는 몇 가지 장점이 있다.
  당신은 손자들 버릇을 잘못 들일까 봐 걱정할 필요가 없으며 항상
  일관성 있는 태도를 유지할 필요도 없다. 그렇다고 해서 아이 부모
  의 권위를 무시해서는 안 되며, 양육에 관해선 선의가 담긴 조언도
  자제하는 편이 좋다. 물론 당신이 아이의 부모보다 양육에 관해 아
  는 것이 더 많을 수 있다. 하지만 당신은 이미 자신이 원하는 방식
  으로 자녀를 키워보았으니 이제는 다음 세대의 차례다.

- 따라서 젊은 부모에게 의미심장한 질문과 충고를 함으로써 은연중
  에 압력을 가해서는 안 된다. "이제는 밤에 한 번도 안 깨고 아침까
  지 계속 자?" "이유식은 언제부터 먹일 계획이니?" 만 한 살이 넘
  었는데도 딸이 아직까지 아이와 한 침대에서 자는 걸 보면, 손자가

유약한 아이로 클지 모른다는 걱정이 들 수도 있다. 하지만 육아 결정권은 전적으로 아이 엄마에게 있다. 이런 문제를 걱정하고 간섭하는 것보다는 터놓고 제안하는 편이 훨씬 도움이 된다. "뭐라도 도와줄 것이 있으면 말해." "필요하면 내가 아이를 돌봐줄 수 있어." "네가 원한다면 잠깐 들러서 청소랑 요리를 해줄게. 그러면 그동안 아이랑 편하게 쉴 수 있지 않겠니?"

• 마지막으로 갓 조부모가 된 사람들뿐만 아니라 친척과 친지에게 당부할 말이 있다. 산모에게 질 분비물, 출산 후 성생활, 출산으로 인한 외상 혹은 기타 은밀한 문제를 언급하지 마시라. 필요하다면 당사자가 직접 이야기를 꺼낼 테니. 그런 경우가 아니라면 전부 지나친 간섭으로 느껴질 뿐이다.

조부모로서의 열정이 아무리 넘치더라도 이러한 조언을 염두에 두려고 노력하시라. 그러면 손자들, 그리고 당신의 자녀와 함께 행복한 시간을 보낼 확률이 훨씬 커질 것이다.

한 번쯤의 심리치료는
삶에 도움을 준다

미국에 대해 그다지 잘 모르는 사람이더라도 다음 사실은 알고 있을 것이다. 미국 사람들은 주치의 혹은 치과 의사에게 정기진료를 받듯이, 개인적으로 상담을 받는 심리치료사가 기본적으로 있다. 미국인 둘 중 한 사람은 크고 작은 문제 혹은 삶에서 예측할 수 없는 일들을 만날 때, 심리치료사를 찾아가 의견을 나눈다. 심리학 서적에 실려 있는 심리테스트를 해보는 것에 그칠 게 아니라 한 차원 높여서 자신의 심리를 좀 더 집중적으로 알아보는 것은 누구에게나 좋은 일이 아닐까?

심리치료사 경우에는 자신의 심리에 대해 집중적으로 알아보는 프로그램에 의무적으로 참가해야 한다. 단, 심리치료사들이 참가하는 과정은 심리치료라 불리지 않고 '자기체험'이라고 불린다. 이와 같은 자기체험 프로그램은 심리치료사 교육기관이 조직하며 해당 교육규정의 적용을 받는다. 심리치료사를 위한 자기체험 프로그램은 유료로 운영되며 의료보험의 지원을 받지 못한다.

내 경우에는 자기체험 프로그램이 6회에 걸쳐 블록 세미나 형태로 진행되었는데, 각 블록 세미나는 3일씩 진행되었고, 최소 의무 참가는 120시간이었다. 이 프로그램은 참가자들의 감정을 상당히 깊숙한 부분까지 다룬다. 매우 개인적인 이야기도 오가며 때로는 쉽게 언급하기 힘든 부분까지 이야기하게 되는데, 이런 과정에서 눈물을 흘리는 사람도 많다. 참가자들은 조별로 단체훈련과 개별훈련을 받는데, 이때 개별훈련은 한 사람에게 초점을 두고 진행된다.

프로그램이 끝나면 피드백으로 대화를 나누는 시간이 주어진다. 물론 프로그램이 끝난 후에도 심리치료사들은 자비를 들여 개인적으로 자기체험 과정을 지속할 수 있다.

자기체험 프로그램에는 일부 특정한 내용이 정해져 있다. 예를 들어 자신과 이 세상에 대한 전형적인 '기본적 견해'와 구체적 행동패턴을 다음의 질문을 통해 분석해보는데, 행동패턴은 심리치료사로서 활동할 때에도 여실히 드러난다. '어떤 환자들이 나를 화나게 만들며, 이는 나의 개인사와 어떤 연관이 있을까?' '나는 어떤 환자를 때할 때 심리치료사라는 전문가로서 객관성을 유지하도록 유의해야 할까?' 예를 들어 내 경우에는, 심리치료가 진행돼 긍정적인 변화가 상당 부분 이루어졌는데도 그 변화를 외면하는 환자들을 상대할 때 심리치료사로서 객관성을 유지하도록 주의해야 한다. 이 밖에도 나는 각 환자들의 상태를 감안하여 설정해둔 목표를 벗어나지 않도록 유의해야 한다. 이 점에 있어서도 자기체험 프로그램은 내게 많은 도움이 되었다.

물론 이 과정에서 나에 관해 많은 것을 파악하게 돼 개인적인 삶에도 도움이 되었다. 내가 왜 특정한 상황에서 특별히 예민하게 반응하는지를 알게 되었기 때문이다. 우리는 모두 완전하지 않은 인간이며, 많은 상황에 감정적으로 반응하기 마련이다. 심리학적으로 전문 배경지식을 갖춘 사람이든 아니든 마찬가지다.

자신의 내적(혹은 외적) 갈등을 분석해보고 그것에 유익한 심리치료법이 무엇인지 알고 있으면 누구에게나 도움이 될 것이다. 하지만 나는 모든 사람들이 한 번쯤 심리치료를 받아봐야 한다고 생각진 않는다. 물론 인간은 누구나 인생에서 지고 가야 할 자신만의 짐이 있다. 또한 지금까지 살펴보았듯이 누구나 심리적으로 크고 작은 문제를 지니고 있을 수 있다. 하지만 독일에서 심리치료는 심리질환으로 인한 고통을 줄여주기 위한 보건서비스에 해당하며, 자신에 대해 알아보기 위한 체험 프로그램이 아니다. 단지 '나를 위해 무언가 유용한 것'을 원하는 사람은 공공자금이 지원되는 심리치료보다 심리코칭 혹은 컨설팅 프로그램이 적합하다. 이 밖에도 자신에게 초점을 두고 끊임없이 자신을 분석하는 행위는 도가 지나칠 수 있다. 물론 자신을 제대로 인식하는 것은 바람직하지만, 끊임없이 자신의 존재만을 찾아 헤매다 보면 자신에 관한 생각, 자신에 관한 생각에 대한 생각에 매몰돼 실질적으로 필요한 것과 현실을 소홀히 하게 된다. 심리치료사로서 이런 말을 하는 게 어쭙잖긴 하지만, 이처럼 끝도 없이 자기 분석에 집착하다 보면 인생의 즐거움과 유쾌함을 누릴 수 없다.

9장
Fun, Fun, Fun

술 혹 은 기 타 의 쾌 락

요나스는 친구들과 어울려 다니다 처음 대마초에
손을 댔다. 대마초를 피우는 건 단지 스트레스를 해소하기 위해
서다. 누구나 다들 한다. 합법화된 거나 다름없다. 현재 말기 암환
자에게만 부분적으로 의료용 대마가 허용되어 있지만 멀지 않아
누구나 대마초를 합법적으로 흡입할 시대가 올 것이다(어디까지나
독일 상황을 염두에 둔 언급임을 감안하시길 바람 – 편집자). 그는 얼
마 전부터는 혼자 있을 때도 대마초를 피우기 시작했다. 단지 스트
레스를 해소하기 위해. 직업학교가 끝나고 머릿속이 복잡해지면
대마초를 피운다. 누구나 다들 한다.

자비네에게는 초등학교에 다니는 자녀 두 명이 있다. 그래서 격
정이 많다. 육아에 신경 쓰랴, 풀타임 근무에 살림까지 해야 하니

걱정이 더 많다. 이런저런 걱정 때문에 밤에 쉽게 잠들지 못한다. 주치의는 기꺼이 수면제를 처방해주었다. 수면제의 효과는 정말 놀라워서, 몇 년 만에 처음으로 꿀잠을 잤다. 처음에는 한 알씩 먹었는데 언제부터인가 약효가 없어 그냥 두 알씩 먹는다.

슈테파니는 미디어 분야에서 일한다. 그래서 창의력을 발휘해야 할 뿐만 아니라 브레인스토밍도 자주 해야 한다. 브레인스토밍을 할 때는 오랫동안 한자리에 앉아 토론한다. 틈이 날 때마다 동료들과 함께 자판기 앞에서 에스프레소를 마시며 의견을 나누는 것도 매우 중요하다. 그러다 보니 하루에 다섯 잔 정도 마시던 커피를 요즘 들어 여덟 잔까지 마신다. 주말에는 심장이 심하게 두근거려서 자다가 깰 때가 많고, 정오 즈음이면 심한 두통이 찾아온다. 매일 마시던 커피를 마시지 않아 일어나는 현상이다.

우리를 중독시키는 것들!

이 모든 일들이 정상적인 것 같은가? 현재 우리 사회에서는 그럴 수도 있다. 비록 요나스, 자비네, 슈테파니가 프랑크푸르트 중앙역 화장실에서 팔뚝에 주삿바늘을 꽂은 채 정신을 잃고 쓰러져 있거나 아침식사 때 맥주를 마시는 것은 아니지만, 이들은 확실히 중독의 전 단계에 속한다. 정신질환의 진단 및 통계편람(DSM)의 기준에 따르면, 최근 1년 동안 특정 물질의 소비와 관련해 다음 중 3개 이상에 해당되면 중독에 속한다.

- 특정 물질을 소비하고 싶다는 강력한 소망이 있다. 전문가들은 이를 열망이라 부른다.
- 특정 물질의 소비와 관련하여 제어능력을 상실한 상태다. 즉 특정 물질을 언제 얼마나 소비할지 더 이상 통제할 수 없다.
- 신체적으로 금단현상이 나타난다.
- 내성이 생겼다(원하는 만큼의 효과를 내기 위해 특정 물질이 점점 더 필요하다).
- 특정 물질을 소비하는 데 몰두하느라 다른 것에 관심이 없다.
- 해로운 작용에도 불구하고 특정 물질을 계속 소비한다.

물론 이는 상당히 엄격한 기준이지만, 이 정도는 아니라고 해서 마음을 놓아도 되는 것은 아니다. 중독 상태는 아니더라도 '물질남용'에 해당될 수 있기 때문이다. 이러한 물질남용 또한 엄연한 질병 수치로 나타낼 수 있는 공식적인 진단명이다. 헤로인, 코카인, LSD 등 중독성이 강한 마약이든, 알코올, 니코틴, 카페인, 수면제, 진통제, 설탕 등 이른바 일상 속의 마약이든, 모두 우리를 중독시킬 수 있는 것들이다. 이 장에서는 이러한 중독 물질을 다루려 한다.

다음 질문에 답해보자.

- 특정 물질의 반복된 소비로 인해 부부간의 불화 등 사회적 문제를 경험한 적이 있는가?
- 특정 물질의 소비로 인해 자녀 돌보기 혹은 직업 활동 등 중요한 의무를 소홀히 한 적이 있는가?

- 특정 물질을 3개월간 소비하지 않을 수 있겠는가?
- 특정 물질의 소비를 중단하려는 시도를 여러 번 해봤는가?
- 특정 물질의 소비를 언제 시작하고 언제 끝낼지 제어하기 힘들 때가 있는가?
- 원하는 효과를 얻기 위해 특정 물질의 소비량을 지난 수개월간 늘려야 했는가?

물질남용으로 진단할 때 중요한 기준은, 중독이라고 말할 정도는 아니더라도 특정 물질로 인해 부정적인 결과(파트너와의 결별, 운전면허 박탈, 입건 등)가 반복된 적이 있느냐다. 위의 질문에 한 가지도 해당되지 않는다 해도(위 질문에 답할 때는 한 달 이상 지속적으로 혹은 최근 열두 달 내에 간헐적으로 해당 현상이 나타났는지를 고려한다), 즉 (아직까지!) 부정적인 결과가 나타나지 않았더라도 위험한 행동에 해당할 수 있다.

이 대목에서 당신은 모든 문제를 병리화할 필요는 없다고 말하고 싶을지도 모르겠다. 맞다. 이 책의 취지 또한 겉보기에는 완전히 정상 같아 보이지 않는 사람도 사실은 정상에 해당한다는 이야기를 하려는 것이다.

(서문에서 언급한 바 있는) 내 친구 사브리나는 최근에야 감자칩 소비 행태가 중독 판별 기준을 완전히 충족시킨다는 사실을 확인했다. 심지어 사브리나는 중독 판별 기준 중 3가지 이상에 해당한다. 그녀의 말에 따르면 사브리나는 단지 목요일에만 〈독일의 차세대 모델〉이라는 프로그램을 시청하면서 감자칩을 먹는다. 따라서

그녀는 목요일이 되면—가끔씩은 수요일부터—하루 종일 감자칩 생각만 한다(열망). 가끔씩은 목요일까지 기다리지 못하고, 하나 더 사둔 감자칩 한 봉지를 화요일에 뜯어서 먹어버리기도 한다(제어능력 상실). 한 봉지로는 부족할 수 있으므로 늘 한 봉지를 예비로 사둔다(내성이 생김). 감자칩을 먹을 때마다 심하게 여드름이 올라오지만 목요일마다 반복하는 '의식', 즉 첫 번째 광고가 시작되기 전에 감자칩 한 봉지를 전부 먹어치우는 습관을 포기할 마음은 없다(부정적인 결과에도 불구하고 특정 물질을 계속 소비함). 이 모든 행태는 명백한 중독의 징후다!

사실 나는 특정 물질의 소비가 주위 사람들에게 전혀 해를 끼치지 않고 당사자가 자신의 행위로 인한 부정적인 결과를 분명히 의식하고 있는 한, 한 번쯤은 도가 지나칠 때가 있더라도 이러한 소비를 모두 병적으로 간주할 필요는 없다고 생각한다. 물론 이로 인해 발생할 보건 시스템의 비용을 무시할 수는 없지만, 나는 여기에서 비용문제는 고려하지 않으련다. 그럼에도 불구하고 오늘날 우리 사회가 개인의 '자기책임'과 '독자성'이라는 가치를 지나치게 중요시하는 것 같긴 하다.

누구나 특정 물질과 관련된 자신의 소비 행태를 한 번쯤 돌아보는 것은 바람직하다. 이와 관련하여 우리 부모 세대의 일상을 살펴보자. 그렇다, 정신을 잃을 만큼 술을 마셔대는 청년들이 아니라 부모의 일상을 살펴보자는 말이다.

이들은 주말이면 점심에 와인을 한 잔 곁들이고 난 후, 소화를 위해 화주를 한 잔 마시고, 저녁이 되면 밀 맥주를 1~3잔 들이킨다. 그다지 심각한 상황 같지는 않다고? 하지만 이는 명백하게 위험한 행동이다. 이들뿐만 아니라 교대 근무를 하는 내 친구들도 잠을 청하기 위해 자주 맥주를 마신다. 게다가 단조로운 작업을 하다가 틈만 나면 스트레스 해소를 위해 '양쪽 귀에서 연기가 날 정도로' 담배를 피워댄다. 모두 충분히 납득이 가는 행동이지만 엄격히 보면 매우 위험한 행동이다.

남성의 경우 하루 40그램의 순수 알코올을 날마다 소비하면 건강에 해롭다고 알려져 있으며, 여성의 경우 건강을 위협하는 1일 순수 알코올 소비량은 20그램이다. 맥주 1리터에는 약 40그램의 알코올이 함유돼 있으며, 와인 1리터에는 약 80그램의 알코올이 함유되어 있다. 여기서 주의할 점은 이것이 평균 수치가 아니라 최대 수치라는 점이다. 즉, 퇴근 후 마시는 500밀리리터 맥주 두 잔이 우리의 건강을 위협한다는 말이다. 독일의 연간 1인당 순수 알코올 소비량이 평균(비음주자와 미성년자를 포함한 수치) 10.5리터라고 알려져 있는데(1인당 평균: 맥주 123.1리터, 와인 혹은 샴페인 23.9리터, 화주 5.8리터), 건강을 위협할 만한 정도의 알코올 소비량이다. 이러한 사실로 미루어볼 때, 알코올 섭취에 관한 권고를 지키지 않는 사람이 많은 것으로 보인다.

비켜가기 힘든 유혹

사람들은 왜 알코올과 니코틴 등을 좋아할까? 이에 대한 답은 인간의 뇌가 설명해준다. 니코틴, 암페타민, 코카인뿐만 아니라 간접적으로는 오피오이드, 알코올 등 특정 물질이 뇌의 '쾌락중추'인 기댐핵Nucleus accumbens에 작용하면 도파민이 분비되고 보상체계가 가동되어 쾌감이 발생한다.

이러한 물질은 각기 인체에 상이한 영향을 미친다. 예를 들어 헤로인과 같은 오피오이드는 단기적으로 행복감에 빠지게 하는 동시에 진정 작용을 한다. 즉 긴장을 완화시키고 진통 작용을 한다. 코카인은 행복감에 빠지게 하고 의욕을 상승시켜, 단기적으로 업무 능력을 높이고 접촉에 대한 욕구와 리비도를 끌어올린다. 니코틴은 집중력을 높이고 스트레스 감당 능력을 상승시키며 긴장을 완화한다. 알코올은 두려움을 해소시키고 자제력을 없애고 말수가 많아지게 만든다.

〈재미있는 동물의 세계〉라는 프로그램에 등장하여 유명해진, '비틀거리는 코끼리'들은 사실은 술에 취한 것이 아니라 나무껍질 속에 숨어 있던 독성 딱정벌레 애벌레를 잡아먹어 술 취한 것처럼 비틀거렸던 것으로 추정된다. 하지만 이와는 별개로 학자들의 연구에 따르면 동물들도 중독 물질을 싫어하지 않는다. 맥주를 훔쳐 먹었다는 인도코끼리에 관한 이야기는 널리 알려져 있다. 연구결과에 따르면 인간과 마찬가지로 영장류 또한 알코올을 좋아한다. 물론 영장류들이 섭취하는 건 자연 상태의 알코올이라서 인간이 마시는 보드카나 위스키보다는 알코올 함량이 낮긴 하다. 하지만 이처럼 동물들도 알코올을 좋아하는 것을 보면, 사람들이 알코올에 탐닉하는 것은 그다지 비자연적인 현상은 아닐 수도 있겠다.

합법적인 술과 담배

　　중독 물질을 대수롭게 여기는 현상은 알코올에만 국한
되지 않는다. 흔히 대마초를 '중독성 없는 마약Soft drug'이라고 얘기
하지만 대마초를 장기간 피워온 사람에게는 이른바 '무의욕 신드
롬'이 나타난다. 즉 극심한 무기력 상태, 수동적 태도, 인지능력 및
집중력 저하의 형태로 지속적인 인격변화 현상이 나타난다. 이 밖
에도 대마초를 상습적으로 흡연하면 우울증, 정신 불안 등 기타 심
리적 질환의 발병률이 높아진다.

　이 밖에 기타 중독 물질도 인체에 심각한 영향을 미친다. 코카
인을 장기 복용할 경우 불쾌감, 성교 불능, 공격성 등 여러 증상이
발생한다. 알코올은 무엇보다 마비, 기억장애, 혹은 다발성 신경병
증 등의 신경장애를 초래한다. 다발성 신경병증의 경우 신경섬유
가 심하게 손상되어 청력이 상실되고, 팔과 다리에 간질거리는 느
낌이 든다. 이보다 더욱 심각한 것은 흡연이다. 2013년 독일에서
만 흡연으로 인한 사망자 수가 12만 1,000명에 이른다. 흡연은 폐
암뿐만 아니라 특히 후두암, 식도암, 구강암의 발병률을 높인다. 이
밖에도 학계에서 흡연과 백혈병, 췌장암, 방광암, 자궁경부암, 신장
암의 상관관계를 입증한 바 있다. 나는 여기서 누군가를 가르치거
나 훈계할 생각은 전혀 없다. 무언가에 의존하는 것은 극히 인간적
이다. 자신이 소비하는 중독 유발 물질의 영향을 제대로 인식하지
못하는 사람이라 해도, 일단 중독 유발 물질의 소비가 초래하는 결
과를 정확히 알게 되면 성인으로서 책임 있는 결정을 내릴 것이다.

얼마 전 어린 소녀를 치료한 적이 있는데, 만약 그 아이가 중독 유발 물질 소비가 초래할 결과를 좀 더 알았다면 다른 결정을 내렸을지도 모르겠다. 열아홉 살 마리는 조현병 감수성이 유전적으로 높았으며(어머니가 조현병 환자다), 열다섯 살부터 마약을 '호기심에서' 시작했다. 그리고 이내 니코틴과 대마초에 의존하게 되었다. 머리가 매우 좋았고 대학입학시험을 앞두고 있던 마리는 환청(특정한 생각이나 세상을 떠난 사람에 대한 기억이 그녀에게는 목소리로 들렸다), 환시(구름이 떠 있는 하늘을 보면 구체적인 사물이 보였다), 편집증(누군가 자신을 계속 쫓아다닌다고 생각했다) 등 전형적인 조현병 증상을 지니고 있었다. 안타깝게도 대마초와 LSD를 비롯한 여러 종류의 마약이 마리에게서 조현병의 발병을 촉진시킨 것으로 보였다. 호기심에서 시작한 것이 이런 결과를 낳을 수도 있다.

중독 유발 물질의 소비가 구체적으로 어떤 영향을 미치는지, 실제로 어떤 사람이 특정한 물질에 중독되는지는 매우 다양한 요인에 의해 좌우된다. 여기에서도 우리는 복합요인모델을 적용해볼 수 있다. 개인적인 특수 요인(특정 질병에 대한 유전적 감수성, 기타 정신질환의 선험 유무, 감정조절장애, 호기심 등), 마약 접근성 등의 사회적 요인, 예를 들어 "풀이파리 몇 조각 맛보는 것이 뭐 그렇게 해롭겠어?"라는 식의 사회적 규범, 가족 간의 무관심, 유년시절의 정서적·신체적 방치, 그리고 특히 또래집단의 영향이 여기에 복합적으로 작용한다.

또한 중독 현상은 매우 다양한 형태로 나타난다. 알코올 중독자의 유형도 한 가지로 정해져 있는 것이 아니라 매우 다양하다. 내 친구 하나는 학창 시절 체육 선생님 이야기를 자주 한다. 그 친구에 따르면 체육교사는 탈의실 냉장고에 아이스팩이 아니라 맥주를 가득 채워놓는 전형적인 알코올 중독자였다. 친구에게서 선생님 이야기를 들을 때마다 웃음이 터지곤 하지만 엄밀히 말하자면 매우 슬픈 이야기다. 또 다른 친구의 대부인 러시아 출신 아저씨에 관한 이야기도 있다. 그는 독일에 올 때마다 엄처시하를 벗어났다는 안도감에 자기조절 능력이 극도로 낮아져 2주일 내내 만취 상태로 응접실 소파에 누워 있었다고 한다. 중독의 형태가 어떻든 간에, 인간의 뇌는 중독 상태를 기억해둔다. 이처럼 중독에 대한 기억이 뇌에 분명히 각인되고 나면, 알코올 중독에서 벗어난 상태라도 맥주만 보면 알코올에 대한 갈망이 다시 솟구쳐 오른다. 이런 현상이 나타나는 주된 원인은 중추신경체계 내에 도파민, 글루탐산 등 신경전달물질의 생성과 전달 과정에 지속적이고 비가역적인 변화가 발생했기 때문이다.

지겨운 핑계거리들

이처럼 중독은 인체에 많은 변화를 일으키지만 중독에서 벗어나는 것이 불가능한 것은 아니다. 물론 이를 위해서는 특정 물질에 대한 자신의 소비 행태에 문제가 있음을 먼저 인정해야 한다. 단, 이 과정은 상당히 오랜 시간이 걸릴 수 있다. 중독질환 환자들이 가장 쉽게 늘어놓는 핑계거리를 몇 가지 소개한다. 다만 이것들은 자신에게 문제가 있다고 인식하는 환자들보다는 자기 상태는 대수롭지 않으며 내겐 아무 문제도 없다고 여기는, 내 주변 사람들이 흔히 늘어놓는 핑계거리다.

- 난 마음만 먹으면 언제든지 중단할 수 있어.
- 그냥 맛이 좋아서 하는 것뿐이야.
- 헬무트 슈미트 총리도 폐암에 걸리지 않았잖아.
- 그냥 인생을 좀 즐길 뿐이야.
- 나한테는 지금 아무 문제가 없어(내 생일이었다고, 친구들 말에 넘어갔어. 그때 기분이 나빴어……), 그럴 만한 이유가 있어서 딱 한 번 해봤던 거야.
- 이번이 정말로 마지막이야.

이 중에서도 특히 첫째 항목은 시도해볼 만하다. 이와 관련하여 영국에 널리 퍼져 있는 드라이 재뉴어리Dry January를 예로 들 수 있다. 영국을 여행해본 사람이라면 알겠지만, 영국 사람들은 알코올 소비와 관련하여 특히 크리스마스 시즌에는 독일 사람들에게 전혀 뒤지지 않는다. 그래서 많은 영국인들은 1월에는 이른바 '속도를 좀 늦춰' 한 달간 술을 마시지 않는다. 물론 1월에 금주를 했다고 해서 나머지 11개월 동안 마음껏 마셔도 된다고 생각한다면 문제다. 금주에 한 번 실패했다고 더 이상 아무 시도도 하지 않는 것 역시 문제다. 많은 흡연자들은 매년 연말마다 내년엔 금연하겠노라 다짐하지만 금연 상태를 지속하는 것은 이들 중 극히 소수에 불과하며, 나머지 사람들은 금연 시도가 실패할 때마다 담배 중독에서 벗어나려는 의욕을 상실한다.

잠깐! 지금 계속 알코올, 니코틴, 대마초에 관해 이야기하고 있지만 이보다 더 흥미로운 것은 이른바 '행동중독'이다. 행동중독은 물질과는 무관한 중독으로, 사람들 대부분이 아직까지는 그다지 의식하지 않고 있어 더욱 흥미로운 영역이다. 행동중독은 심리적 의존증은 유발하지만 신체적인 의존증은 유발하지 않는다. 행동중독은 외부 물질이 뇌에 직접 영향을 미치는 것이 아니라, 뇌가 특정한 행동에 의해 신체 자체의 도파민을 생성하도록 자극받기 때문이다. 행동중독의 예로는 핸드폰 중독, 게임 중독, 쇼핑 중독, 섹스 중독, 인터넷 중독, PC게임 중독을 들 수 있다. 다만 여기서 중요한 사실은 사회적으로 바람직한 행동이 아니라고 해서 모두 병리학적인 행동중독으로 봐선 안 된다는 것이다. 대화를 나눌 때 상대가 짜증이 날 정도로 계속 핸드폰을 들여다본다고 그가 핸드폰 중독은 아니라는 얘기다. 마찬가지로 누군가가 저녁마다 감자칩을 한 봉지씩 먹는다고 섭식장애로 볼 순 없다.

중독에서 벗어나는 길

어쩌면 당신도 자신에게서 아직 중독이나 물질남용까지는 아니더라도 바로 그 전 단계에 해당하는 위험한 행동을 발견하고는 이를 중단하려 마음먹었을 수도 있다. 하지만 만일 그것이 중독에 해당한다면 의사의 도움을 받아 극복하는 것이 바람직하다. 금단현상이 신체에 미치는 영향을 통제하기 위해서라도 의사의 개입은 반드시 필요하다. 알코올 중독의 경우 3~4일간 음주를 중단하면 심한 발작(알코올 진전섬망Delirium tremens)이 일어날 수 있는데, 이는 생명을 위협할 수도 있기 때문에 반드시 의학적인 조치가 필요하다. 중독 증상의 전이, 즉 한 가지 중독에서 벗어나는 과정에서 다른 종류의 의존성이 생기는 것 또한 문제가 된다. 예를 들어 알코올 중독에서 벗어나려고 과도하게 게임하는 것은 문제가 된다.

이 대목에서 이 책에서 다루고 있는 아주 일상적인 문제로 돌아가보자. 어떤 문제와 관련된 배경 지식을 잘 알고 있으면 특히 예방 단계에서 많은 도움이 된다. 알코올, 니코틴, 마약이 인체에 얼마나 해로운지 계몽활동을 하면 이를 소비하는 사람들의 숫자가 줄어든다. 독일연방보건교육센터가 진행하는 '자신의 한계를 알자!'라는 캠페인도 이와 동일한 맥락이다.

담뱃갑에 끔찍한 그림들을 표기하는 것도 그렇다. 심리학적으로 보면 담뱃갑 포장지 경고 그림은 지속적으로 변화, 교체시켜줄 필요가 있다. 그렇지 않으면 사람들이 이내 경고 그림에 익숙해져 예방 효과가 사라지기 때문이다. 그런데 성인인 국민들에게 이같이 강제적인 교화를 할 정도로 흡연이 해롭다면, 도대체 국가는 왜 흡연을 금지하지 않는가, 라는 문제가 제기된다. 맥주병에서는 구토하는 사람의 사진을 찾아볼 수 없지 않은가. 현재 담배 가격의 4분의 3 이상은 세금이 차지하는데, 흡연을 전면적으로 금지한다면 수십억에 이르는 담배세와 부가가치세 수입이 사라질 것이다. 이 또한 사람들이 원하는 바가 아닌 것 같다.

다양한 금연 캠페인에도 불구하고 흡연을 지속하는 사람들에게 도움이 될 만한 접근법은 다양한데, 이러한 접근법은 표준적인 중독 치료에도 변형돼 사용된다. 이 접근법의 첫째 조치는 재발요인을 찾아내고 유용한 대응 전략을 수립하여, 차후에 유사한 상황에서 기존과 다른 방식으로 대처할 수 있도록 돕는 것이다.

클라우스는 습관성 흡연자다. 그는 점심 후 업무에 복귀하기 전에 습관적으로 담배를 한 대씩 피운다. 담배는 그에게 긴장완화, 스트레스 해소, 보상의 기능을 동시에 수행한다. 하지만 클라우스는 반드시 금연하고 싶다. 그래서 그는 점심시간 이후 자신의 '위험한 상황'을 자세히 살펴보았다. 무엇보다도 그에게는 타인의 담배냄새가 흡연을 유발하는 특별한 요인, 즉 '도화선'이다. 담배냄새를 맡으면 담배를 피우고 싶은 열망이 점점 커진다. 그래서 처음에는 모든 흡연 장소를 피해 다녔다. 즉 전문 용어로 '자극 통제'를 이행한 것이다. 하지만 언제까지 담배냄새를 피해 다닐 수는 없는 노릇이었다. 장기적으로 볼 때, 그가 이러한 도화선에 어떻게 대처할지 숙고해보는 것은 매우 중요하다. 구체적으로 말하자면 그는 스트레스 수치를 다른 수단을 통해 낮춘 다음, 자신을 유혹하는 담배연기와 직면해야 한다. 이때는 초콜릿, 커피 혹은 알코올 등 다른 물질에 의존하는 중독전이 현상에 빠지지 않고, 단기적으로 스트레스를 줄이기 위한 다른 전략을 개발하는 것이 중요하다. 신선한 공기를 쐬며 심호흡을 반복하거나, 층계를 오르내리며 운동을 하거나, 책상서랍에 넣어둔 오일의 향을 맡는 것도 좋은 방법이다.

이 밖에 일종의 비상 플랜을 세워두는 것도 중요하다. 효율적인 비상 플랜에는 개인적인 조기경보 시스템, 위험상황 및 그에 대한 유용한 전략 등이 있어야 한다. 앞서 살펴보았던 신체활동, 긴장완화 훈련법, 타인과의 의사소통이 이에 속한다. 여기에서 다시 내 친구 사브리나의 '감자칩 중독'을 살펴보자. 사브리나가 출퇴근길에 '우연히' 마트에 들러서 감자칩을 사는 일이 없도록 마트가 없는 길로 둘러 가는 것은 '개인적인 조기경보 시스템'에 해당한다. 사브리나에게 '위험상황'은 텔레비전 앞에서 보내는 매일 저녁 시간이다. 그리고 이러한 위험상황에 대한 '유용한 전략'은 예를 들자면 저녁 식사 후 곧장 양치질을 하는 것이다.

이 밖에 재발에 대한 대처도 매우 중요하다. 유감스럽지만 중독 유발 물질 남용의 경우, 매우 빈번하게 재발한다. 이 사실을 인식하고 대처 방안을 강구해야 한다. 즉 다음과 같이 재발 상황을 재현해봄으로써 자신의 행동을 분석해본다.

- 어떤 상황에서 물질남용이 재발되었는가?
- 무엇이 도화선으로 작용했는가?
- 물질남용이 재발한 상황에서 당신은 어떻게 반응했고, 어떤 기분이 들고, 무슨 생각을 했는가?
- 몸에서는 어떤 느낌이 들었는가?
- 당신은 어떻게 행동했는가?
- 재발의 단기적 결과는 무엇이었는가?

(단기적 결과는 긴장완화나 부정적 감정의 약화 등 긍정적인 경우가 많다.)

- 재발의 장기적 결과는 무엇이었는가?

(장기적 결과는 일반적으로 그다지 긍정적이지 않다.)

이어서 다음과 같이 분석하며 해법을 찾아보자.

- 재발 상황 중 무엇을 변화시킬 수 있었다면 자제할 수 있었겠는가?
- 재발 요인 중 지속적인 스트레스 등 당신이 영향을 미칠 수 있는 요인이 있었는가?

마지막으로 중요한 것은 (역설적으로 들리겠지만) 재발 이전의 상태로 '복구'하는 것이다. 일단 복구가 이루어져야 물질남용에서 벗어나는 것 자체를 포기하지 않고, 재발 사실을 수용하고, 더욱 의욕적으로 다른 위험상황을 대면할 수 있기 때문이다. 어떻게 하면 나 자신과 화해할 수 있을까? 내가 다시 중독 유발 물질을 남용해 타인들이 어떤 식으로든 피해를 입었다면, 어떻게 재발 이전의 상태로 복구할 수 있을까.

그런데 물질남용의 재발 후 다시 이전 상태로의 복구를 경험하고 나면, '어차피 재발해도 언제든 다시 되돌릴 수 있어'라고 안일하게 생각하며 '어떻게든 되겠지'라는 태도를 갖는 사람들도 있다. 이런 경우 주위 사람들이 나서서 단순히 이전의 상태로 돌아가게 해주는 것만이 진정한 변화를 이루는 적절한 방법은 아니다. 반면,

재발을 경험한 당사자가 올바른 복구방법을 고민하는 경우라면 작은 문제를 떠안은 상태로도 그럭저럭 살아갈 수 있다. 앞서 말했듯이 작은 문제를 지니고 있는 것은 지극히 정상이다. 예를 들어 내 친구 하나는 컴퓨터게임에서 완전히 손을 떼지는 않은 상태로 자신만의 해법을 찾아, '컴퓨터게임 중독'이라는 사실을 수용한 채로 별 문제없이 살고 있다. 그는 게임을 한 시간 할 때마다 그 보상으로 운동을 한 시간 한다. 그리고 내 친구 사브리나는 목요일에만 허용하던 감자칩을 날마다 마음껏 먹어도 상관없는 것으로 규칙을 바꿨다. 그랬더니 놀랍게도 감자칩을 먹고 싶은 마음이 사라졌다고 한다. 이처럼 우리가 모든 면에서 너무 빡빡한 기준에 얽매여 살 필요는 없다.

심리치료 끝.
이제 뭘 해야 하나?

독일에서 2017년 4월에 발효된 심리치료사 개정지침은 재발 방지 조치를 명시적으로 규정해놓았다. 이는 심리질환의 재발률이 그만큼 높기 때문인데, 예를 들어 우울증의 재발률은 30~50퍼센트에 달한다. 또 다른 대안이라면 마지막 상담일을 경과를 확인하는 날로 활용하는 것이다. 즉 심리치료 종료 후 3~6개월이 지난 시점에서 장기적인 효과를 검토하는 것이다.

심리치료가 종료될 무렵이나 종료 이후라도 증상이 재발된다면, 언제든 담당 심리치료사를 찾아가야 한다. 그러면 담당 치료사는 가장 적합한 조치가 무엇일지를 환자와 논의하여 추후 대안 중 어느 하나를 선택할 수 있다. 심리질환이 재발하면—담당 심리치료사에게 만족했던 경우—반드시 그에게 연락해야 한다. 환자의 증후에 관해 가장 잘 알고 있는 사람이므로 신속하고 적절한 피드백을 해줄 수 있기 때문이다.

이 밖에도 나는 심리치료를 시작할 때마다 환자에게 파일을 마련하여 치료과정에서 나누어주는 유인물과 훈련법에 관한 정보를 전부 모아놓으라고 당부한다. 이를 준수하는 환자들은 심리치료가 끝나고 나면 위기 상황에 처할 때 스스로를 도울 수 있는 정보가 담긴 핸드북을 지니게 된다. '스스로를 도울 수 있는 방법'에 관해서는 앞서 여러 차례 언급한 바 있다.

또한 나는 환자들에게 자신에게 보내는 편지를 써보라고 요청한다. 그리고 자신에게 도움이 될 조언과 격려가 담긴 이 편지를 환자들과 약속한 대로 6~12개월 후에 발송한다.

심리치료의 모든 과정은 어찌 보면 재활체조와도 비슷하다. 허리디스크 때문에 여덟 차례 물리치료를 받았다 해서 그걸로 허리가 완쾌되진 않는다. 하지만 치료를 받는 동안 배운 재활체조는 허리를 정기적으로 단련시킬 수 있는 도구나 다름없다. 물리치료 시간에 배운 재활체조를 정기적으로 실행하는 것은 때로는 힘들고 귀찮을 수도 있지만, 허리를 건강하게 유지하려면 그 정도는 감수해야 한다.

10장
아무도 내 말을 들어주지 않아

외로움 견디기

      화요일 오전 10시 15분, 그룹치료 참가자들이 세 번째로 만나는 날이다. 모두 예외 없이 인격장애 환자들이다. 병적 자기애, 극심한 불안, 경계선 장애 등 각기 다양한 증상을 지닌 환자들이 모여 있다. 이처럼 상이한 증상을 지닌 환자들을 한 그룹에 모아놓은 이유는 이들이 어렸을 때 어떤 이유로든 습득하지 못한 능력, 즉 감정조절, 자존감, 사회성 등과 관련된 대처능력을 새롭게 습득할 기회를 주려는 것이다. 이들은 저마다 독특한 병력과 병증을 지니고 있다. 이로 인해 때로는 서로 매우 격렬하게 대립하기도 한다. 하지만 외로움이라는 주제를 다루던 중 한 환자가 "저는 사람들과 함께 있어도 자주 외로움을 느껴요"라고 말하자 모두들 수긍한다는 듯 고개를 끄덕였다. 이들 모두가 외로움에 대해 잘 알고 있었다.

외로움은 심리적 질환이 있는 사람만 느끼는 감정이 아니다. 점점 더 많은 사람들이 외롭다고, 아무도 내 이야기에 귀 기울여주지 않는다고, 아무도 나를 이해하지 못한다고 호소한다. 설문조사에 따르면 독일인의 30퍼센트 정도가 가끔씩 혹은 자주 외로움을 느낀다고 한다.

이토록 많은 사람들
이토록 심한 외로움

사람들은 왜 이토록 심하게 외로움을 느낄까? 지구상에 사는 사람들의 숫자는 점점 많아지는데 사람들은 점점 더 외로워하는 듯하다.

1900년대 세계에는 약 16억 명이 살았다. 그로부터 인구가 늘어나 현재는 70억 명이 넘는다. 2050년에는 세계 인구가 90억을 능가할 것으로 예측된다. 현재 70억에 달하는 인구는 지구상에 골고루 분포돼 있진 않다. 사람들은 점점 더 커가는 인구밀집 지역에 조밀하게 모여 산다. 유엔의 추정에 따르면 2050년까지 세계 인구의 70퍼센트가 인구밀집 지역에 거주할 것이다. 1950년 독일에서 인구밀집 지역에 거주하는 인구는 68.1퍼센트였던 반면, 2015년도에는 74.6퍼센트가 거주한다. 사람들은 이렇게 대도시에 모여 사는데 어째서 외로울까?

그 원인은 다양하지만 이 질문에 대한 답은 근본적으로 이미 정해져 있다. 과거 소도시 혹은 작은 마을에서 살았던 사람들은 서로의 사정을 속속들이 알고 있었으므로 일종의 결속감을 느끼며 살았다. 여기서 비현실적인 환상을 배제하고 이야기하자면, 마을이라는 공동체는 마을사람 모두에게 이웃과 접촉할 기회를 제공했다. 오늘날 대도시에서 자기 방에 틀어박혀 외로움을 느끼는 사람이 과거의 작은 마을에 살았더라면, 소방대의 자원봉사자로 혹은 마을 축구팀에서 뛰며 어울려 살았을 것이다. 이런 작은 마을에서의 생활이 엄청나게 지루해 보이는가? 물론 그럴 수도 있다. 하지만 그 대신 외로움이 찾아들 공간은 상대적으로 훨씬 적었다.

작은 마을 이야기가 나왔으니 이제 동호회 활동에 관한 이야기로 넘어가보자. 사람들은 흔히 "독일인 세 명이 모이면 동호회 하나를 결성한다"라고 말하는데 이 말은 여전히 유효한 것 같다. 1970년 이후로 독일 내 동호회의 숫자는 다섯 배로 증가했다. 하지만 1990년도에 62퍼센트가 동호회에 가입했던 반면, 현재 그 비율은 44퍼센트에 불과하다.

가족 구성원이 서로에게 편안한 유대감을 느끼는 대가족 제도는 이미 오래전에 붕괴되었다. 솔직히 말해 요즘 어느 집에 할머니(직장 생활을 하는 신세대 할머니들은 아직 정정한 현역이다) 혹은 증조할머니가 자손과 함께 살면서 삶에 관여할까? 운 좋은 증조할머니의 경우, 실버타운에서 '즐거운' 시간을 보낼 수도 있다. 하지만 운 나쁜 경우라면 하루 종일 작은 집에서 홀로 지내다 가끔씩 자손들이 들르면 "아무도 나를 돌보지 않아"라고 불평을 늘어놓아 그들을 짜증나게 만들 수도 있다. 게다가 요즘은 네 명 중 한 명이 외동으로 자란다. 전문가들에 따르면 아이를 서너 명 낳는 트렌드도 생겨났다지만, 매우 많은 사람들은 아예 자녀를 갖지 않기로 작정한다. 멀지 않은 과거에 대가족 제도를 경험했던 사람들이 멀지 않은 장래에 외로운 노년을 보낼 것으로 예상된다.

종교나 정치 단체도 전반적으로 감소 추세를 보이고 있다. 아직까지 미사를 드리러 가는 독일 사람들은 성당에서 흔히 신부님과 성당 관리인을 제외하고는 홀로 미사를 드린다. 미사 예식을 보조하는 복사는 '멸종 위기에 처했다'고 할 정도로 찾아보기 힘들다. 정당에 가입한 사람들의 숫자 또한 1990년 이래 절반으로 감소했다.

그렇다면 외로움을 피할 방법은 달리 뭐가 있을까? 혈연관계, 이웃, 혹은 동호회 등을 통해 부득이하게 만나야 하는 사람들의 숫자는 점점 줄어든다. 이제 외로움을 피할 수 있는 길은 단 하나만 남았다. 그것은 바로 친구와의 우정이다.

거짓 친밀감

하지만 여론조사에 따르면 진정한 우정 역시 점점 찾아보기가 힘들다. 독일인의 17~20퍼센트 정도가 진정한 친구가 한 명도 없다고 말한다. 어떻게 그럴 수 있을까? 소셜미디어를 비롯한 기술의 발전으로 사람들과 연락하고 친구관계를 유지하기가 예전보다 훨씬 수월해지지 않았나 말이다!

연구결과에 따르면 페이스북을 비롯한 SNS 활동을 활발하게 하는 사람들이 더 외로움을 느낄 위험성이 크다고 한다. 물론 이는 '달걀이 먼저인지, 닭이 먼저인지'의 문제일 수도 있다. 외로운 청소년들이 페이스북과 기타 소셜 네트워크를 통해서 이를 상쇄하려는 것은 아닐까? 혹은 페이스북을 통해 타인들의 교류를 확실히 의식하고 이로 인해 소외감을 느끼는 것일까? "왜 소피는 나를 파티에 초대하지 않았을까?" "그렇게 멋진 파티였는데." "모두들 너무나 즐겁게 노네." 페이스북, 인스타그램을 비롯한 소셜미디어는 이런 장면을 잔인할 정도로 분명하게 보여준다. 온라인 친구관계는 유저들에게 지속적으로 '거짓 친밀감'을 유발한다. 그렇기 때문에 소피의 소셜미디어를 들여다본 소피의 친구는 자신이 소피와 만난 지가 상당히 오래되었다는 사실은 외면한 채, 허무함과 외로움을 느낀다. 소셜미디어상의 많은 사진과 포스팅이 실제로는 가공되고 과장되고 심지어 새빨간 거짓이라는 사실을 알고 있더라도 아무런 위로가 되지 않는다.

소셜미디어 유저가 외로움을 느낄 위험이 큰 또 다른 이유는 컴퓨터 앞에서 보내는 시간이 너무 많아 기타 사회적 관계를 돌볼 시간이 없기 때문이다. 이 밖에 신경생물학적 요인도 있다면 가상세계에서만 지속되는 우정에는 신체 접촉이라는 중요한 요소가 결여되어 있다.

사람 간의 결속감을 강화시켜주는 호르몬은 포옹, 어깨를 토닥여주는 위로의 손길 등 신체적 접촉이 있어야 분비된다. 이 호르몬이 작용하지 않으면 사람들은 외로움을 느낀다. 1950년대 말 미국 심리학자 해리 할로우Harry Harlow가 붉은 털 원숭이를 대상으로 진행한 잔인한 실험은 신체적 접촉이 얼마나 중요한지를 시사한다. 이 실험에서 해리 할로우는 원숭이 새끼들을 어미로부터 분리시키고 대신 인형 두 개를 주었다. 그중 한 인형은 철사로 만들었지만 먹을 것이 달려 있었고, 다른 인형은 먹이는 없었지만 부드럽고 포근한 재질로 만들었다. 새끼 원숭이들은 철사 인형 곁에는 단지 먹이가 필요할 때만 머물렀고, 나머지 시간에는 포근한 인형 곁에 머물며 보호받고 싶어 했다. 포근한 인형이 위로가 되어준다는 것이 이 실험에서 분명하게 관찰되었다. 인간들도 이와 마찬가지로 (온전히 플라토닉한) 스킨십을 필요로 한다.

친구들은 건강에 다각도로 긍정적인 영향을 미친다. 예를 들어 위험 상황에 처한 사람에게 친구가 곁에 있어주면 스트레스 호르몬인 코르티솔 분비가 저하된다. 이 때문에 친구가 옆에 있으면 힘겨운 상황을 훨씬 수월하게 극복할 수 있다. 통계에 따르면 진정한 친구가 있는 사람이 홀로 '삶의 정글'을 헤쳐 나가는 외톨이보다 수명이 더 길다.

진정한 우정의 비밀

오래전 하인츠 뤼만Heinz Rühmann은 진정한 친구에 관해 노래한 바 있다. 그가 노래했던 '이 세상에서 무엇보다도 가치 있는 진정한 친구'를 찾으려면 어찌해야 할까?

인간은 어릴 때부터 친구를 사귀고 싶어 한다. 단, 어린아이들이 친구를 선택하는 기준은 상대적으로 외형적이다. 어린아이들이 친구로 선택할 수 있는 대상은 무엇보다 이웃집 아이들이다. 누가 가장 멋진 장난감을 갖고 있는지도 친구를 선택할 때 중요한 기준이다. 이런 식으로 이루어지는 아이들의 친구관계는 반나절 정도 지속되고 만다.

아이들이 나이가 들수록 친구관계가 지속되는 기간도 길어진다. 초등학교 1학년 때 사귄 친구 2명 중 1명만이 다음 해에도 계속 '친구'라고 불리는 반면, 4학년 때 사귄 친구는 75퍼센트가 계속해서 '친구'로 불린다. 특히 사춘기에는 동갑친구들(앞서 언급했던 또래집단)이 매우 중요하다.

흥미로운 점은 서로 비슷한 점이 없어도 친구가 된다는 사실이다. 우리는 생각과 관심 분야가 나와 판이해 나의 지평을 넓혀주는 사람을 흔히 친구로 선택하지만 이러한 사실을 전혀 인식하지 못한다. 연구결과에 따르면 사람들은 친구들을 실제보다 자신과 더 비슷하다고 느낀다.

사람들은 친구를 찾아 나설 때 자신과 성별이 같은 것을 중요하게 여긴다. 모든 친구관계의 70~80퍼센트가 성별이 동일하다. 짐작컨대 이는 남성과 여성이 친구에게서 기대하는 바가 각각 다르기 때문일 것이다. 남성은 곁에 있어주는(side by side) 우정을 추구하는 반면, 여성은 얼굴을 마주보는(face-to-face) 우정을 중요시한다. 다시 말해서 남성은 친구들과 무언가를 함께하기를 원하는 반면, 여성은 친구와의 개인적인 교류, 특히 감정적 교류를 중요시한다.

그러면 상대와 비슷한 점이 적은 경우에는 친구관계가 어떻게 형성될까? 무엇보다 가까이 있다는 것은 관계 형성에 매우 중요하다. 어쩌면 진부하게 들릴 수도 있겠지만, (첫 대면부터 이유 없이 비호감인 경우는 제외하고) 자주 보면 볼수록 호감이 가기 마련이다. 연구결과에 따르면 기숙사에 사는 학생들은 바로 옆방 학생에게 서로 가장 큰 호감을 느낀다.

우정을 싹트게 하고 단단하게 만들어주는 또 다른 요인은 적절한 시점에 드러내는 진솔함이다. 처음 만난 순간부터 감정적 문제를 진솔하게 털어놓는 사람은 상대방을 당황하게 만든다. 하지만 두 번째 혹은 세 번째 만남에서 이와 같은 진솔한 마음을 보여주면 평생 동안 지속될 우정이 싹틀 수 있다.

마지막으로, 진정한 친구는 상대의 정체성을 확인시켜주며, 상대방은 친구가 자신을 현재의 모습 그대로 온전히 수용하고 인정해준다고 느낀다. 어쩌면 넌 나와는 아주 많이 다를 수 있지만 "너는 지금 네 모습 그대로 아주 소중한 사람이야."

하지만 두 사람이 동일한 방식으로 우정을 위해 애쓰지 않으면 이 모든 것은 무용지물이다. 전화를 걸고, 만나고, 상대에게 온전히 집중하고…… 이렇게 '투자'하는 것이 우정을 유지하는 데 무엇보다 중요하다. 즉 우정을 위해 내가 얼마나 애쓰는지가 가장 중요하다는 말이다.

성인이 돼 새로운 친구가 생기는 것은 주로 생활환경이 변할 때다. 새 직장에서 일하게 되면 새 동료와 더불어 새로운 친구를 얻게 된다. 생일파티 준비법을 알려주는 강좌에서 뜻 맞는 사람들을 만나기도 하고, 이사를 간 도시에서 운 좋게 좋은 친구를 이웃으로 만난다. 하지만 보통은 가정을 꾸리면 싱글로 지낼 때보다 친구의 숫자가 줄어든다. 이성을 사귀기 시작하면서 싱글 생활을 끝내면 친구들이 몇 명 떨어져 나가기도 한다. 남성들은 대개 14명에서 7명으로, 여성들은 13명에서 6명으로 줄어든다. 이 밖에 이성 파트너와 공유하는 친구 네트워크도 형성되는데, 여성들은 그보다는 기존의 친구관계를 계속 유지하려 한다. 추측컨대 상대방과 얼굴을 맞대고 교류하는 '페이스 투 페이스' 관계는 단순히 함께 있는 '사이드 바이 사이드' 우정에 비하면 대체하기 쉽지 않아서일 것이다.

나이가 들면 친구 숫자도 점점 줄어든다. 일단 친구 선택 기준이 예전보다 까다로워지기 때문이며, 또 다른 이유는 주변 사람들이 하나둘씩 세상을 떠나기 때문이다. 이런 상황에 처하면 추억을 공유하는 사람들이 모두 떠나버리고 홀로 남았다고 느낀다. 노년에 다행히 자식이 있고 자식과의 관계가 좋더라도, 자식은 삶의 기억의 일부만을 공유할 뿐이다. 소꿉친구들, 형제 혹은 자매, 배우자의 상실은 노인에게는 치명적이다. 특히 배우자가 세상을 떠나면, 부부관계가 실제로 어떠했던 간에 남은 사람에게 심각한 결과가 초래된다. 배우자의 사망은 중증질환과 더불어 노인의 가장 흔한 자살동기 중 하나다.

건강에 문제가 있다면 친구관계는 더욱 어려워진다. 친구관계를 유지하기 위해 많은 장애물을 극복해야 할 뿐만 아니라, 친구로서의 매력도 상실한다. 냉정하게 들리겠지만 인간은 어릴 때부터 비용과 이익을 계산하는 존재이며 이는 일생 동안 지속된다. 인간은 매력적이라고 느껴지는 사람, 즉 '기브 앤 테이크'의 균형이 맞는 사람하고만 친구 관계를 맺는다.

난 다른 사람들이랑 달라

노년의 이런저런 문제에도 불구하고 본래 사람들은 친구 사귀는 것을 그다지 복잡하지 않게 생각한다. 그렇다면 요즘에는 그것이 왜 이렇게 어려워졌을까?

유치원에서 이미 베스트프렌드를 사귀었고 일생 동안 그를 믿고 의지할 수 있는 사람은 운이 좋은 사람이다. 그렇지 않은 사람들은 "아무도 내 말에 귀 기울이지 않아"라고 불평을 늘어놓는다. 실제로 빡빡한 일상 속에서는 누군가에게 진정으로 귀 기울여줄 시간이 없다. 예를 들어 외국에서 교환학생으로 몇 학기를 보내고, 상급학교로 진학하고, 새 직장을 구하고 이사를 하다 보면, 끊임없이 새로운 사회집단에 적응하느라 오래된 친구들과 연락할 여력이 없다.

어쩌면 문제의 원인은 타인이 아니라 우리 자신에게 있을 수 있다. 극심한 나르시시즘(제7장에서 이러한 현상을 '집단적 자기중심성'이라고 표현한 바 있다)이 우리를 외롭게 만드는 것은 아닐까? 우리는 누구나 내가 특별한 존재이길 바라지만 실은 지극히 평범한 사람이라는 사실을 인식하게 될까 봐 두려운 것은 아닐까? 우리가 타인의 평가에 극도로 신경을 쓰는 것도 바로 이 때문이다. 하지만 모든 사람들이 자신만의 세계에서 타인에게 인정받기만을 갈구한다면 실망하고 상처받을 수밖에 없다. 상황이 이렇다보니 서로 외로움을 느낄 수밖에 없다. 에리히 캐스트너Erich Kästner는 〈작은 솔로Kleines Solo〉에서 외로움이라는 감정을 이렇게 멋지게 표현했다. "당신은 덩그러니 홀로 외로움을 느끼는군요. 가장 슬픈 외로움은 둘이 있을 때 찾아오지요."

이런 상황에서 다음과 같은 '기본적 견해'가 고개를 드는 것은 어쩔 수가 없다. '나는 어디에도 속하지 않아.' '나는 이상한 사람이야.' '나는 다른 사람들이랑 달라.'

그렇다면 어떻게 하면 외로움을 떨쳐버릴 수 있을까? 사람들이 흔히 시도하는 접근법에는 두 가지가 있지만 둘 다 별 효과는 없다. 첫째, 나르시시즘적 접근법으로 '다른 사람들이 나를 재미있는 사람이라고 여기면 좋겠어'라는 바람에 따라 적극적으로 행동하는 것이다. 이를 위해 많은 사람들 앞에서 나에 관한 이야기만 하지만, 사람들은 끝없이 이어지는 내 이야기를 듣다가 결국 짜증을 내거나 지루해한다. 그런데 다른 사람들 역시 자신에 관한 이야기만 할 수도 있다. 그들 또한 사람들이 자신에게 귀 기울여주기를 바라기 때문이다. 상황이 이렇게 되면 사람들은 서로에게 상처받고 자존감은 더욱 낮아져 "아무도 내 말에 귀 기울이지 않아"라고 불평한다. 다음 만남에서도 이 같은 일이 반복될 뿐이다. 한마디로 악순환이다.

반면 신데렐라식 접근법은 사람들과의 만남에서 내가 의도적으

로 한 발자국 뒤로 물러나는 것이다. 이 방법의 배후에는 내가 얼마나 힘들어하는지, 내가 얼마나 카리스마 있고 재미있는 사람인지를 알아주기 바라는 마음이 숨겨져 있다. 하지만 현실은 영화와는 달리 해피엔딩으로 끝나지 않는다.

외로움이 만성이 되면 문제가 된다. 외로움은 노인뿐만 아니라 모든 연령층에서 자살의 주된 원인이기도 하다. 모순되게도 이러한 자살시도나 자해행위는 외로움을 느끼는 이들이 그토록 오랫동안 고통스럽게 고대해온 주변 사람들의 관심을 유발한다. 하지만 장기적으로 보면 이러한 행위는 기존의 인간관계를 와해시키고, 결과적으로 외로움은 더욱 커질 뿐이다.

덧붙이자면, 외로움을 느끼는 사람이 심리치료를 결심하더라도 그것만으로 모든 문제가 해결되지는 않는다. 심리치료를 받겠다고 결단을 내리는 것보다 더 중요한 것은 치료의 목적을 올바로 인식하는 것이다. 어찌 보면 심리치료를 받는 시간은 호사를 누리는 시간이다. 한 시간 동안 자기 자신에 대해 하고 싶은 말을 마음껏 쏟아놓을 수 있는 곳이 도대체 어디에 있겠는가? 단, 심리치료는 단순히 치료를 받는 것이 전부가 아니다. 심리치료의 목적은 외로움을 보상받는 것이 아니라 외로움에 대처하는, 혹은 외로움을 떨쳐버릴 수 있는 행동방식을 배우는 것이다. 왜냐하면 모든 심리치료는 언젠가는 끝나기 마련이니까.

우정도 쌍방투자

이처럼 극심한 외로움을 느끼기 전에 외로움을 예방하는 편이 바람직하다. 이를 위해서 친구 혹은 가족 간의 네트워크를 활발하게 꾸리는 것이 중요하다. 정기적인 만남을 계획하고 가끔씩은 단 둘이서 만나는 것도 좋다. 생일파티나 크리스마스 가족 모임처럼 대규모 행사는 긴장과 스트레스가 동반되기 마련이니까. 어머니와 커피 한 잔 마시러 카페에 가거나 여동생과 밖에서 만나 피자를 먹는 건 어떨까? 친구들과 함께 야외에 나가거나 함께 휴가를 보내는 것도 좋겠다.

여기에서 친구관계와 관련해 중요한 사항을 상기시키고 싶다. 그것은 바로 친구관계를 위해서는 쌍방의 투자가 필요하다는 점이다. "아무도 내 말에 귀 기울이지 않아"라는 불평과 관련하여 '투자'라는 측면을 구체적으로 적용시켜보면, 내가 먼저 상대에게 귀기울이고 내가 먼저 상대를 위해 시간을 내는 것을 의미한다. 예를 들어 내가 먼저 상대의 관점을 이해하려 노력하고, 그의 생각과 감정과 행동을 인정해주면 어떨까? 그리고 네 관점을 이해한다는 것을 분명히 알려준다면? 먼저 무언가를 내어줄 마음이 준비된 사람만이 내 말에 상대가 반응해주기를 기대할 수도 있다. 노력과는 달리, 이른바 '친구'라는 사람이 내가 중요하게 여기는 것에는 일말의 관심도 보이지 않는다면, 이 친구와의 관계에 얼마나 더 계속 에너지를 쏟을 것인지 진지하게 고려해야 한다.

외로움 견뎌내기

이미 무언가 불안한 일이 일어났고 이로 인해 외로움을 느낀다면 다음의 훈련법이 유용할 것이다. 내 환자 중에는 이 훈련을 상당히 이상하게 여기는 사람들도 있지만, 이 방법은 외로움이라는 감정을 파악하고 적절히 다루는 데 큰 도움이 된다. 이 훈련법은 '실제' 사람과의 결속감을 감지하는 것이 힘든 경우, 주변 사물과의 결속을 감지하는 법을 훈련하는 방법이다.

주변에서 임의의 사물, 예컨대 지금 앉아 있는 의자를 선택해보자. 그리고 그 의자가 내 곁에 오기까지 기여한 모든 사람들을 떠올려보고 감지해보라. 예를 들어 의자의 소재인 나무를 가꾸는 사람, 나무를 베는 작업을 한 사람, 목재를 가공한 사람, 의자를 집까지 배달해준 사람을 떠올리고 감지해본다. 그러면 주변의 사물을 통해 이 사물과 여러 단계에서 연관된 사람들과 결속감을 느낄 수 있다.

처음에는 조금 이상하게 느껴질 수도 있지만 충분히 시도해볼 가치가 있으니 아무 염려 말고 도전해보자. 우리는 일상에서도 이와 유사한 경험을 한다. 예를 들어 사무치게 그리운 사람의 스웨터를 입고 있거나 누군가가 선물한 향수를 뿌리고 있으면, 마치 그와 하나가 된 것 같은 기분이 든다. 이러한 일상의 경험과 이 훈련법의 차이라면, 이 방법은 내가 알고 있는 사람과 결속감을 느끼는 데서 나아가 내가 모르는 세상 사람들과 결속감을 느껴보고자 하는 것이다. 그다지 이상한 훈련법은 아니다. 그렇지 않은가?

극도의 외로움이나 허무함이 느껴질 때는 무언가와 내 몸을 접촉시키는 것이 도움이 된다. 예를 들어 포근한 담요로 온몸을 꽁꽁 싸면 안정감이 느껴진다. 이런 식으로 창의력을 동원하여 다양한 시도를 해볼 수 있다. 벽에 몸을 기대거나 바닥에 몸을 밀착시켜볼 수도 있다. 인간관계에서 불행을 느끼는 사람들이 상대적으로 더 오랫동안 목욕이나 샤워를 한다는 흥미로운 연구결과도 있다. 이는 사랑 없는 관계에서는 느낄 수 없는 온기를 자신의 몸에 전달해주려는 무의식적인 전략일 수 있으며, 포근한 담요가 전달해주는 온기와도 일맥상통한다.

외로움은 앞에서 언급한 바 있는 '상반되는 행동'을 함으로써 약화시킬 수 있다. 외로움을 느끼는 상황에서 일반적인 '행위적 충동'은 외로움을 유발하는 악순환에서 벗어나 누군가와 새로운 관계를 맺는 것이다. 그런데 이 경우 자칫하면 마음만 앞서 목표에서 벗어나는, 예컨대 지나친 솔직함으로 상대방을 당황하게 만들고 혼자서만 앞서 나갈 우려가 있다. 따라서 여기에서 외로움을 약화시켜줄 '상반되는 행동'은 이러한 충동을 극복하고 '혼자인 상태'를 잠시 동안 수용하는 것이다. 이를테면 혼자인 상태를 일종의 '자원'으로 사용함으로써 상반되는 행동을 취하는 것이다. 즉, 온전히 혼자 있는 법을 배우는 것이다. 여러 가지 행동과 마찬가지로 이것도 훈련을 통해 습득할 수 있다. 가장 좋은 것은 서둘지 말고 조금씩 배워나가는 것이다. 혼자서 무엇을 할 수 있을지, 혼자 있는 시간을 어떻게 즐길 수 있을지 생각해본다. 마음껏 산책하고, 오래도록 컴퓨터게임을 하고, 좋아하는 영화를 스무 번쯤 보고, 좋아하는 음식을 만들고, 엄청 편안한 옷을 입은 채 어슬렁거리며 돌아다니다 저녁시간에 건강 프로그램을 즐길 수도 있다.

나를 감내한다는 것

특히 소셜 네트워크가 잘 작동하고 있음에도 외로움을 느끼는 사람들의 경우엔 외로움에 관해 곰곰이 생각해볼 필요가 있다. 내가 느끼는 외로움은 적절한 것인가? 내 상황을 국민 중 90퍼센트는 어떻게 평가할까? 어쩌면 나는 혼자서 조용히 생각하며 시간을 보내는 법을 제대로 배우지 못한 게 아닐까?

많은 이들은 '혼자다'라는 단어와 '외롭다'라는 단어를 동의어로 사용하는데, 실상 이 두 단어 사이에는 큰 차이가 있다. 예전에 버스를 타려면 정류장 앞에서 그저 버스가 오기를 기다렸다. 그런데 요즘은 누구나 버스를 기다리는 동안 스마트폰을 두드린다. 왜 그럴까? 우리는 자신의 생각, 혹은 적막함을 견디기 힘들어하기 때문이다. 이처럼 홀로 시간을 보내야 하는 상황에 처하면 오로지 자신에게 내맡겨지고 방치되었다고 느끼며, 외롭다고 느낀다. 오스카 와일드는 이를 상당히 혹독하게, 그렇지만 다음과 같이 정확하게 표현했다. '외로움을 견뎌내지 못하는 사람은 다른 사람을 지루하게 할 확률이 매우 크다.'

방치됐다거나 외롭다는 느낌을 받지 않고 자신을 좀 더 의식적으로 감지하고 감내하는 법을 배울 수 있도록, 나는 환자들에게 매일 저녁 5분간 아무것도 하지 않는 상태에서 머릿속을 스치는 모든 생각을 적어보라고 한다. 스마트폰, TV, 인터넷 등의 외부 자극을 통해 수시로 정신이 분산되고, 끝없이 일에 매달리느라 우리의 중요한 감정과 그 뒤의 욕구들은 가려져 있다. 의식적으로 시간을 내어 복잡한 일상에서 잠시 벗어나면, 자신을 좀 더 잘 감지할 수 있다. 그렇게 다시 나 자신, 그리고 내 생각에 온전히 집중할 수 있게 되면, 언젠가는 더 이상 외롭지 않게 될 것이다.

자신을 온전히 감지하기 위한 또 다른 방법은 하루 종일 모든 전자기기를 꺼두는 것이다. 이 훈련법은 내게도 가끔씩 매우 요긴하다. 얼마 전 핸드폰을 충전기에 꽂아두고는 깜빡 잊고 외출한 적이 있다. 그날 나도 모르게 자꾸만 핸드폰을 꺼내려고 하는 걸 인식한 순간, 매우 기분이 나빠졌다. 잠시라도 틈이 생기면 공허함을 채우기 위해 손에 쥔 핸드폰에 정신을 쏟는다는 것을 알았기 때문이다. 하지만 저녁이 끝날 무렵에는 핸드폰 없이 지낸 하루가 매우 자유롭게 느껴졌다. 덧붙여 말하자면, 집에 돌아와 핸드폰을 확인해보니 유일하게 왓츠앱 메시지 한 통이 와 있었을 뿐이다. 심지어 그다지 중요한 메시지도 아니었다.

이런, 나한테 이렇게도 친구가 없었나?

11장
나 왜 이렇게 못됐지?

험 담 , 질 투 , 남 의 불 행 은 나 의 기 쁨

'똑똑한 사람들은 관념을 이야기하고, 평범한 사람들은 사건을 이야기하고, 멍청한 사람들은 남 얘기를 한다'라는 미국의 유명한 격언이 있다. 인간은 누구나 지능을 갖고 태어난다고 믿으며, 그리고 자기 자신은 충분히 똑똑하다고 생각한다. 그런데 우리는 도대체 왜 주야장천 남 이야기를 해대는 걸까?

아일랜드 출신의 옥스퍼드대학 심리학과 교수 로빈 던바Robin Dunbar는 이미 1997년에 사람들이 주어진 시간의 3분의 1 정도를 타인에 관한 이야기로 보낸다는 사실을 밝혀냈다. 수다 떨기 좋아하는 사춘기 여학생뿐만 아니라, 성인 남녀, 남녀노소 모두 남의 이야기를 하는 데에 이처럼 많은 시간을 보낸다는 것이다.

그런데 우리가 남 이야기를 할 때, 이미 분명히 짐작했겠지만, 긍정적인 것들만 이야기하진 않는다. 스코틀랜드의 세인트앤드류대학 심리학과 교수 알렉스 메사우디Alex Mesoudi가 2006년 연구한 바에 따르면, 사람들의 대화를 들어보면 특히 부정적인 이야기와 부정적인 사건에 관한 수다가 대부분이다. 연구에 참여한 피실험자들은 타인에 관한 부정적인 이야기를 긍정적인 이야기보다 더 잘 기억했을 뿐만 아니라, 나쁜 이야기를 옮기는 것을 더 즐겨 했다.

험담을 하는 이유

사람들은 왜 다른 사람을 험담할까? 험담의 이유는 다양하며 매우 명백하다. 우선 험담, 혹은 좀 더 포괄적으로 표현하자면 제3자에 관한 이야기는 진화론적 관점에서 볼 때 인간을 보호하는 기능이 있다. 우리는 삶의 여로에서 마주치는 모든 사람들과 오랫동안 밀접하게 상호작용할 기회가 없기 때문에 상대에 대해 개인적인 추측을 하게 된다. 타인들과 어울려 누군가에 관한 이야기를 하다 보면, 그와의 관계에 유용한 정보를 알아낼 수도 있다. 이야기를 나누는 과정에서 듣게 되는 특정인에 관한 부정적인 정보 역시 우리에게는 매우 유용하다. 물론 누군가가 우표를 수집한다거나 마라톤을 굉장히 잘한다는 것은 흥미로운 사실이지만, 그보다 중요한 것은 어떤 특정한 사람과 절대로 금전거래를 해서는 안 된다는 사실을 적기에 파악하는 것이다.

뿐만 아니라 험담은 자신이 소중히 여기는 가치를 타인들은 어떻게 여기는지 확인시켜주기도 한다. 즉, 타인들과 함께 제3자에 관해 이야기하고 그의 생각이나 행동을 평가하는 과정에서 내가 소중히 여기는 가치를 타인들이 어떻게 여기는지 확인한다. 누구나 이런 경험이 있을 것이다. 금요일 오후 4시 30분에 동료와 함께 퇴근하며 사무실에 계속 앉아 있는 다른 동료를 험담한다. "저럴 필요까지는 없지 않나?" "저 사람은 정말 자신의 워라밸에 대해서 한번 생각해볼 필요가 있어." 사실 그의 워라밸은 내게 전혀 관심 밖이다. 여기서 중요한 것은 타인과 험담하며 자신의 행동을 정당화하는 것이다.

또한 제3자를 두고 이야기를 나누다 상대방과 친해질 수도 있다. 사실, 특정인을 대상으로 함께 뒷담화하는 것이야말로 상대와 가장 빨리 친해지는 길이다("뮐러는 옛날부터 항상 출세주의자였어"). 이처럼 험담을 나누는 사람들이 친해지는 건 자신들이 나눈 험담을 다른 사람이 듣고 고자질할까 봐 두려워하는 마음이 상호간의 신뢰로 변형돼 발전하기 때문이기도 하다. 헌데 이보다 더욱 중요한 것은 공공의 적을 만들고 서로 유대감을 형성해나가기 시작하는 것이다. 사회학에서는 이를 두고 소위 '내집단Ingroup'이라 부르는데, 이른바 심리적으로 소속감을 느끼고 가치를 공유하는 사회 집단이다. '내집단'에 해당하지 않는 모든 사람은 '외집단Outgroup'으로 분류된다.

유대감을 거론한 김에 이에 관해 살펴보자. 유대감은 공통된 험담 대상을 통해 형성될 뿐만 아니라 흔히 가식적으로 날조되기도 한다. 유대감 형성에 관한 실험에서 처음 만나는 여성들에게 대화를 나누게 하면서 서로 다시 만나게 될 거라는 사실을 사전에 알려주는 경우, 이들은 매우 활발하게 가식적인 대화를 나눈다. 반면 다시 보게 될 일은 없을 거라고 사전에 공지할 경우엔 그다지 활발한 대화가 오가지 않는다. 놀랍지 않은가? 하지만 한편으론 그다지 놀랄 것도 아니다. 여성들은 본래 상대와의 유대감을 형성하기 위해 이런 거짓말을 늘어놓는다. "나도 그 영화 엄청나게 좋아하는데." "당연히 네 생각을 완전히 이해해." "어머, 나도 너랑 똑같은 경험이 있어." 여성들이 이렇게 거짓말하는 것은 개인적인 관계에 국한되지 않는다.

나와 친한 간호사의 말에 따르면, 그녀는 환자가 어떤 사고방식을 지니고 있느냐에 따라 환자에게 특정한 치료법을 언급할 때 달리 표현한다고 한다. 특히 동종요법의 경우, 동일한 치료법을 어떤 환자에게는 강력하게 추천하고, 어떤 환자에게는 "효과가 있으리라 믿어봐야죠, 뭐"라고 부정적으로 언급하기도 한다는 것이다. "하지만 그건 거짓말과는 상관이 없어요." 그녀는 이런 식으로 자신을 옹호했다. "그런 애매한 문제에는 진실이 정해져 있지 않거든요. 내 의견 자체도 오락가락하는 걸요. 그러니 환자에 따라 동일한 치료법을 다른 방식으로 설명하는 건 거짓말이 아니라 내 생각의 여러 가지 측면일 뿐이에요." 그 말이 완전히 틀린 것은 아니다.

다시 험담에 관한 이야기로 돌아가보자. 공동의 적이 생기면 더 강화되는 유대감은 무엇보다 규모가 작고 폐쇄적인 사회에서 특히 중요하다. 도시보다 마을 사람들이 이웃과 동료에 관해 수다를 더 많이 떠는 것은 이 때문이다.

뿐만 아니라 제3자에 관한 대화는 매우 특별한 방식으로 사회적 통제 기능도 수행한다. 제3자를 논평하는 과정에서 사람들이 특정한 행동을 어떻게 생각하는지를 알아볼 수 있다. 즉 자칫하면 사회적으로 배제될 위험이 있는 특정 행동을 제3자와 관련해 언급함으로써, 그 행동이 사회적으로 용인되는지 아닌지를 알아낼 수 있다.

그런데 험담은 사회적으로 부적절하게 행동한 사람은 물론, 자신의 행동을 남들이 꺼린다는 것을 전해 듣고 뒤늦게 그 행동을 고친 사람 또한 배제시킨다. 이를 통해 실제로 거짓말쟁이와 사기꾼을 신속하게 거르고 피해를 줄일 수 있다면 바람직한 것일 수 있다. 하지만 험담을 통한 사회적 배제가 외형적인 면을 중심으로 이루어진다면 문제가 된다. 갱년기에 접어든 여성 동료가 들려준 얘기인데, 가족이 모이기만 하면 '누가 멋진 몸매를 더 오랫동안 유지하고 더 천천히 늙는지'에 대해 경쟁하듯 대화를 나눈다고 한다. 가족 모임이 있을 때마다 상대를 비판적인 눈으로 관찰하고, 누가 이번 주말에 무엇을 먹었고, 누가 '아주 형편없이 늙어버렸는지' 비평한다는 것이다.

어쨌든 어떤 사람의 진실성 등등에 의문의 여지가 있을 경우, 그에 관한 이야기를 나누는 것은 개인에게나 사회 전체에게나 진정으로 유익할 수 있다. 하지만 누군가를 험담하는 이야기를 한참 늘어놓고 나면 기분이 찜찜하고 나 자신이 혐오스럽게 느껴지는 것은 대체 왤까?

험담의 폐해

그에 대한 답은 매우 간단하다. 험담 후 마음이 꺼림칙한 이유는 그것이 합당한 일이 아니라서다. 아주 어렸을 때부터 남을 험담하는 건 나쁜 짓이라는 말을 듣고 자랐으므로 이는 우리 가치관의 일부가 되었다. 그런데 왜 험담은 합당한 행동이 아닌 걸까?

험담은 집단에 매우 치명적인 부작용을 가져올 수도 있다. 우리가 소수의 무리를 지어 자신들끼리만 가깝게 지내면 이로 인해 다른 사람들이 배제된다. 앞서 설명한 내그룹/외그룹 효과가 극단적으로 나타나는 경우, 결과적으로 소외와 외로움을 초래한다.

외로움이 어떤 결과를 초래하는지에 대해서는 앞에서 살펴본 바 있다. 우울증과 기타 심리질환은 자살로 이어질 수도 있는데 이는 험담의 모든 장점을 합해도 상쇄할 수 없는 치명적인 결과다.

그럼에도 불구하고 험담을 완전히 중단하기가 힘든 이유는 타인에 대한 대화가 사람들을 서로 이어주는 접착제 역할을 하기 때문인데, 하지만 아무리 그렇다 해도 험담은 누구에게도 심각한 피해를 입히지 않는 범위, 즉 적절한 범위에서 이뤄져야 한다.

예를 들어 적절한 균형을 유지하는 것도 한 방법일 것이다. 즉 제3자에 대한 부정적인 것과 긍정적인 것의 균형을 유지하도록 노력하는 것이다. 예를 들어 인기 많은 동료에 대해서는 부정적인 평가와 긍정적인 평가를 5 대 1 정도로 유지하고, 어떤 동료에 대해서는 3 대 1, 또 다른 동료는 1 대 1 정도로 유지하는 것이다. 다시 말해서 (누군가가 없는 자리에서) 그 사람에 관해서 이야기할 때는,

항상 그에 대해 긍정적인 면도 말하도록 노력하는 것이다.

젊은 여성들의 모임에서 유일하게 자녀가 있는 친구가 약속 시간에 자주 늦는다면 그 친구를 놓고 이야기할 때 이 원칙을 적용시켜볼 수 있다. "걔는 오늘도 어김없이 늦는구나"라고 말하는 것이 물론 금지돼 있지는 않다. 하지만 이런 말을 덧붙이면 어떨까? "그래도 어떻게든 시간을 내서 우리를 만나러 온다니 다행이지 뭐야. 풀타임으로 일하면서 아이까지 키우려니 정말 힘들 텐데." 이러한 태도는 우리 자신의 정신건강에도 좋을 뿐만 아니라 더 나아가 친구들과 좋은 관계를 유지하는 데도 도움이 된다. 특정인에 대해 지나치게 많이 이야기하다 보면 어느 순간부터—놀라지 마시라!—나도 모르게 그를 전반적으로 좋지 않게 생각하게 되기 때문이다. 이는 좋은 친구 관계에 전혀 도움이 안 된다.

과하지 않을 정도로 험담하는 방법 중 또 하나는 대화를 나눌 때 남을 험담하는 시간을 마음속으로 정해두고 시간의 틀을 벗어나지 않도록 노력하는 것이다. 내 경우에는 가능하면 타인에 관한 험담을 자제하려고 작정하고 험담하는 사람들에게 휩쓸리지 않도록 노력한다. 그렇다고 해서 아무 말도 안 하고 입을 꾹 다물고 있으면 그 집단에 속할 수 없으니 험담 시간을 의식적으로 제한해두는 것이 바람직할 수 있다. 예를 들어 월요일 오전에 커피를 마시며 동료들과 5분 정도 수다를 떨고 난 후 의식적으로 그 자리를 떠나는 것이다. 나는 이것이 험담에 관한 합리적인 대처법이라고 생각한다. 스스로에게 험담 허용 시간을 점차적으로 줄여나가는 것도 좋은 방법이다.

하지만 도가 지나친 험담이라면 과연 시간제한이 적절한 방법일지도 의문이다. 극단적인 험담이 오가는 경우에는 그 자리 자체에 참석하지 않는 것도 좋은 방법이다. 이때 그러한 모임과 거리를 둘 경우 (특히 직무와 관련하여) 자신에게 어떤 결과를 가져올지 신중히 판단해야 한다. 그 자리에 함께하지 않아 사무실 동료에 관한 수다의 기회만 놓치는 것이 아니라, 업무상 중요한 정보를 놓칠 수도 있기 때문이다. 하지만 특히 이러한 만남이 개인적인 모임이라면 이렇게 질문해보자. 끝없이 남을 험담하는 사람과 정말로 친하게 지낼 생각인가? 학창시절 친구 하나는 나와 만날 때마다 시종일관 사사건건 "거지같다"고 말하면서 타인에 관한 험담을 끝도 없이 늘어놓곤 했다. 어차피 그 친구와 자주 연락하는 관계도 아니었지만, 어느 순간 나는 그 친구와 더 이상 만나지 않겠다고 결심했다. 그 친구의 부정적인 태도에 물들고 싶지 않았기 때문이다.

정의로운 고자질쟁이

이처럼 개인적으로 험담을 자제하는 것에 그치지 않고 소외되고 따돌림 당하는 사람들을 나서서 도울 수도 있다. 그렇다고 해서 '번쩍이는 갑옷을 입은 기사의 모습으로 적들과 직접 맞서라'(많은 사람들이 적극적으로 나서지 않는 중요한 원인 중 하나)는 말은 아니다. 그렇다. 때로는 험담하는 사람들을 일대일로 만나 불편한 감정을 전달하는 것만으로도 충분히 간접적으로 도움을 줄 수 있다. 실제로 이런 일대일 방식의 대화는 때로 커다란 기적을 가져오기도 한다. 상황이 극단적으로 치달아 이런 간접 방식이 도움이 되지 않고 공개적으로 대립 상황이 벌어지면, 궁지에 몰린 사람을 위해 증인으로 나설 수도 있다.

극단적인 험담 혹은 집단 따돌림의 피해자라면, 단순히 뒤로 물러나 있거나 사건 자체를 잊으려 애쓰기보다는 상황을 차분하게 분석하고, 개인적으로 분명히 선을 긋고, 자신이 취할 행동을 계획하고, 이를 즉각 실행하는 것이 중요하다. 피해자가 방어하는 시점이 늦어질수록 상황을 변화시키기 힘들어지기 때문이다. 이런 경우 당사자가 취할 수 있는 행동은 크게 두 가지다. 그중 하나는 자신을 적대시하는 사람들과 직접적으로 이야기를 나누는 것이다. 단, 이들과 이야기 나눌 내용을 사전에 면밀히 계획해야 하며, 최대한 냉정한 태도로 전달한다. 또다른 방법은 외부에 도움을 요청하는 것이다. 예를 들어 직장에서는 직속상관이나 근로자협의회에 도움을 요청할 수 있으며, 어린아이들이나 청소년의 경우에는 한번쯤 '고자질쟁이'가 되어 부모나 선생님에게 자신의 문제를 알리는 것이 바람직하다. 이 밖에도 심리치료 전문가에게 도움을 요청할 수 있다.

질투심의 정체

험담하고 나서 기분이 께름칙한 데는 또 다른 이유가 있는데, 원칙적으로 험담의 배후에는 질투가 숨어 있기 때문이다. 셰익스피어는 인간의 질투심을 '초록 눈의 괴물'이라는 이미지를 통해 생생하게 구현한 바 있다. 우리는 동료가 월급을 많이 받지만 실적은 좋지 않다고, 친구가 너무 말라서 더 이상 예뻐 보이지 않는다고, 이웃이 새로 산 자동차 색깔이 유치하다는 말로 자신의 마음을 달램으로써 질투심을 통제하려 한다. 하지만 이러한 험담은 단지 잠시 동안만 효과가 있을 뿐, 질투심은 여전히 마음속에 남아 계속 '상처에 소금을 뿌린다.' 그렇다면 질투심의 정체는 무엇일까?

질투심은 본래 누군가가 내 것이어야 할 무언가를 갖고 있거나 갖게 될 때 생겨난다. 일반적으로 우리는 나와 '경쟁관계'에 있는 사람을 질투한다. 강한 질투심을 유발하는 또 다른 주요 원인은 낮은 자존감이다. 내가 지니고 있는 것에 만족하지 못하기 때문에, 다른 사람이 지니고 있는 것(그리고 바로 내가 갖고 싶은 것)을 질투하는 것이다.

그런데 이러한 관점과는 별개로 봐야 할 연구결과가 있다. 그에 따르면 이른바 '세상에서 잘 나가는' 사람들이 남을 험담하는 경향이 있다고 한다. 여기에는 두 가지 원인이 있을 수 있는데, 첫째는 잘 나가는 이들이 남을 험담하는 것은 질투심 때문이 아니라 권력을 뽐내기 위해서이고, 두 번째는 근본적으로 자신의 우월성을 확신하지 못하기 때문에 험담을 통해 자존감을 높이려 한다는 것이다.

그런데 질투심은 다른 모든 부정적인 감정과 마찬가지로 (4장에서 살펴본 바와 같이) 인간의 면역체계를 약화시킬 뿐만 아니라 다음과 같이 극히 다양한 영향을 미친다. 이른바 '선량한' 질투는 우리에게 추진력을 부여하고 성취욕을 불러일으키며, 한계를 뛰어넘어 성장하여 질투의 대상과 동일한 성과를 내라고 스스로를 독려한다. 그런데 질투의 대상에 근접한다고 해서 질투가 약해지는 것은 아니다. 내 환자였던 호프만 씨의 사례를 예로 들자면 그는 가장 친한 친구의 멋진 근육에 질투심을 느껴 친구를 능가해보려고 끊임없이 운동을 했다. 하지만 아무리 열심히 노력해도 그의 눈에는 자신보다 우월한 부분이 계속 새로 눈에 띄었고, 그러한 친구의 우월성을 도무지 인정하기가 싫었다. 엄청난 야심으로 많은 성과를 이루어냈지만 그의 질투는 식을 줄 몰랐다.

나는 호프만 씨와 심리치료를 진행하면서 그와 함께 근육이 아닌 자존감과 관련된 문제에 몰두했다. 그의 문제의 배후에는 여러 가지 요인이 복합적으로 작용했지만 한 가지는 쉽게 발견되었다. 냉정하고 과묵했던 호프만의 아버지는 항상 '보잘것없는 가느다란 팔로' 어린 호프만을 공중으로 높이 들어 올렸다는 것이다. 심리치료가 끝날 무렵 호프만 씨에게는 운동도, 근육도, 더 이상 중요하지 않았다. 그리고 그는 이제 자신이 정말로 즐거워하는 일, 즉 어린 두 자녀와 놀이터에서 시간을 보내는 일에 마음껏 몰두할 수 있게 되었다.

너의 불행은 나의 기쁨

질투의 부정적인 면은 더욱 큰 문제인데, 이 중 일부 문제에 관해서는 앞서 살펴본 바 있다. 첫째, 질투를 하면 남을 해하려는 의도를 갖고 험담을 하게 된다. 둘째, 질투를 하면 외로움과 우울증에 빠질 수 있다. 또한 질투를 하면 남의 불행을 기뻐하게 된다. 여기에서 남의 불행을 기뻐한다는 것은 우스꽝스러운 해프닝을 보고 즐거워하는 것과는 다른 얘기다. 예를 들어 낯선 사람이 유리문에 부딪히거나, 누군가의 머리에 비둘기의 똥이 떨어지는 장면을 보고 즐거워하는 것과는 다르다는 말이다. 이런 우스꽝스러운 해프닝을 즐거워하는 것은 기막힌 타이밍으로 듣는 이의 허를 찌르는 농담에 웃음이 터지는 것과 일맥상통한다. 여기에서 남의 불행을 기뻐하는 마음이란 '열등의식을 지닌 사람들의 복수심', 즉 남과 자신을 비교하고 (남몰래) 자격지심을 느끼는 사람들의 복수심이다. 그런데 이 두 경우 모두, 마치 로또에 당첨된 사람처럼 뇌의 보상 중추가 활발해진다.

초등학교에 들어가고 나서야 남의 불행을 기뻐하는 마음이 시작된다는 것은 매우 흥미롭다. 반면 우스꽝스러운 해프닝에 즐거워하는 것은 아기 때도 가능한데, 이는 예상치 못했던 일을 경험하는 이른바 '서프라이즈 효과'에 해당한다.

이에 관하여 뮌스터대학 심리학과의 만프레드 홀로딘스키Manfred Holodynski 교수는 만 네 살부터 여덟 살까지의 아이들을 대상으로 실험을 했다. 실험에 참가한 아이들은 어른이 마실 사과주스 잔을

레몬주스가 담긴 잔과 바꿔치기해도 좋다고 허락받았다. 아주 어린 아이들의 경우에는 주스를 마실 어른에게 잔이 바뀌었다고 일러줄 정도로 장난을 숨기지 못한 반면, 다섯 살부터 일곱 살까지의 아이들은 자신의 '범행'이 초래할 유쾌한 결과를 기대하며 즐길 줄 알았다. 하지만 결국 표정을 숨기지는 못해 장난은 실패로 돌아갔다. 만 여덟 살이 되어야 아이들은 비로소 포커페이스를 유지하고 장난을 만끽할 수 있었다.

다시 말해서 인간이 남의 불행을 기뻐하는 성향을 천성적으로 타고난 건 아니며, 초등학교에 입학하고 나서야 이런 감정을 비로소 처음으로 느낀다는 말이다. 많은 아이들에게 초등학교 입학은 처음으로 많은 아이들과 관계를 맺기 시작하는 시점일 뿐만 아니라 이들과 경쟁하기 시작하는 시점이기도 하다. 남과의 경쟁이 시작되면서 질투와 남의 불행에 대한 기쁨을 알게 되는 것이다.

험담과 마찬가지로 남의 불행을 기뻐하는 것에도 긍정적인 측면은 있다. 남의 불행을 기뻐하면서 사람들은 자신의 낮은 자존감을 잊고 잠깐 동안 해방감을 느낀다. 또한 사람들은 남의 불행에 기뻐하면서 겉으로는 완벽해 보이는 이도 실상은 완벽하지 않다는 사실을 인식하며 안도한다. 하지만 그랬다 해서 남보다 뒤처진 자신의 상황이 변하는 것은 아니며 질투심 또한 여전히 남는다. 이런 점에서 볼 때, 누구든 자기감정을 어떻게 다루어야 할지 다시 한번 돌아보는 것이 바람직할 것이다.

질투, 그 부질없음에 대하여

무엇보다 나의 질투심을 어떻게 의미 있게 처리할 수 있을지 자문해보게 된다. 내 질투심을 언제까지나 험담 혹은 따돌림, 남의 불행을 즐거워하는 식으로 방임할 수는 없는 노릇이니까. 질투심의 긍정적인 측면을 떠올려보고 이렇게 질문해볼 수도 있다. 어떻게 하면 누구에게도 해를 끼치거나 무언가를 빼앗지 않으면서 내가 원하는 것을 얻을 수 있을까? 성취욕, 성실성, 끈기는 이러한 목표를 이루는 데 도움이 될 수 있지만, 근육으로 무상한 호프만의 사례에서 볼 수 있듯이 그것만으로는 부족할 때가 있다.

그러므로 주어진 상황에서 무엇을 변화시킬 수 있는지 곰곰이 생각하는 것은 매우 바람직하다. 예를 들어 나의 강력한 질투 대상들과 더 이상 만나지 않는 것은 어떨까?

내 친구 안드레아는 문제를 비켜가는 것이 얼마나 사람을 편하게 만들어주는지 직접 체험했다. 안드레아는 2년이라는 인턴기간 내내 한 여성 인턴과 극심한 경쟁을 빌였다. 그토록 열심히 노력하며 손에 넣고자 했던 모든 '달콤한 보상'이 동료 인턴에게 돌아가자 안드레아는 질투로 병이 날 지경이었다. 그녀는 저녁마다 막강한 경쟁자인 동료 인턴에 관해 불평을 늘어놓으며 험담했다. 인턴 프로그램이 끝나고 다른 회사에 지원하여 그토록 갈망했던 업무 능력을 인정받고 나서야 그녀의 질투심은 가라앉았다. 두 사람은 더 이상 경쟁 관계가 아니었고, 안드레아의 자존감은 새 직장에서 현저하게 개선되었다. 요즘은 옛 동료가 (안드레아와 유대감을 가지려고) 그녀의 옛 경쟁자를 험담하려 하면, 안드레아는 그것에 동참하지 않고 오히려 변호해준다. 안드레아는 과거에 그렇게 미워했던 동료와 여전히 연락하며 지낸다. 질투심이 사라지자 동료의 장점이 보이기 시작했기 때문이다.

이 사례에는 질투를 극복하기 위한 또 다른 중요한 측면, 즉 예방이라는 면이 포함돼 있다. 내가 나 자신에게 만족하고 소박한 소망과 소박한 요구만을 지닌다면, 질투심은 발붙이기 힘들어질 것이다. 물론 말은 실천보다 쉽다. 심리학자들이 말하듯이 인간은 자신이 가진 것에 만족하기보다는 못 가진 것만을 바라보며 손에 넣고 싶어 한다. 인간은 이루어지지 않은 일에 시선을 두고 아직 요원한 목표를 바라본다. 여기에서 이른바 '긍정일기'가 도움이 될수 있다. 단지 하루를 돌아보며 그날 있었던 좋은 일들을 작은 노트에 기록하는 것만으로도 충분하다. 무엇보다 사소한 일까지 기록하는 게 매우 중요하다. 점심시간에 내 살갗에 내리쬐던 햇볕에 관해, 이웃집 아주머니와 나눈 소소한 대화에 관해, 석사논문의 한 챕터를 마무리한 것에 관해 기록하는 것이다. 여기서 한 걸음 더 나아가 나를 기다리고 있는 긍정적인 사건, 즉 바라건대 내일 만나게 될 모든 좋은 일들을 기록해보자. 그러면 긍정일기가 나에 대한 만족감을 얼마나 드높여주는지 알게 될 것이다.

마음을 불편하게 만드는 질투심이 다시 스멀스멀 올라올 때 또 다른 대처법은 무엇이 있을까? 질투라는 감정에 휩쓸리지 않고 그것과 상반되는 행동을 해보는 것이다. 예를 들어 경쟁자에게 그를 인정한다고 말해주고 친절하게 대하는 것이다. 또는 경쟁자를 평가절하고 험담하는 대신, 친한 친구에게 나의 끝없는 질투심을 털어놓는 것이다. 다만 이 경우 상반되는 행동을 하는 것보다 훨씬 중요한 것은 상반되는 생각을 하는 것이다. 즉 불공평하다는 생각을 떨쳐버리고, 본래 내가 누려야 할 것을 다른 사람이 누린다는 확신을 떨쳐버리는 것이다. 이와 관련해서는 스스로에게 이렇게 질문해보는 것이 유용할 것이다.

- 엄밀히 볼 때 내가 '그만한 자격'이 없는데도 현재 누리고 있는 모든 좋은 일들은 무엇인가?
- 본래 내가 원하던 것을 다른 사람이 얻음으로써 내게 돌아온 좋은 점은 무엇인가?

  (예를 들어 원하던 직장에는 합격하지 못했지만 구직기간 동안 장기 여행을 할 수 있다. 이런 여행은 취직하고 나면 엄두도 못 낸다.)
- 본래 내가 원하던 것을 다른 사람이 얻음으로써 그가 감수해야 할 힘든 점은 무엇인가?

  (예를 들어 내가 놓친 그 직장은 월급이 높지만 일주일에 최소한 50시간 이상 일해야 한다.)

질투와 상반된 태도로, 즉 온화한 미소를 짓고 이런 새로운 생각을 큰 소리로 말해보자. 세상이 달리 보일 것이다. 물론 부정적인 태도를 개선하겠다는 진솔한 마음가짐이 있어야 이 훈련은 효과를 볼 수 있다. 타인이 이룬 업적을 비하하는 것은 부질없는 짓이다.

나를 질투하는 거니?

그런데 내가 질투의 대상인 경우는 어찌해야 할까? 공격성이 개입된 모든 관계에서처럼, 질투를 받는 경우에도 질투하는 사람과의 접촉 횟수를 최대한 줄이는 것이 좋다. 하지만 누구나 알 수 있듯이 이는 그렇게 간단하지가 않다. 특히 질투하는 사람이 가까운 가족이나 친구일 경우에는, 질투라는 단어를 직접 언급하지 않고 대화를 해보는 것이 바람직하다. 반면, 질투의 대상이 직접 나서서 실은 그렇게 부러워할 필요 없다고, 겉으로 보이는 자신의 긍정적인 모습과 현실은 괴리가 있다고 설득하는 것은 전혀 먹혀들지 않는다. 당사자가 나서서 이처럼 직접 설득하는 것은 아무 효과도 없을 뿐더러, 듣는 사람에게 수치감을 불러일으키고 둘 사이를 서먹하게 만들 뿐이다. 우리 사회에서 질투의 주체와 대상이 단 둘이서 대화를 나누며 질투와 시기라는 단어를 직접 꺼내는 것은 극히 드문 일이기 때문이다. 그러므로 질투라는 단어를 거론하지 말고 다음과 같이 에둘러 말하는 것이 바람직하다. "얼마 전부터 나를 만날 때마다 평상시와는 다른 것 같아. 무슨 일이라도 있니?"

물론 이렇게 묻는다고 해서 "너를 질투하고 있어"라는 대답이 나오지는 않을 것이다. 하지만 상대가 나를 조금이라도 아낀다면, 자신이 잘 숨겨왔다고 여겼던 질투심, 혹은 자각하지 못했던 질투심이 어쩌면 사람들 눈에 띄었을 수도 있겠다, 라고 생각돼 자기감정을 되짚어볼 수도 있다(만일 상대가 자기감정을 정확히 파악하는 방법을 알고 싶어 하면 이 책을 보여주는 것도 방법이다).

지금까지 질투, 남의 불행을 기뻐하는 마음, 험담에 관해 충분히 이야기해보았다. 이제 남들에 관한 이야기만 하지 말고, 앞서 인용했던 '똑똑한 사람들'처럼 여러 가지 사건과 관념에 관한 이야기를 나눠보는 건 어떨까?

도와주세요!
우리 아이가 좀 이상해요!

자녀나 배우자 혹은 기타 가족에게 심리질환(이라고 오해할 만한 증상)이 있을 경우, 가족이 취해야 할 조치는 정해져 있지 않다. 인간은 타인의 도움을 원하지 않는 경우, 자신의 심리 상태를 아주 오랫동안 숨길 수 있다. 가족이라 해도 잠재적 심리질환 징후를 백 퍼센트 감지할 수 있는 것은 아니다. 자신의 심리 상태를 누군가에게 털어놓을지, 혹은 도움을 요청할지를 결정할 수 있는 사람은 오직 본인뿐이므로 주된 책임은 항상 본인에게 있다.

그럼에도 불구하고 다음과 같은 징후는 결코 가볍게 넘겨서는 안 된다(물론 다음 징후가 모든 심리질환으로 연결되는 건 아니다).

- 불쑥 던지듯 자살을 암시하는 말을 한다.
- 자기 몸에 상처를 내거나, 칼을 대거나, 불로 그을리거나, 뜨거운 액체를 붓거나, 혹은 골절이나 기타 부상을 눈에 띄게 자주 당한다.
- 제3자를 가해하겠다는 암시적 발언을 한다.
- 심한 은둔적 행태를 보인다.

- 감정 기복이 심하거나 오랫동안 지속된다.
- 알코올 혹은 물질 남용 경향을 보인다.

이와 같은 경우 심리치료가 필요할 가능성이 농후하다. 이러한 징후를 인지한 가족은 당사자에게 심리치료라는 선택권이 있음을 알려줘야 한다. 다음과 같이 말해주면 도움이 될 것이다. "내가 보기에 네 상태가 좋지 않은 것 같은데, 너를 돕고 싶어. 어디 가면 도움받을 수 있을지, 우리 함께 찾아볼까?"

단, 당사자 대신 가족이 심리치료사에게 전화하는 것은 별 소용이 없다. 그랬다면 심리치료사는 추측건대 당사자가 직접 연락할 것을 권할 것이다. 물론 당사자가 성인인 경우에 한해서 그렇다. 미성년인 경우에는 부모가 대신 심리치료를 예약할 수 있다.

당사자가 심리치료를 원하지 않는다면 가족 또한 강권할 수 없다. 이 경우엔 당사자를 설득하려고 애쓰지도 말아야 한다. 왜냐하면 당사자가 치료에 자발적으로 참여해야 상태가 개선될 희망 또한 있기 때문이다. 앞서도 이미 언급했지만 실제로 심리치료가 누구에게나 유용한 것은 아니다. 이와 관련해서는 제10장에서 전통적인 심리치료의 다양한 대안을 소개한 바 있다. 이러한 대안 프로그램을 전반적으로 살펴보고 이를 토대로 심리적 이상 징후를 보이는 가족과 대화를 나누어보는 것도 방법일 것이다.

이미 책의 앞부분에서 언급했지만 이 대목에서 다시 상기시킬 것이 있다. 환자의 자발적 참여가 심리치료의 원칙이지만 이를 지킬 수 없는 상황이 있는데, 바로 환자가 제3자나 자신에게 해를 가할 수 있는 응급 상황이다. 이런 경우엔 설사 정보가 확실하지 않아도 상황을 심각하게 받아들이고 최악의 경우에 대비해 반드시 경찰을 출동시켜야 한다. 누군가가 해를 당할지 모를 상황을 방지할 수 있었는데도 경찰에 연락을 취하지 않아 최악의 상황이 벌어지는 것보다는, 경찰의 출동이 오경보로 판명되는 편이 훨씬 낫다.

물론 환자가 원하는 경우에 한하여 심리치료가 일단 시작되면, 가족이 심리치료사와의 대화에 참여할 수 있다. 흔히 정확한 진단을 내리기 위해 환자의 병력에 대해 제3자의 설명이 필요한 경우가 있다. 이 경우 지금까지의 환자의 삶을 어머니 혹은 형제자매가 어떤 관점으로 바라보는지가 매우 유용할 수 있다. 혹은 심리치료사가 가족 구성원과 함께 가족의 문제점에 대해 이야기를 나누고 모두를 위한 건설적인 해법을 모색하기도 한다. 하지만 여기서의 전제조건은 환자가 이러한 절차와 방식에 반드시 동의하는 것이다. 환자는 이 모두를 거부할 수 있으며 그러면 나머지 사람들은 이를 받아들여야 한다.

유아 및 청소년 심리치료는 평균적으로 4회의 상담 중 1회는 가족상담으로 진행된다. 어린아이들의 경우에는 흔히 당사자인 아이가 없는 상태로 가족상담이 이루어지며, 청소년의 경우는 대부분 당사자인 청소년이 가족상담에 함께한다.

하지만 상담에 직접 참여하지 않고도 가족으로서 심리치료에 동행할 수 있다. 가족 심리치료와 관련하여 당사자에게 적절한 수준으로 이런저런 질문을 하는 것은 바람직하다. 당사자로서는 심리치료를 받는 것 자체가 엄연히 삶의 중요한 일부인데, 마치 아무 일도 없다는 듯이 '페이드 아웃Fade out'시켜버리는 것도 이상하다. 가족으로서 물어볼 만한 유용한 질문은 이런 것들이다. "담당 심리치료사는 맘에 드니?" "심리치료가 진전이 좀 있어?" "치료를 받아보니 어때?" 반면 다음과 같은 질문은 도움이 안 된다. "도대체 언제 끝이 나?" "오늘은 어떤 이야기를 나누었는지 정확히 말해봐."

심리치료가 종결된 후에도 심리치료를 받았다는 것 자체를 터부시해서는 안 된다. 이와 관련하여 내 환자들은 가족들이 자신을 '마치 달걀을 다루듯이' 지나치게 조심조심 다루는 것보다는 그냥 담담하고 솔직하게 대해주길 원했다. 이는 가족이 명심해야 할 좋은 지침이다. 예를 들어 "좀 어때?"는 중요하고 좋은 질문이지만 지나치게 자주 해서는 안 된다. 삶은 계속 진행되고, 누군가가 아팠다는 사실도 언젠가는 과거가 되어야 하니 말이다.

12장
작별하기

불치병, 죽음, 애도

요즘 모임에서 나누는 대화 중에 사람들이 질색하는 주제 몇 가지가 있다. 사람들은 월급이나 월급 인상에 관해서는 활발하게 이야기를 나눈다. 물론 이런 대화는 월급이 높다고 자랑하려는 것이 아니라 '정보를 공유하기 위해서'라고 한다. 최근에 와서 부각되기 시작한 주제로는 '성적 취향'에 관한 것이 있다. 《매력적인 장 여행Darm mit Charme》이라는 책이 베스트셀러가 되고 나서부터는 모임에서 사람들끼리 자기 배설물에 관해 이야기를 나누기도 한다. 어쩌다 누군가 "제발 식사할 때는 그런 얘기 좀 자제해주세요!"라고 가볍게 항의할 수도 있겠지만 이제 배설물은 더 이상 터부가 아니다.

반면 당신이 죽음에 관한 이야기를 꺼내면 친구들은 당신에게서 아주 멀어질 것이다. 여기에서 죽음이란 우리 모두에게 해당되는 구체적인 죽음을 가리킨다. "사후세계가 존재할까?"라는 주제가 나오면 슬그머니 "외계인이 존재할까?" "식물에게도 영혼이 있을까?"라는 식으로 넘어가는, '현실감각이라곤 1도 없는' 철학과 학생이 말하는 추상적인 죽음과는 차이가 있는 '구체적인 죽음' 말이다.

그저, 생각하지 말 것

죽음이 두려운가? 가족과 차를 타고 가다가 사고가 날 경우, 혼자라도 살아남고 싶은가? 아니면 가족과 함께 죽는 편이 낫겠는가? 집에서 죽고 싶은가? 아니면 호스피스 병동에서 죽고 싶은가? 사전연명의료의향서(아파서 회복 불가능한 상태가 됐을 때 연명의료를 받지 않겠다는 의사를 미리 밝혀두는 서류 - 편집자)는 이미 작성해두었는지?

이런 류의 주제가 나오면 대화의 분위기는 갑자기 싸늘해지고, 사람들은 일제히 어서 빨리 덜 우울한 주제로 바뀌기를 바란다.

우리는 죽음에 관해 이야기 나누는 것을 힘들어한다. 모임에서뿐만 아니라 항상 그렇다. 아마 당신도 한 번쯤은 중환자나 노인의 임종을 지켜본 적이 있을 것이다. 당신은 죽음의 문턱에 있는 사람과 무슨 이야기를 나누었는가? 단언컨대 "죽음이 두려운가요?"라고 묻지는 않았을 것이다. 죽음의 문턱에 있는 사람에게조차 죽음은 터부이기 때문이다.

내 친구 하나는 최근에 당일 관광여행 초대를 받았다고 한다. 수목장에 들렀다가 화장터 구경을 하는 당일 관광코스였다. 비용에는 왕복 차비, 버스에서 마실 음료수와 아침 식사, 커피와 케이크가 포함돼 있었다. 친구와 나는 죽음에 관해 진지하게 생각해볼 기회를 받아들이지 않고, 이런 농담을 하며 그냥 큰 소리로 웃어넘겼다. "하하하, 화장터에서 커피를 마시고 케이크를 먹고 나서 공동묘지를 둘러보는 관광 코스라니." 우리는 아무렇지도 않은 척 킥킥거리고 나서 얼른 주제를 바꿨다.

그런데 왜 죽음에 관해 진지하게 고민해봐야 할까? 나 역시 죽음이라는 주제에 쉽게 다가가지 못한다. 죽음과 마주하기 위해 오랫동안 뜸을 들여도, 마치 고양이가 뜨거운 수프 주위를 빙빙 맴돌듯이, 나 또한 그 주제에 가까이 다가가지 못한다. 오늘날 여성의 기대수명은 83세에 이르고, 남성은 80세에 달한다. 멋진 숫자들이지만 모든 사람들이 정말로 이렇게 오랫동안 산다는 말은 아니다. 60퍼센트의 사람들이 만 80세가 넘어서 사망한다. 이 말대로라면 사람들이 그다지 오랫동안 사는 것 같진 않다. 논리적으로 생각해보면 나머지 40퍼센트는 80세가 되기 전에 죽는다는 말이니까. 만약 당신이 러시아에 사는 남성이라면 상황은 더욱 암울하다. 러시아 남성의 25퍼센트는 만 55세 이전에 사망한다. 당신은 독일 남성인가? 운이 좋다. 현재 65세라면 앞으로 살날이 17년 남아 있다. 그런데 왠지 모르게 그다지 많은 날처럼 생각되지는 않는다. 당신의 최근 17년도 엄청나게 빨리 지나가지 않았는가?

우리는 죽음을 피할 수 없다는 사실을 인정하지 않으려 한다. 간단히 말해 죽음을 두려워한다. 50세 미만의 62퍼센트가 죽음을 두려워한다는 사실을 시인하며, 50세 이상에서는 44퍼센트가 그렇다고 수긍한다. 다시 말해 우리 중 평균적으로 둘 중 한 사람은 죽음을 두려워한다. 죽음을 두려워하는 것은 당신 혼자만이 아니다!

죽음에 대한 두려움

죽음에 관한 두려움이라는 주제를 다룰 때는 '당신의 종교는 무엇입니까?'라는 신앙에 관한 문제가 결정적인 역할을 한다. 종교적 확신과 죽음의 수용 사이에는 U자 모양의 상관관계가 있다. 종교적 확신이 매우 약하거나 매우 강한 사람들은 그 중간인 사람들보다 죽음을 더 쉽게 수용한다. 추측컨대 전자의 경우에는 '될 대로 돼라'라는 식으로 접근하고, 후자는 신이 도와줄 것이라는 확신과 믿음으로 신의 손에 운명을 맡긴다. 나머지 그 중간 사람들은 죽음에 관해 불확실성을 안고 살아간다.

많은 '형식적인 신자'들은 죽음에 대한 두려움과 사망에 이르는 과정에서 여러 가지 문제로 괴로워한다. 그 원인은 '외적 종교적 태도'(종교에 대한 형식적인 소속감)와 '내적 종교적 태도'(신앙을 지님)의 차이에 있다. 신앙이 신실하지 않은 사람도 세례를 받을 수 있으며 그 반대의 경우도 가능하다. 외적 종교적 태도는 죽음에 대한 두려움과 양의 상관관계를 보이며, 내적 종교적 태도는 음의 상

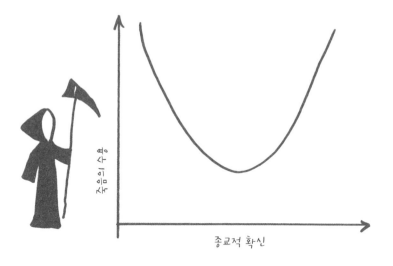

관관계를 보인다. 즉 교회세를 내는 것만으로는 죽음에 대한 두려움이 줄어들지 않는다.

믿음이 얕은 사람들은 사후세계를 믿느냐 믿지 않느냐에 따라 차이가 있다. '믿음이 약한' 사람 중 사후세계를 믿지 않는 사람은 '죽음 뒤에 무언가가 있을 것 같다'고 생각하는 사람들에 비해 죽음을 덜 두려워한다.

그런데 우리에게는 사망이라는 주제와 관련해 죽음에 대한 두려움 외에 또 다른 두려움이 있다. 최근 의학의 발전으로 또 다른 종류의 두려움이 점점 더 비중을 차지하고 있는데, 그것은 바로 무력감에 대한 두려움이다. 의술의 발달이 가져온 인위적 생명연장은 사망과 관련해 많은 사람들이 갖게 되는 새로운 두려움이다. 사람들이 희망하는 이상적인 죽음을 감안하면 이는 매우 논리적인 상황이다. 연구결과에 따르면 사람들이 희망하는 이상적인 죽음은 다음과 같다. 첫째, 죽음에 이를 때 통증이 없어야 한다. 이 부분은 이미 현대 의학기술로도 가능하다. 둘째, 존엄성과 자유의지를 고수하고 싶다. 이 부분은 그다지 간단하지 않다. 셋째, 주위 사람들의 관심과 사랑을 받고 싶다. 굳이 말하자면, 5년간 입도 벌리지 못한 채 복잡한 연명장치에 의지해 숨만 쉬고 있는 경우, 두 번째와 세 번째 희망은 이루어지기 힘들 것이다. 이제 좀 더 현실적으로 생각해보자. 더 오래 산다는 것은 흔히 단지 더 오랫동안 고통스러워한다는 것을 의미할 뿐이다. 인간의 기대수명이 높아질수록, 기대수명과 건강한 생애 간의 간극은 커진다. 1990년 출생자들은 전 세계적으로 기대수명이 65.3세에 불과했지만 그 기간 중 질병에 걸린 채 보낸 시간이 8.4년이었던 반면, 2013년 출생자들이 질병으로 시름하며 보내게 될 기간은 평균 9.2년에 달한다. 2013년 독일에서 출생한 사람들의 기대수명은 80.7년이지만 이들은 이미 68.8세부터 질병에 걸린 상태로 살기 시작한다. 여기에서 질병이란 단지 뇌졸중, 암, 심장마비를 의미하는 것이 아니라, 당뇨, 근골격계질환, 중독 문제, 신경 및 정신질환, 시력 및 청력 문제 등을 의미한다.

우리는 죽음을 두려워하고 질병으로 인해 무력하게 누워 있는 것을 무척 두려워하지만, 그렇다고 해서 이 문제를 진지하게 고민하진 않는다. 사전연명의료의향서를 작성한 사람의 수는 2009년 15퍼센트에서 2019년 18퍼센트로 확연히 상승했고, 모든 응답자 중 45퍼센트가 사전연명의료의향서 작성을 진지하게 고민해보겠다고 했지만, 대부분의 사람들은 이에 관한 결정을 내리지 않은 상태다. 나 또한 이 문제에 관해 진지하게 고민해보겠다고 마음먹은 상태일 뿐이다. 이 책을 다 쓰고 나면, 어쩌면…….

누가 영원히 살고 싶어 하겠어?

죽음과 사망이라는 주제를 불편하게 느끼는 것은 근본적으로 매우 자연스러운 현상이다. 우리는 죽음 다음에 어떤 일이 벌어지는지 알지 못하며, 어느 누구도 이를 확실하게 말해줄 수 없다. 무언가를 두려워하면 자연적으로 그것을 기피하게 된다. 다시 말해 우리는 모두 마치 자신에게는 죽음이 존재하지 않는 것처럼 즐겁게 하루하루를 살아간다. 비관주의자들은 죽음이 있기 때문에 삶의 모든 것이 무의미하다고 주장하지만, 죽음이 있기에 삶은 진정으로 의미 있는 것이다.

이 문제에 극히 이성적으로, 철저히 시장경제 원칙에 따라 접근해보자. 우리의 상식에 따르면 과잉으로 존재하는 것들은 그다지 가치가 없다. 물건의 공급이 부족해야 가치가 높아진다. 놋쇠는 적어도 금만큼 아름답게 반짝이지만 솔직히 말해 누가 놋쇠로 만든 결혼반지를 끼려 하겠는가? 인생도 마찬가지다. 같은 일을 무한정 반복할 수 없도록 인생에 한계가 있어야 삶의 다사다난한 사건들이 유일하고 소중한 사건이 된다. 이슬람교도의 다섯 번째 의무인 하지Hajj, 즉 이슬람교도의 성지순례는 이에 관한 아주 좋은 예다.

건강한 성인 이슬람교도는 남녀를 막론하고 누구나 여력이 되는 한 살아 있는 동안 한 차례 메카를 향한 성지순례에 참여해야 한다. 그만큼 좋은 일이라고 해서 열 번 혹은 매년 참여하라는 것이 아니다. 일생에 단 한 번 참여하기에 너욱 특별한 것이다.

간단한 사고실험thought experiment을 해볼까? 스스로에게 이렇게 질문해보자. 영원히 살 수 있다면 무엇을 하겠는가? 정말 내 집을 구입하겠는가? 돈 모을 시간은 차고 넘치니, 좀 더 기다렸다가 좀 더 많은 돈으로 훨씬 아름다운 집을 사보자는 생각이 들지 않는가? 배우자도 마찬가지다. 더 나은 배우자를 구할 시간이 무한정 펼쳐져 있는데, 평범한 배우자를 만나 만족하며 살 까닭이 있겠는가? 지금 무슨 이야기를 하는 것이냐고? 만약 영원히 살 수 있다면, 당신은 아무 결정도 내리지 않을 것이다. 결정을 한없이 계속 뒤로 미룰 수 있으니까 말이다. 어떤 행동을 선택하든, 크게 볼 때 어떤 차이도 없으므로 본인의 행동과 결정에 무관심해질 것이다.

이에 반해 사람들은 흔히 "매일이 마지막 날인 것처럼 살아라"라고 말한다. 이처럼 '자신의 마지막 날'에 하고 싶은 일을 무엇이든 저질러보자는 원초적 충동이 얼마나 비생산적인지는 말할 필요도 없다. 내게 남은 마지막 날에, 가진 돈을 모두 써버리고, 직장 상사에게 욕설을 하고, 전 부인에게 하고 싶었던 말을 다 뱉어버리는 것은 어떨까? 여기에서 생각의 방향을 바꿔서, 앞으로 살날이 20년, 30년, 40년이 남아 있다면 무엇을 하겠는가? 이제 이 시간을 반으로 줄여보자. 그러면 무엇을 하게 될까? 이런 식으로 내게 남은 시간을 점점 줄여나간다. 이제 어떤 일을 제쳐두고 어떤 일을 선택할까? 세계일주여행을 포기할지, 아니면 손자들과 보내는 시간을 포기할지 선택해보라. 이런 식으로 줄여나가다 보면, 내게 남아 있는 마지막 날에 상사에게 욕하는 것이 가장 중요한 일은 아님을 알게 될 것이다.

어느 날 갑자기 죽음이 닥쳐오면

아무 일 없이 안전한 상황에서 이런 생각을 해보는 것은 바람직하다. 하지만 죽음이 치명적인 질환의 형태로 예상치 않게 삶에 비집고 들어오면 어떨까? 삶을 망쳐버릴 수 있는 질환은 여러 가지가 있지만, 대표적인 예로 암에 관해 살펴보자.

2012년 독일의 사망자 중에서 넷 중 한 사람이 암으로 사망했으며 그 숫자는 22만 923명에 달한다. 나이가 들수록 암에 걸릴 확률은 커진다. 15세 미만 암질환자와 80세 이상 암질환자의 숫자상 비율은 1 대 300이다.

암 진단을 받은 가족들이 실제로 어떻게 대처해야 하는지에 관해서는 정해진 정답이 없다. 그럼에도 불구하고 독일암연구센터 암정보국은 암환자들에게 다음과 같은 조언을 한다.

• 조언하지 말고, 질문하세요

가족 중에 암이나 기타 중증질환 환자가 있다면, 당신은 분명 자신이 그 상황에 처했더라면 무엇을 할지, 어떤 전문가를 찾아갈지 등의 중요한 조언을 하고 싶을 것이다. 하지만 암 관련 전문가, 즉 암환자들의 상담과 지원에 특화된 심리학자, 의료인, 교사 혹은 사회복지 전문가들은 이렇게 조언한다. "환자에게 물어보십시오! '뭐 필요한 거 없어?' '내가 해줄 수 있는 일이 뭐가 있을까?'라고 말에요."

• 관심을 보여주세요

뭔가 실수라도 할까 봐 뒤로 물러서지 말고 환자에게 관심을 기울인다. 많은 환자들은 오직 홀로 질병에 대항하지 않아도 된다는 것을 느끼기만 해도 많은 위안을 받는다.

- 정보를 수집하세요

당신의 의견을 강요하지 말고, 환자에게 필요한 정보를 구해다준다. 정보를 구하다 보면 당신의 두려움과 우려를 잠재우는 데에도 도움이 된다.

- 자기 결정권을 존중해주십시오

환자의 의지에 반하는 행동 혹은 환자를 속이는 행동을 삼가야 한다. 당신 마음에 들지 않더라도 환자의 결정을 수용한다.

먼 친척 한 분이 수술이 불가능한 뇌종양에 걸려, 절대 간병이 필요한 상태로 서서히 죽어가고 있다. 그녀는 더 이상 혼자서 걷지도, 말하지도, 먹지도 못한다. 남편은 헌신적으로 그녀를 돌본다. 그는 그 과정에서 간혹 자신의 한계를 벗어나 무리하기도 한다. 결국 남편은 최선을 다해 고민한 후 어려운 결정을 내리고, 병문안 온 처제에게 그 내용을 알려주는 순간, 환자의 입에서 힘겹게 더듬더듬 말소리가 흘러나왔다.

"당신은 내가 무엇을 원하는지 하나도 몰라."

치명적인 질병을 앓거나 임종에 처한 사람을 지켜보며 동행하기란 매우 힘든 일이다. 따라서 환자를 돌보는 사람이 자기 자신을 돌보는 것도 매우 중요하다. 이는 직업적 간병인이나 의사뿐만 아니라 환자 가족에게도 해당된다. 중환자를 둔 가족들도 때로는 친구를 만나 이야기를 나누며 기분전환을 해야 하며, 고통을 혼자서 삭히지 말아야 한다. 또한 환자를 돌보는 것이 인생의 전부가 아님을 분명히 인식해야 한다. 그리고 양심에 가책받지 말고 자기 인생을 살아야 한다. 자신의 욕구를 인식하고 이를 충족시켜주어야 한다.

이와 관련된 핵심적인 주제는 '온전한 집중'이다. 앞서 다루었듯이, 온전한 집중이란 아무것도 평가하지 않고 지금 이 순간에 집중하는 것이다. 즉 환자가 세상을 떠나는 과정을 동행하며 간호하는 가족들에게 자연히 스며드는 고통을 온전히 감지하고 이를 다시 흘려보냄으로써 아름다운 일상 또한 의식적으로 체험하는 것이다. 다음과 같은 초보적 훈련법이 있다. 1분간 아무것도 평가하지 말고, 귀에 들려오는 소리에만 집중하라. 이런저런 생각이 떠오르면 그 생각들을 흘려보내고 다시 소리에 집중해본다. 그러면 1분이 얼마나 긴 시간인지, 이 훈련법이 얼마나 어려운지 놀라게 될 것이다. 온전한 집중은 심리질환을 예방하고 재발을 방지하는 적절한 수단으로도 평가받고 있다.

이러한 모든 방법을 병행하면서 다른 환자의 가족들과, 혹은 자조모임이나 병원 내 상담센터에서 대화를 나누는 것도 도움이 된다.

지금까지 '환자의 가족들' 이야기를 해보았는데 어느새 다시 본래적인 죽음, 즉 '나의' 죽음이라는 주제로 넘어왔다. 곧 죽게 된다는 통보를 들으면 어떤 일이 생길까? 정신과 전문의로서 죽음 관련 연구에 몰두했던 엘리자베스 퀴블러 로스Elisabeth Kübler-Ross는 1969년 죽음을 다음의 다섯 단계로 구분하여 설명했다.

- 죽음을 부정하는 단계: "나는 아닐 거야." "그럴 리가 없어." 이 단계

에서는 흔히 스스로를 고립시킨다.

- 분노하는 단계: "이건 너무 불공평해." 흔히 자신과 남 탓을 하면서 종교적 대상에게 항의한다.

- 타협하는 단계: "몇 달을 더 살려면 어떻게 해야 할까요?" "제 삶을 완전히 바꾸겠습니다"라는 식으로 삶을 다시 통제해보려 한다.

- 절망하는 단계: 아무 희망이 없다는 무력감을 느끼고 수동적인 태도와 은둔적 행태를 보인다.

- 죽음을 수용하는 단계: 주변을 정리하기 시작한다. 주위 사람들의 위로를 받아들이고 자신을 내어준다.

이 다섯 단계는 하나씩 순서대로 진행되지 않으며, 동일한 단계가 여러 번 반복돼 나타날 수도 있다. 어느 날 자신의 죽음을 받아들이고 나서는, 며칠 후 다시 분노할 수도 있다. 매몰차게 들리겠지만 이 모든 단계는 극히 정상적이다.

죽음을 앞둔 모든 사람이 심리치료를 받을 필요는 없다. 임상적으로 심리질환이라는 진단을 실제로 받은 경우에 한해 심리치료가 필요하다. 이 경우 치료는 일반적인 심리질환과 마찬가지로 진행되는데, 물론 죽음을 유발하는 질환과 이 질환의 체험을 중심으로 심리치료가 이루어진다. 하지만 협의의 심리질환 증상이 없더라도 전문가와의 상담을 통해 죽음을 좀 더 수월하게 수용할 수 있다. 이 밖에 영적 상담 또한 큰 도움이 된다.

죽는 법 배우기

이 외에 다양한 훈련법과 사고실험을 통해 자신이 유한한 존재라는 우울한 감정을 좀 더 수월하게 받아들일 수 있다.

미국의 심리분석가이자 심리치료사, 정신과 전문의인 동시에 작가인 어빈 데이비드 얄롬Irvin David Yalom은 잔잔한 호숫가에 돌이 떨어지면 파장이 이는 것처럼, 모든 인간의 삶은 이른바 파장을 일으킨다고 말했다. 다시 말해서 모든 사람은 자신도 모르는 사이에 영향력을 남겨, 세월이 흐르고 여러 세대가 지난 후 타인에게 영향력을 미친다는 것이다. 몇몇 사람에게는 충분히 위로가 될 만한 생각이다. 그렇지 않은가?

사람들은 삶의 파장을 의식적으로 조종할 수도 있고 타인에게 전달할 수도 있다. 이 밖에 수공예품이나 예술품, 문학작품, 음악 등 인간의 수명보다 더 오랫동안 이어질 구체적인 대상을 만드는 것도 삶의 파장에 해당한다. 또한 나무를 심거나 정원을 멋지게 가꿈으로써 자연을 통해 사후 시간과의 결속을 형성할 수도 있다.

나는 어디서 파장을 일으킬 수 있을까? 내가 세상을 떠나면 무엇이 남을까? 나는 다음 세대에게 무엇을 전해주게 될까? 이 질문들은 이미 제6장에서 다루었다. 이는 삶의 여정에서 마주하게 될 인생의 마지막 발달과업이다.

죽음을 앞두고 자신이 유한한 존재라는 사실을 수용하기 위한 또 다른 방법은 '인생 곡선'을 그려보는 것이다. 이 훈련의 핵심은 '나는 어떻게 현재의 내가 되었는가?'라고 자문해보는 것이다. 내 인생의 고점은 무엇이고 저점은 무엇인지, 나는 지금까지 힘든 상황을 어떻게 수용했는지, 스스로에게 물어보는 것이다.

인생 곡선을 그릴 때는 유아기부터 청소년기를 거쳐 성인기까지 삶의 모든 단계를 다룬다. 핵심 질문을 예로 들면 이런 것들이다. 내 삶에서 가장 중요한 것은 무엇이고 그 이유는 무엇인가? 어떤 사건과 사람이 내 머릿속에 가장 뚜렷이 남아 있는가? 삶의 어느 순간에 나는 특별히 자부심을 느꼈는가? 가족들이 나에 관해 알아야 할 부분이 있는가? 내게 가장 중요한 사람이나 다음 세대에게 전해주고 싶은 조언은 무엇인가?

이 질문에 대답하는 과정에서 자신을 다시 인식할 수도 있고, 미래에 관한 목표를 설정할 수도 있다. 질문에 대답하는 과정에서 누군가에게 해명해야 할 일이 떠오르면, 그를 만나 이야기를 나눌 수도 있다. 인생 곡선을 예컨대 앨범 등의 형식으로 창의적으로 꾸며 당신 사후에 가까운 친지나 가족이 볼 수 있도록 할 수도 있다. 물론 죽음이 찾아오기 전에 인생 곡선을 공개할 수도 있고. 서점에는 할아버지 할머니, 엄마 아빠가 자녀와 손자들을 위해 자신의 기억을 담아둔 책도 많이 나와 있지 않은가? 당신도 자신의 인생 곡선을 그려보라.

다시 한 번 강조하고 싶은 말이 있다. 지금까지 죽음이라는 문제에 건설적으로 대처하기 위한 다양한 개입방법, 훈련법, 대화법을 소개했다. 하지만 그럼에도 불구하고 죽음은 두려운 대상이다. 그리고 죽음을 두려워하는 것은 극히 자연스러운 현상이다. 죽음에 관해 깊이 연구하고 그것을 다섯 단계로 구분한 퀴블러 로스는 이렇게 말했다. "죽음을 쉬지 않고 계속 생각하는 것은 밝은 태양을 쉼 없이 계속 바라보는 것과 마찬가지로 불가능하다." 다시 말해서 죽음을 두려워하는 것은 정상이며, 죽음을 생각하기 싫어하는 것 또한 당연하다.

애도의 시간

죽음에 이르는 과정에서 자신의 죽음을 애도하는 것 또한 정상이며, 가족들은 죽음을 앞둔 환자에게 자신의 죽음을 애도할 여지를 줘야 한다. "괜찮아질 거야!", "우리는 힘을 합쳐서 병과 싸워야 해!" 이런 선의가 담긴 말은 특정한 시점부터는 더없이 공허하게 들릴 뿐이다. 가까운 사람을 떠나보내야 하는 이들은 이런 희망적인 말을 함으로써 스스로를 위안한다. 죽음을 앞둔 시점에서는 누구나 한 번쯤 이기주의자가 되어도 된다. 자기 죽음을 애도하며 마음껏 울지도 못하고 주변의 눈치를 봐야 한다면, 대체 언제 울어도 좋다는 말인가? 따라서 임종을 앞둔 환자를 치료하는 의사들은 더 이상 희망이 없으니 정리할 일이 남아 있으면 정리하라고 직접 분명하게 말해주어야 한다. 이런 이별 단계가 매우 중요한 이유는 흔히 이 시점에서 환자들은 이미 수년 전에 했어야 할 중요한 말을 건네고, 오래전부터 미뤄온 중요한 일을 처리하기 때문이다.

환자의 가족들 또한 가까운 사람을 떠나보내는 슬픔을 일찌감치 느낀다. 환자가 세상을 떠나기 전 가족들이 우는 과정은 나중에 환자가 세상을 떠난 후 슬픔을 좀 더 잘 추스르는 데에 도움이 된다.

사랑하는 이를 상실한 사람에게 심리치료사들이 해줄 수 있는 일은 그다지 많지 않다. 마음이 찢어지는 듯 아프고, 슬프고, 화가 나고, 무력감이 드는 것은 극히 정상적인 현상이다. 내 친구의 숙모는 남편을 잃고 난 후 주위 사람들이 모두 자신에게 "심리 상담을 좀 받아보라"는 조언을 한다면서 불편한 심기를 드러냈다. "그냥 내 마음대로 슬퍼하면 안 될까?" 숙모는 이렇게 물었다. 물론 그래도 된다. 슬퍼해도 된다. 원하는 만큼, 오랫동안, 언제든 슬퍼해도 된다. 나는 애도의 과정을 '고통'과 '새로운 상황에의 적응'이라는 두 지점을 왕복하는 '진자' 같다고 표현한다. 진자는 두 지점을 끊임없이 오가고, 사랑하는 사람을 잃은 고통은 언제든 다시 밀려올 수 있다.

극히 드문 경우지만 이른바 '유예된 애도반응' 혹은 '복잡한 애도'라 불리는 현상이 나타나기도 한다. 현재로서는 독립적인 진단명으로 공인받진 못했으나 이를 독립적인 진단명으로 지정해야 한다는 필요성이 거론되고 있다. 다음은 애도에 관해 많은 연구를 한 홀리 프리거슨Holly G. Prigerson과 캐서린 쉬어M. Katherine Shear가 '유예된 애도반응'과 관련하여 고안한 항목이다. 가까운 사람을 떠나보낸 후 6개월 이상 지난 시점에서 다음의 현상 중 다섯 가지 이상이 수일간 지속된다면 그것은 '유예된 애도반응'일 수 있다.

- 삶에서 내가 어떤 역할을 하는지 혼란스럽다. 나는 진정 누구인지 알 수가 없다.
- 사랑하는 사람이 죽었다는 사실을 받아들이기 힘들다.
- 사랑하는 사람이 죽었다는 사실을 떠올리지 않으려 노력한다.
- 사랑하는 사람이 죽고 나서부터 다른 사람에게 마음을 열기가 힘들다. 그들에게 아무 관심도 없고, 내가 겪은 고통을 그들은 겪지 않았다는 사실에 화기 나기 때문이다.
- 사랑하는 사람의 죽음에 분노가 치밀고, 마음이 한없이 무겁다.
- 계속 세상을 살아가는 것이 힘겹다.
- 마치 감정이 마취가 되고 마비된 것 같다.
- 사랑하는 사람이 죽은 뒤부터 공허하고 모든 것이 무의미하다.
- 사랑하는 사람이 죽은 뒤 충격이 지속되고 마치 마취 상태인 것처럼 모든 것이 혼란스럽다.
- 사랑하는 사람의 죽음과 관련된 생각이 계속 난다(예를 들어 끊임없이 죄책감이 든다).
- 사랑하는 사람이 죽은 뒤 계속 비정상적인 행동을 하게 된다. 과도하게 강박적으로 누군가의 곁에 계속 붙어 있으려 하거나, 물질 남용 증상이 있다.
- 죽은 사람이 지녔던 고통이나 증상이 내게 나타난다.

이 경우 심리치료가 도움이 될 수 있는데, 이때 치료에서 중점을 두는 부분은 사랑하는 사람을 잃은 슬픔에서 빠져나오도록 돕는 것이다. '고통'과 '새로운 상황에의 적응'이라는 두 지점을 '진자'처럼 왕복하도록 독려함으로써 사랑하는 사람의 죽음을 '소화시키는 과정'을 활성화시킨다.

내게 심리치료를 받았던 두 사람의 사례를 소개하고자 한다. 그중 한 명은 사랑하는 사람을 잃은 슬픔을 스스로 극복하는 데 성공했고, 다른 한 명은 자신의 고통 속에 갇혀 있다.

클라인의 남편은 자동차 사고로 세상을 떠났다. 클라인은 사고 당시 함께 차에 타고 있었고, 남편에게 인공호흡을 시도했지만 살리지 못했다. 클라인과 서너 차례 심리치료를 진행하고 나니, 그녀가 병리학적으로 심리질환에 해당하는 케이스인지 확실히 가늠할 수 있었다. 그녀의 경과는 매우 정상적으로 건강하게 진행되었기 때문에, 몇 주 후에는 심리치료를 중단할 수 있었다. '고통'과 '적응'의 두 지점 사이를 왕복하는 '진자'는 그녀에게서 다음과 같은 모습으로 나타났다. 그녀는 검은색 옷을 입음으로써 자신의 고통을 드러냈고, 남편을 생각하며 울 때 마음이 후련해짐을 느꼈고, 자신과 같은 고통을 겪은 이웃집 여성과 많은 대화를 나누었다. 이와 동시에 새로운 환경에 적응해갔다. 무엇보다 혼자서 행정적인 일을 처리하는 것이 생소하게 느껴졌다. 그 외에도 예전이라면 남편과 함께 참여했을 모임에 혼자 가는 것도 낯설었다. 예를 들어 딸의 고등학교 졸업식 파티에 다른 부모들은 부부 동반으로 참석하여 함께 춤을 추었지만, 그녀는 혼자서 자리를 지켜야 했다.

심리학적 관점에서 볼 때는 클라인보다 마이닝거의 경우가 심각하다. 마이닝거의 딸은 중증 심장기형으로 태어나 여러 주 동안 고통을 받다가 숨을 거뒀다. 마이닝거는 아직까지도 죽은 딸에 관해 '이야기해야 한다'고 느낄 때마다 극도로 긴장하고 패닉 상태에 빠진다. 그녀는 두 아들이 놀이를 하다가 혹은 궁금한 것을 물어보다가(하늘나라는 어떻게 생겼어요?) 세상을 떠난 여동생에 관한 이야기를 꺼낼 때마다 힘들어한다. 그녀는 애도를 하는 '고통'에 붙들려 벗어나지를 못한다. 애도라는 감정에 매몰돼 삶에 대한 통제력을 상실한 상태다. 또한 딸의 죽음이라는 사건을 온전히 받아들이지 못한 것으로 보인다. 애도를 성공적으로 소화시켰다면, 딸의 죽음에 침묵하지 않고 두 아들과 함께 딸에 관해 이야기할 수 있어야 한다. 이에 비하면 아들들의 경우 놀이에 여동생을 개입시키는 등, 심리학적 관점에서 볼 때 여동생의 상실을 매우 건강하게 소화시키고 있다.

두 사례를 통해 알 수 있는 사실은 사랑하는 사람을 떠나보낸 이에게 애도는 절대로 끝나지 않는다는 것이다. 남편의 죽음을 그토록 건강하게 소화해낸 클라인의 경우도 마찬가지다. 애도는 나선형의 프로세스다. 애도 과정에서 사랑하는 사람을 상실한 이의 고통은 크기가 변하긴 하지만 언제든 다시 찾아올 수 있다. 남은 삶 동안 언제든 힘든 순간이 찾아올 수 있다. 올바른 애도법은 정해져 있지 않다. 애도를 깊이 연구한 윌리엄 워든William Worden은 세상에 남겨진 사람들이 '정상적인' 애도를 위해 수행해야 할 과제를 다음과 같이 설명했다.

- 사랑하는 이의 상실을 현실로 받아들이기
- 애도와 관련된 모든 감정을 온전히 체험하기
- 변화한 환경을 인지하고 가꾸어가기
- 세상을 떠난 이의 자리를 새로운 환경에 마련해주고, 그를 기억 속에 간직하는 법 배우기

너는, 여전히 내 곁에 있어

클라인의 사례는 사랑하는 이를 상실한 후 감정과 새로운 환경에의 적응이 어떻게 이루어질 수 있는지를 잘 보여준다. 또한 나의 이웃 카이저 부인은 세상을 떠난 남편이 새로운 환경에 어떻게 자리할 수 있는지를 잘 보여준다. 카이저 부인의 남편은 내가 그녀의 집 아래층으로 이사 오기 바로 직전에 세상을 떠났다.

처음 이사왔을 때 카이저 부인은 검은색 옷만 입고 외모를 치장하는 것은 포기한 듯했다. 누가 봐도 몹시 괴로워하는 모습이 한눈에 보였다. 그 후 3년이 지났고, 부인은 다시 자신을 잘 가꾸는 유쾌한 여성으로 돌아왔다. 이웃들 말에 따르면 옛 모습을 되찾았다고 한다. 머리는 늘 깔끔히 염색돼 있고, 복도에서 이웃들과 마주칠 때마다 명랑하게 이야기를 나눈다. 얼마 전 나는 두 살짜리 조카를 데리고 놀이터에서 놀다가 돌아오던 길에 복도에서 카이저 부인과 마주쳤다. 조카는 놀이터에서 아주 아주 재미있게 놀다왔다고 부인에게 자랑했다. 그러자 카이저 부인은 담담한 목소리로

대답했다. "나는 공원묘지에 있는 남편을 만나고 오는 길이란다. 물론 아주 아주 재미있는 일은 아니지만." 토요일이면 부인은 해가 나든 비가 오든 눈이 오든 남편의 무덤을 찾아가 몇 시간을 보내고 온다. 세상을 떠난 남편의 무덤을 가꾸며 말없는 대화를 나누는 것이 그녀가 새로운 삶에서 남편에게 내어준 자리다. 거기서 세상을 떠난 남편과 함께 있는 것이 그녀에게는 귀찮은 의무가 아니라 위로다. 그녀는 남편 없이 삶을 계속한다. 달리 어찌할 방법이 없으니까. 하지만 삶 속에 남편의 자리는 간직해두었다.

내 친구도 카이저 부인과 비슷한 경우다. 친구의 할아버지가 돌아가신 지는 10년도 넘었지만, 친구는 사랑했던 할아버지 꿈을 아직도 꾼다. 그녀는 꿈속에 할아버지 자리를 마련해둔 것이다. 자주 할아버지 꿈을 꾸는데, 현실에서는 돌아가셨다는 사실을 온전히 의식하고 있는 상태로 꿈속에서 할아버지와 만나는 것이다. 꿈에서 할아버지를 만날 때마다 반가움에 놀라고, 즐겁게 이야기를 나눈다. 다음 날 아침 깨어나면 할아버지가 이 세상에 계시지 않다는 슬픔이 밀려오지만 다시 꿈속에서 만날 수 있다는 생각으로 위안을 삼는다.

세상에 남은 사람들이 가장 두려워하는 것 중 하나는 세상을 떠난 사람을 잊는 것이다. 물론 사랑하는 사람이 세상을 떠났다고 이내 잊지는 않겠지만, 다음의 연습은 이런 두려움의 근간을 없애고 애도의 형식적 틀을 만드는 데 도움이 된다.

세상을 떠난 사람의 전형적인 특징이나 행동방식을 떠올려보고 '나는 내가 ~라는 것을 기억해'라는 형식의 문장을 10개 만들어보

라. 나는 예전에 한 세미나에 참가하여 돌아가신 할머니를 떠올리며 이 연습을 해봤는데 그때 기록해둔 것을 얼마 전에 다시 발견했다. 그때 기록을 읽어보니 할머니에 관한 여러 기억들을 다시 떠올릴 수 있어서 기분이 무척 좋았다.

사랑하는 사람을 상실한 슬픔을 소화시키기 위한 또 다른 연습은, 그에게 편지를 쓰고 유리병에 넣어 강물에 띄우거나 간단한 의식을 치르고 태워버리는 것이다.

다시 카이저 부인의 이야기로 돌아가보자. 그녀의 사례는 간단한 의식이 애도와 관련해서도 매우 유용한 수단임을 알려준다. 검은 옷을 입고 규칙적으로 공원묘지를 방문하고 무덤을 가꾸는 이 모든 의식은 당사자에게 확실히 감정 표현할 틀을 마련해주고 안정감을 준다.

단, 형식이 정해져 있는 외형적인 의식은 유의해야 한다. 애도할 때 반드시 지켜야 할 올바른 형식이란 없다. 정해진 의식과 외부인들의 기대는 당사자에게 선택의 여지를 없애고 상처를 줄 수 있다. 예를 들어 누구나 배우자의 장례식에는 아주 가까운 사람들만 초청할 권리가 있다. 누구나 배우자의 무덤 앞에 서서 유가족 대표로 애도사를 낭독해달라는 외부인들의 요청을 거부할 권리가 있다. 아내가 세상을 떠난 지 일 년이 지났다 해도, "슬픔도 언젠가는 끝내야지"라는 주변 사람들의 말에 서둘러 예전 모습을 회복할 필요는 없다. 비록 15년 전에 전남편과 상당히 불미스럽게 이혼한 사람이라도, 전남편의 사망 소식을 듣고 울 권리는 있다.

누구나 혼자 애도하며 슬퍼한다.

누구나 혼자 죽는다.

죽음을 가슴 아파하는 것은 지극히 정상적이다.

죽음을 두려워하는 것 또한 지극히 정상적이다.

죽음 이전의 삶에서 사람들을 진정으로 행복하게 만드는 것은 무엇인지를 75년간 분석한 하버드대학의 연구 자료는 충만한 삶에 이르는 방법을 알려준다. 그것은 바로 친구와 가족과 파트너와 좋은 관계를 유지하는 것이다. 한마디로 사랑하는 것이다.

지금까지 이 책에서 우리는 어떻게 하면 살면서 조금 덜 화내고, 조금 덜 집착하고, 조금 덜 질투하고, 남의 불행에 기뻐하는 걸 더 자제하고, 외로움과 두려움, 스트레스를 조금 덜 느끼고, 어떻게 하면 조금 더 많이 사랑할 수 있는지를 살펴보았다.

심리치료사가 되는 길

지금까지 무대 뒤편을 몇 차례 들여다보았다. 그 과정에서 어쩌면 심리치료사가 되고 싶다는 마음이 생겼을지도 모르겠다.

심리치료사가 되는 교육과정이 치열하긴 해도 이 과정은 감당할 만한 충분한 가치가 있다! 끝까지 성공적으로 과정을 이수한 사람은 놀라울 만큼 보람된 일을 할 수 있으니까. 나는 환자들과 여러 해 동안 동행하며 그들의 생각과 감정을 매우 가까이에서 접하곤 한다. 함께 팀을 이루어 그들의 문제와 해법을 함께 고민하고 풀어간다. 마음의 상처가 치유되는 것을 지켜볼 때면 커다란 보람이 느껴진다. 가장 큰 기쁨은 몇 해 전에 치료를 끝낸 환자가 보내온 카드나 메일을 받고, 그들이 아주 잘 지내고 있으며 조금은 내 도움에 힘입어 삶이 많이 좋아졌다는 소식을 듣는 것이다.

반면 날마다 삶에서 일어나는 가장 끔찍한 일들을 직면하는 것은 물론 힘들다. 강간과 성폭행 및 기타 폭력으로 인한 트라우마, 죽음으로 인한 슬픔, 불안, 자살에 관한 생각과 자살 등을 날마다 직면하기란 쉽지 않다. 내가 지금까지 접한 이야기 중 가장 끔찍한 것은 응급상황이어서 제대로 마취를 하지 못한 채로 배를 가르고 아이를 낳은 후 트라우마에 시달리는 여성이 산모의 관점에서 생생하게 묘사한 분만 상황이다. 그녀의 이야기를 지금까지도 잊지 못하고 있으며, 앞으로도 내 머릿속에 영원히 남아 있을 것이다.

이런 점에서 볼 때 상대방과 거리를 두는 능력은 심리치료사가 갖춰야 할 중요한 전제 조건이다. 구원자 신드롬에 빠져 있는 사람은 이 직업에 적합지 않다. 심리치료를 하다 보면 치료사가 환자에게 극히 일관적인 태도를 유지하고 직설적인 말과 행동을 해야 할 상황이 많기 때문이다. 또한 환자가 스스로를 도울 의향이 없는 경우에는 심리치료사 또한 환자를 도울 수 없다. 앞서 심리치료사를 등산 안내자로 비유한 적이 있다. 심리치료사가 나를 업고 나의 길을 걸어갈 수는 없다. 다시 말해 환자에게 스스로를 도울 수 있는 방법을 알려주는 것이 중요하다. 심리치료는 환자의 자발적인 동기가 있어야 성공할 수 있다.

나는 결단코 완벽한 심리치료사가 아니며, 나 역시 내 인생의 짐을 짊어지고 가야 한다. 내가 아는 심리치료사 중에는 자신을 제대로 파악하는 데 '실패한' 사람이 있다. 내 개인적인 의견으로는 과거에 심리적 문제를 겪었던 경험이 있다고 해서 심리학자나 심리치료사가 될 자격이 없다고 생각하지는 않는다. 하지만 심리치료사로 살고 싶다면 우선 포괄적인 심리치료를 통해 자신의 특수한 문제를 제대로 완결지어야 하며, 가장 바람직한 것은 문제를 완전히 소화하고 일정 기간이 지난 후 심리치료사라는 직업을 수행하는 것이다. 그렇지 않으면 자신의 경우와 유사한 환자를 대할 때

혼선이 올 수 있다.

이 밖에 행동치료의 경우에는 분석적 사고능력이 필요하다. 행동치료의 궁극적인 목적은 일정한 조치를 미리 계획하는 것이기 때문이다. 어떤 환자에게 어느 시점에 어떤 방식으로 개입하는 것이 가장 효과적일지, 그리고 다음 단계로 어떤 조치를 취해야 할지 파악하는 것이 심리치료사의 과제다.

그 외에는 심리치료사로서 솔직하고 진실성 있게 환자를 대하는 것이 중요하다. 심리치료사가 진정성 없는 '역할극'을 할 경우, 환자들은 이를 즉시 알아차린다.

마지막으로 가장 중요한 것은 타인에 감정을 이입하는 공감능력이다. 공감능력이 없다면 심리치료사 외에 다른 직업을 찾아보라고 권하고 싶다.

지붕 따위, 새면 좀 어때!

마지막 장에서 우리는 이미 이 책에서 다룬 많은 생각을 멋지게 마무리 지었다. 그렇지만 여기서 끝내지 않고 감사의 말을 전하고 싶다.

나는 이 책을 쓰면서 매우 많은 것을 얻었다. 우선 많은 주제에 다시 한 번 심층적으로 몰입할 수 있었기에 전문적인 지식 면에서 많은 것을 새로이 얻었다. 또한 무엇보다 내 삶에 매우 중요한 것들을 얻었다. 나는 마침내 아버지와 함께 사전연명의료의향서에 관해 진지하게 이야기를 나눴고, 테니스 시합에서 버럭버럭하기를 자제하게 되었고, 책을 쓰느라 주말에도 바쁘게 지내다 보니 나 자신의 워라밸도 생각해보게 되었다.

당신이 책을 읽다가 어느 대목에서라도 '아, 그렇구나!'라는 탄성이 나온다면 매우 기쁠 것 같다. 하지만 무엇보다 이 책을 읽고 난 다음 '정상이 아닌 것이 정상'이라는 사실을 인식하게 된다면 좋겠다. 그리고 때로는 우리가 '남과 다르기' 때문에 다른 사람들과 구분되고 '특별한' 사람이 된다는 사실을 인식하기를 바란다. 사람과 우표는 비슷한 점이 있다. 간혹 잘못 인쇄된 우표가 그 특별함 때문에 더욱 가치 있는 것처럼, 아주 작은 이상한 점을 지닌 사람들도 그 특별함 덕분에 더욱 가치가 있다. 그런 사소한 특이함을 지니고 있어도 인생을 사는 데는 대개 별다른 지장이 없다.

만약 그렇지 않다면?

바로 심리학이 도와줄 것이다.

"크리스티나, 나는 우리 반에서 우리 둘만 유일하게 정상이라는 생각이 가끔씩 들어."

"만일 그렇다면, 우리 인생이 너무 지루할 것 같지 않니?"

용어 설명

- 강박행동: 강박증의 경우, 청소, 확인, 숫자 세기 등 강박적 의식을 통해 불안감을 줄여 단기적으로 편안하게 만들어주는 행동. 이는 장기적으로는 강박증을 지속시키는 결과를 초래한다.

- 강화: 바람직한 행동을 구축하기 위한 행동치료적 기법. 긍정적인 강화는 어떤 행동에 보상을 하는 반면(이번 시험을 잘 치면, 초콜릿을 줄게), 부정적인 강화는 당사자가 싫어하는 일을 없애준다(이번 시험을 잘 치면, 외출 금지를 해제시켜주마).

- 개입: 장애를 예방하고 해소하기 위해, 그리고 그 결과를 약화시키기 위해 투입되는 방책

- 근본적인 수용: 미국의 여성 심리학자 마샤 리네한이 개발한 변증법적 행동치료(DBT)에서 사용되는 개념. 더 이상 변화시킬 수 없는 불편한 사건이나 감정과 관련하여 내면적으로 수용하는 태도를 가리킨다.

- 기본적 견해: 자기 자신과 세상에 대한 주관적인 생각. 우리의 생각과 행동에 영향을 미친다.

- 기피: 두려움이 발생할 때 일어나는 자연스러운 반응

- 나르시시즘: 자신을 사랑하고 타인의 인정에 집착하는 성향. 나르시시즘이 극심한 경우에 한하여 임상적으로 '나르시시즘적 인격장애'라는 진단을 내린다.

- 내적 동기: 예컨대 재미 등의 내적인 요인을 통해 유발되는 동기

- 내집단: 사회학적 개념. 특정한 특징 혹은 타인에 대한 험담을 통해 외집단, 즉 '남의 집단'과 구분되는 '자신의 집단'을 의미한다.

- 노출훈련법: 심리치료에서 불안장애 혹은 강박장애 환자에게 문제유발 요인을 피하지 않고 직면하도록 하는 훈련법. 훈련을 준비하고 마무리하는 과정에 심리치료사가 반드시 조력자로 참여해야 한다.
- 닻을 내려 위치 표시하기: 연상 작용을 활용하여 어떤 감정이나 생각 등을 일정 동작이나 신호와 결부시키는 것. 심리치료를 할 때 '자신만의 안전한 장소에 이르는' 연습법 등에서 활용된다.
- 대처전략: 스트레스 상황 혹은 힘든 사건에 생산적으로 대응하는 방법
- 도화선: 특정한 기억과 이와 연계된 특정한 감정을 불러일으키는 특유의 유발 인자(예컨대 특정 냄새)
- 매수효과: 내적 동기가 외적 동기로 인해 없어지는 현상. '어떤 행위에 대해 보상을 받으면, 그 행위 자체가 그다지 멋질 수는 없다.'
- 메타인지: 자신의 인지과정을 생각하여 아는 것과 모르는 것을 자각하는 것. 즉 자신의 생각에 대한 생각
- 무력화: 타인의 감정, 생각 혹은 행동의 가치를 깎아내리는 것. 제3자에 의해 장기적으로 무력화 당할 경우, 중대한 심리적 손상을 입을 수 있다.
- 반응적 정체성장애: 특정한 위기 사건으로 인한 지속적인 반응장애
- 병력: 환자 자신이 바라보는 관점에서 서술한 개인적인 병의 이력
- 복합요인: 심리질환에는 흔히 복합요인모델이 적용된다. 한 가지 원인이 아니라 다수의 원인이 상호작용하고 상호간에 영향을 미친다.
- 삶의 중요한 사건: 개인의 삶에 중요한 영향을 미치는 사건. 심리질환

에 걸릴 확률을 높일 수 있는 삶의 분기점

- 생산성: 다음 세대에 대한 책임의식을 지니고 다음 세대를 키워내는 능력

- 셀프–핸디캡핑Self-handicapping: 자기 가치를 보호하기 위한 전략. 성공 기회를 무의식적으로 망쳐버림으로써 실패에 대한 핑계를 미리 만들 어놓는 것. "새벽까지 공부했더니 너무 피곤해서 시험 때 집중할 수 가 없었어."

- 수동적 적극성: 목표에 진정으로 접근하지 않은 채, 겉보기에만 적극적 으로 행동하는 것

- 심리교육: 질환과 질환의 발생에 관해 학문적으로 검증된 팩트를 전달 해주는 것. 질병에 관한 이해를 돕고, 환자들에게 자신의 질환에 책임 감 있게 대응하도록 촉구하는 역할을 한다.

- (안정된) 애착관계: 소아과 전문의 존 볼비John Bowlby의 애착이론에 따 르면, 생후 처음 수개월 및 수년간 양육자와의 정서적 애착은 아이의 심리 발달에 중요한 변수가 된다. 아이와 어머니(혹은 기타 양육자)와 의 안정된 애착은 심리학적으로 중요한 방어요인으로 간주된다.

- 열망: 특정 물질을 소비하고자 하는 강력한 소망

- 온전한 집중: 선불교에서 유래한 개념. 온전히 집중하는 훈련법의 목 표는 아무것도 평가하지 않고 현재의 순간에 온전히 집중하는 것이 다. 마음챙김에 기반한 스트레스 감소 훈련법 등 다수의 현대 심리치 료법이 온전한 집중을 콘셉트로 하고 있다.

- 외적 동기: 금전적 보상 등 외적 자극을 통해 유발되는 동기

- 외집단: 사회학적 개념. 내집단은 험담 등을 통해 외집단과 자신을 구

분 짓는다.

- 유효라고 인정하기: 일종의 의사소통 방법으로 상대의 행동이나 취향을 억지로 허용하는 정도에 머무는 것이 아니라 온전히 인정하는 것. 이때 환자는 자신이 상대방에게 이해받았다고 느끼고 변화에 마음을 연다. 모든 심리치료사가 기본으로 갖추어야 할 자질

- 이머징 어덜트후드Emerging Adulthood: 청소년과 성인 사이의 과도기적 시기(대부분 18세~25세)를 일컫는데, 최근 들어 이 시기는 점점 길어지는 추세를 보인다.

- 자극 통제: 행동치료에서 사용하는 개입방법. 공부 같은, 달갑지 않지만 해야 하는 행동을 할 확률이 높아지도록 상황을 변화시키는 방법

- 자기관리: 외부 영향에 좌우되지 않고 자신의 이익을 위해 일관성 있게 행동할 수 있는 능력. 계획세우기, 조직하기, 목표설정하기 등을 내용으로 한다.

- 자문: 사회심리학 관련 종사자들이 상호 조언하는 형태. 심리학 분야에서는, 예컨대 심리치료사와 환자 사이의 상호작용이 원만하지 않을 때, 양질의 심리치료를 위해 동료들에게 조언을 구하고 협의를 한다.

- 자해: 자기 신체를 손상시킬 수 있는 의식적 혹은 무의식적 행위

- 적극적인 참여: 자기의무 혹은 행동의무. 심리치료에서는 흔히 환자가 심리치료에 적극적으로 참여하는 것을 '같은 배에 탔다'라고 표현한다.

- 정체성: 자아 혹은 인격은 개개인을 구분 짓는 요인들을 나타내는 반면, 정체성은 개인과 사회 사이에 형성되는 관계적 측면에 주목한다. 즉 우리가 부모로서, 배우자로서 혹은 친구로서 타인과 함께 살아가

면서 떠안는 역할들을 나타낸다.

- 제3자에 대한 위협: 타인의 신체에 해를 입힐 수 있는 의식적 혹은 무의식적 행위

- 조건반사: 자극, 반응, 연상 간의 관계가 학습된 상태. 대표적인 예는 파블로프의 개 실험이다. 개에게 먹이를 줄 때마다 종소리를 들려주면, 개가 이를 학습하여 먹이를 주지 않고 종소리만 들려줘도 침을 흘리기 시작한다.

- 직관적 지식: 감정과 이성의 교집합. 진지하게 생각하지 않고서도 적절한 행동을 하도록 이끌어준다.

- 진단법: 어떤 질환을 인식하기 위해 취해지는 모든 방책. 예를 들어 CT 촬영, 심전도검사 등 기계를 사용하는 검진, 병력, 테스트 등을 포함한다.

- 체질량 지수BMI: 체중(킬로그램)을 신장(미터)의 제곱으로 나눈 값. 정상 범위의 체질량 지수는 18.5~25이다.

- 체화전략: 이른바 '제3의 물결'로 심리치료학파에서 주창한 콘셉트인데, 신체를 심리치료를 위한 진입경로로 사용한다.

- 추측통계학: 확률 통계 이론의 상위 개념

- 출산전후기 우울증: 임신기와 출산 후의 우울증

- 표준편차: 임의로 추출한 견본에서 자료가 평균을 중심으로 얼마나 퍼져 있는지를 나타내는 대표적인 수치. 추측통계학에서 사용되는 개념이다.

- 합리화: 인간 심리의 방어기제. 이미 일어난 일을 사후에 표면적으로 정당화하는 행위

- 환자비밀유지의무: 환자의 비밀을 유지할 법적인 의무. 심리치료사는 환자의 동의하에 특정 사람들(예컨대 공동 치료자 혹은 환자 가족)에 한해 환자비밀유지의무에서 면제될 수 있다. 자해 혹은 제3자 가해 위협이 있는 위급한 경우, 심리치료사는 환자비밀유지의무에서 자동적으로 면제된다.

- 후광효과: '헤일로 효과'라고도 부르는, 일종의 인지적 오류. 한 사람의 눈에 띄는 특성을 토대로 다른 특성까지 유추하는 현상을 일컫는다. 예를 들어 우리는 외모가 출중한 사람들이 남보다 더 친절하고 마음이 넓을 거라고 여김으로써 이들에게 '후광효과'를 부여한다. 이와 반대되는 것으로 '도깨비뿔 효과'도 있는데, 예를 들자면 뚱뚱한 사람들은 게으르다고 생각하는 식이다.

참고문헌

American Psychiatric Association: DSM − 5. 2015

Asendorpf, Jens: Psychologie der Persönlichkeit. 2005

Bartens, Werner: Was Paare zusammenhält: Warum man sich riechen können muss und Sex überschätzt wird. 2013

Bohus, Martin/Wolf − Arehult, Martina: Interaktives Skillstraining für Borderline − Patienten. 2012

Chozen Bays, Jan: Achtsam durch den Tag −53 federleichte Übungen zur Schulung der Achtsamkeit. 2012

Dilling, Horst/Freyberger, Harald J.: Taschenführer zur ICD − 10 − Klassifikation psychischer Störungen. 2013

Engelmann, Bea: Therapie −Tools Positive Psychologie: Achtsamkeit, Glück und Mut. 2015

Erikson, Erik H./Hügel, Käthe: Identität und Lebenszyklus. 2003

Hagena, Silka/Gebauer, Malte: Therapie −Tools Angststörungen. 2014

Hiller, Wolfgang/Leibing, Eric/Sulz, Serge K.: Lehrbuch der Psychotherapie. 2010

Hinsch, Rüdiger/Pfingsten, Ulrich: Gruppentraining sozialer Kompetenzen GSK − Grundlagen, Durchführung, Anwendungsbeispiele. 2015

Höcker, Anna/Engberding, Margarita/Rist, Fred: Prokrastination −Ein Manual zur Behandlung des pathologischen Aufschiebens. 2013

Jacobi, Corinna/Thiel, Andreas/Paul, Thomas: Kognitive Verhaltenstherapie bei Anorexia und Bulimia nervosa. 2008

Kaluza, Gert: Stressbewältigung −Trainingsmanual zur psychologischen Gesundheitsförderung. 2015

Kandale, Miki/Rugenstein, Kai: Das Repetitorium. 2016

König, Julia/Resick, Patricia A./Karl, Regina/Rosner, Rita: Posttraumatische Belastungsstörung −Ein Manual zur Cognitive Processing Therapy. 2012

Nil, Rico/Jacobshagen, Nicola/Schächinger, Hartmut/Baumann, Pierre/Höck, Paul/Hättenschwiler, Josef/Ramseier, Fritz/Seifritzh, Erich/Holsboer − Trachsleri, Edith: Burnout −eine Standortbestimmung. 2010. In: Schweizer

Archiv für Neurologie und Psychiatrie 2010; 161(2). S. 72 −77.

Petrich, Dorothea: Einsamkeit im Alter. Notwendigkeit und (ungenutzte) Möglichkeiten sozialer Arbeit mit allein lebenden alten Menschen in unserer Gesellschaft. 2011

Piontek, Rosemarie: Mut zur Veränderung −Methoden und Möglichkeiten der Psychotherapie. 2009

Reddemann, Luise: Imagination als heilsame Kraft −Ressourcen und Mitgefühl in der Behandlung von Traumafolgen. 2017

Schroth, Gerhard: Peri −/Postpartale Depression. Eine (primäre) Aufgabe der Psychotherapie. In: Zeitschrift der DPtV (Deutsche Psychotherapeuten Ver\− einigung): Psychotherapie aktuell. 7. Jahrgang, Heft 2.2015, S. 9 −16.

Stavemann, Harlich H.: Im Gefühlsdschungel −Emotionale Krisen verstehen und bewältigen. 2010

Thich Nhat Hanh: Das Wunder der Achtsamkeit: Einführung in die Meditation. 2009

Trachsel, Manuel/Maercker, Andreas: Lebensende, Sterben und Tod. 2016

Vocks, Silja/Legenbauer, Tanja: Körperbildtherapie bei Anorexia und Bulimia nervosa −Ein kognitiv −verhaltenstherapeutisches Behandlungsprogramm. 2010

Wagner, Birgit: Komplizierte Trauer −Grundlagen, Diagnostik und Therapie. 2014

Wengenroth, Matthias: Therapie −Tools Akzeptanz −und Commitment −therapie. 2012

Wortmann −Fleischer, Susanne/Downing, George: Postpartale psychische Störungen −Ein interaktionszentrierter Therapieleitfaden. 2006

Znoj, Hansjörg: Komplizierte Trauer. 2016

옮긴이_**박성원**

이화여자대학교에서 독어독문학을, 한국외국어대학교 통번역대학원에서 동시통역을 전공한 후

전문 통번역 프리랜서로 활동하고 있다. 2005년 프랑크푸르트 국제도서전 '한국의 책 100' 번역자에 선정되었다.

옮긴 책으로는《게르하르트 슈뢰더 자서전》《디지털 중독자들》《내가 혼자 여행하는 이유》

《마음의 감기》《마음의 오류》《리더십, 전략적 사고 따라가기》《백자/분청사기》《자유놀이의 시작》등이 있다.

나만 이상한 걸까 ?

초판 1쇄 발행일 2020년 4월 29일 ｜ 지은이 크리스티나 피셔 ｜ 옮긴이 박성원 ｜ 펴낸이 김현관

펴낸곳 율리시즈 ｜ 책임편집 김미성 ｜ 표지 디자인 POV ｜ 표지화 최진솔

본문 디자인 이미연 ｜ 본문일러스트 카리나 헤어 ｜ 종이 세종페이퍼 ｜ 인쇄 및 제본 올인피앤비

주소 서울특별시 양천구 목동중앙서로7길 16-12 102호 ｜ 전화 (02) 2655-0166 /0167

팩스 (02) 6499-0230 ｜ E-mail ulyssesbook@naver.com ｜ ISBN 978-89-98229-76-4 03180

등록 2010년 8월 23일 제2010-000046호 ｜ ⓒ 2020 율리시즈 KOREA

이 도서의 국립중앙도서관 출판시도서목록(CIP)은 서지정보유통지원시스템 홈페이지(http://seoji.nl.go.kr)와

국가자료공동목록시스템(http://www.nl.go.kr/kolisnet)에서 이용하실 수 있습니다.

(CIP제어번호: CIP2020009168)

책값은 뒤표지에 있습니다.